国家社会科学基金青年项目"合规建设对企业生产效率的影响研究"（项目编号：24CJY132）

闫珍丽◎著

高管纵向兼任对上市公司的治理效应研究

Research on the Governance Effect of Vertical Interlock

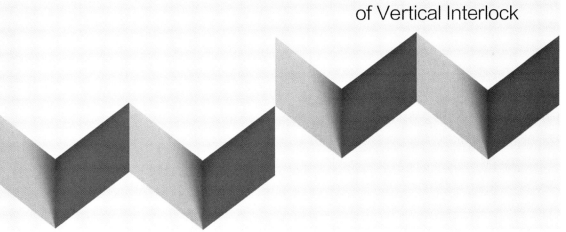

中国财经出版传媒集团

经济科学出版社
Economic Science Press

·北京·

图书在版编目（CIP）数据

高管纵向兼任对上市公司的治理效应研究／闫珍丽
著．--北京：经济科学出版社，2024.11.--ISBN
978-7-5218-6429-8

Ⅰ．F279.246

中国国家版本馆 CIP 数据核字第 20248V63N6 号

责任编辑：杜　鹏　武献杰　常家凤
责任校对：王京宁
责任印制：邱　天

高管纵向兼任对上市公司的治理效应研究

GAOGUAN ZONGXIANG JIANREN DUI SHANGSHI

GONGSI DE ZHILI XIAOYING YANJIU

闫珍丽◎著

经济科学出版社出版、发行　新华书店经销

社址：北京市海淀区阜成路甲 28 号　邮编：100142

编辑部电话：010-88191441　发行部电话：010-88191522

网址：www.esp.com.cn

电子邮箱：esp_bj@163.com

天猫网店：经济科学出版社旗舰店

网址：http://jjkxcbs.tmall.com

固安华明印业有限公司印装

710×1000　16 开　14.75 印张　240000 字

2024 年 11 月第 1 版　2024 年 11 月第 1 次印刷

ISBN 978-7-5218-6429-8　定价：99.00 元

前　言

与西方成熟发达资本主义市场存在的连锁董事不同，高管纵向兼任是我国市场经济转型及企业改革的特殊产物。早期的上市公司通常由大量的国有企业和民营企业集团剥离后重组而来，在这种情况下，这些未上市的持股最多的大股东通常会委派人员到上市公司任职，即产生了纵向兼任。除了中国，纵向兼任也存在于其他新兴经济体国家，如智利、哥伦比亚、泰国、印度等，但由于纵向兼任并不经常发生，因此较少受到学者的关注。高管纵向兼任产生的原因最初在于增强大股东对上市公司的控制，在经过近 20 年快速发展，中国经济和法律环境发生巨大变化的背景下，纵向兼任现象依然普遍存在于我国上市公司中，这为本书利用中国上市公司的独特数据探究高管纵向兼任问题提供了研究契机。在此背景下探讨大股东控制—高管纵向兼任的经济效应将为新兴经济体国家的公司治理结构方面的研究提供新的证据。

集团公司内的纵向兼任与水平连锁不同，纵向兼任是一种垂直的组织关系，所兼任的两个岗位之间具有上下级的控制关系。而连锁董事是指一家公司的高管同时在另一家不具有控制关系的上市公司任职。目前大多数研究聚焦于连锁董事及其经济后果，而本书在集团背景下从高管纵向兼任这一新的视角探究大股东控制问题。与水平连锁相比，纵向兼任能够有助于大股东对上市公司实施更好的监督和控制：一方面，纵向兼任的高管可以作为"信息桥"，通过促进集团公司与上市公司之间的信息交换改善公司的信息环境；另一方面，高管纵向兼任更有助于活跃内部资本市场，提高集团资金配置的效率。此外，纵向兼任的高管也为大股东更好地实施机会主义行为提供了一条便利的途径，比如通过兼任高管转移资源、盈余管理以及进行有损企业价值的并购等。然而，较少有研究综合探究纵向兼任的高管对公司治理效应的经济影响。基于此，本书旨在集团背景下从高管纵向兼任这一新的视角探究大股东控制问题，分别从企业投资行为，如创新行为、投资效率、多元化投资战略，纵向兼任的外部治理效应——银行贷款的取得，企业会计政策选择——会计稳健性视角考察了高管纵向兼任对上市公司治理效应的影响，以为新兴经济体国家有关所有权结构的研究提供进一步的证据，并为政府等监管机构如何在确保企业高质量发展及制定相应的高管纵向兼任约束规范之间有针对性地选择一个平衡点提供路径支持。

本书主要研究结论如下：第一，代理问题、融资约束和高管社会资本是影响高管是否纵向兼任的主要因素。第二，存在高管纵向兼任企业的创新水平更低。当制度环境较差、纵向兼任的高管类型为董事长、在非国有企业、创新专利的类型为发明专利申请及实用新型专利申请与授权时，纵向兼任更能抑制企业创新。第三，高管纵向兼任将降低大股东实施机会主义的难度及成本，增强掏空动机，进而降低投资效率，并且通过增加大股东占款、关联交易次数及金额降低投资效率。第四，国有企业纵向兼任高管通过加强对管理层监督减弱其多元化自利动机及抑制企业多元化。而在非国有企业，纵向兼任的高管会通过缓解融资约束及提高大股东私利动机促进企业多元化。第五，存在高管纵向兼任的公司所能获得银行贷款的概率更低，获得的银行贷款的金额也更少。在董事长纵向兼任的企业中，高管纵向兼任对企业信贷资源获取的抑制作用更强。第六，高管纵向兼任显著降低财务报告的稳健性，当企业高管存在纵向兼任时，会计稳健性水平将更低。高管纵向兼任对会计稳健性的抑制作用主要通过缓解企业融资约束实现，具体地，存在高管纵向兼任的公司往往存在更为活跃的内部资本市场，更可能获得集团内部的关联方借款担保。第七，存在高管纵向兼任现象的公司其绩效更差，并且这一现象主要存在于非国有企业。进一步的分析还显示，董事长的纵向兼任对企业绩效的负向影响更大。这表明，不同类型企业应根据自身经营状况结合纵向兼任高管的类型等因素选择最优的公司治理机制及投融资决策。

本书得到的启示如下：第一，相关监管机构和政策制定部门应加强董事长纵向兼任的相关规定与监管措施。目前，中国证监会仅要求上市公司管理层应与其业务集团的管理层分离。然而，上市公司的董事长并未被要求与控股股东单位人员相分开，其可以在集团公司任职。因此，应进一步完善董事长纵向兼任的相关法律规范，以抑制其对于公司投资效率、创新以及获取银行贷款所带来的不利影响。第二，对于国有企业与非国有企业，应通过制定针对性的高管纵向兼任法律法规来对其进行规范。国有企业和非国有企业在代理问题和公司治理特征等方面存在显著差异。国有企业因面临更强的限制及监管，纵向兼任在一定程度上还能发挥积极效应，如抑制机会主义的多元化投资行为。但非国有企业纵向兼任所产生的经济后果则存在较大的负面性。但目前我国的政策法规仅对非国有上市公司的经营管理层在控股股东单位的职位进行了限制，例如不得担任除董事、监事外的其他职务。然而，仍然存在大量上市公司董事长在控股股东单位兼任职务的情况。因此，有必要加强对非国有企业高管纵向兼任情况的监管，特别是对非国有企业董事长在控股股东单位兼职的监管。第三，应考虑大股东委派人员职务类型的异质性。大股东的动机在一定程度上与大股东具体委派何种职务类型的人员进行纵向兼任密切相关。因此，根据高管纵向兼任可能产生的负面效应，如何通过细化法律条款约定，抑制纵向兼任的消极作用，使其成为一种有效的公司治理机制，从而发挥正面效应，是监管部门后续完善规范的落脚点及重点。第四，应该制定相应的惩戒措施。尽管中国证监会一直没有放宽对高管纵向兼任的要求，然而由于缺乏明确具体的惩罚措施，政策的实施效果十分有限，这也导致资本市场上众多公司因为高管的纵向兼任而引发了严重的公司治理和内控结构漏洞，并对企业决策产生重要影响。因此，除了通过有针对性地制定相应的法律法规进行规范预防外，事后的追责惩罚措施将更有助于抑制高管纵向兼任负面效应的发生。一方面，监管机构应基于企业的产权性质、纵向兼任高管在企业内的职务类型以及大股东委派纵向兼任高管的职务类型，对上市公司高管纵向兼任可能导致的"利益输送"和大股东利益侵害问题进行分类监管，同时考虑如何规避纵向兼任可能带来的负面效应；另一方面，也应拟定适当的惩戒措施作为辅助性治理手段。

闫珍丽

2024 年 9 月

目　录

第1章
绪　论

本章从研究背景、研究目的、研究意义、研究思路、研究方法和研究创新点六个方面对全书进行简要说明。本章首先说明本书选题的公司和政策背景、选题的学术及现实意义；其次总体概括本书的研究方法以及研究的整体框架安排；最后对本书的创新点进行提炼，明确本书的学术价值和应用价值。

1.1　研究背景、目的与意义

1.1.1　研究背景

中国在由传统的计划经济体制向市场经济体制转型的过程中，上市公司金字塔结构的垂直连锁现象十分普遍。大量的国有企业和民营企业集团剥离了一部分业务，将其重组为上市公司并持有这些实体的最大股份。这些未上市的持股最多的大股东通常会委派人员到上市公司任职，即产生了纵向兼任，其根本目的在于方便大股东对上市公司实施更好的监督和控制。股权分置改革前，上市公司"流通权力"的限制导致非流通股大股东丧失了流通权，形成了股权分置现象。流动性经济利益的丧失使大股东通过控制权获取私人收益作为补偿。股权分置改革后，流通权的恢复使大股东对上市公司的控制需求减少，但为了抑制兼并收购等市场机制的威胁，大股东对上市公司的控制需求也可能会增加。因此，中国在经过了20多年的快速发展之后，大股东控制上市公司的动机及控制活动影响的研究尚缺乏统一结论。

对于国有企业而言，第一类国有控股股东通常是政府部门或政府职能机构，比如国资委及各级政府机关。这类控股股东出于经济利益角度委派纵向兼任高管控制上市公司的动机较弱，其更可能是出于政策性的战略部署。第二类国有控股股东是国有企业法人，这类控股股东在公司生产经营活动及财务上与上市公司存在紧密联系，并希望通过上市公司获取一定利益。同时，上市公司在最初剥离时带走了优质资产，而将不良资产留给了控股股东，控股股东需要依赖上市公司进行"输血"。当然，如果上市公司面临短期业绩压力，为了集团长期利益，控股股东也会反过来支持上市公司渡过难关。对于这一类的国有控股股东而言，其需要对上市公司实施较强的控制，以达到自身的特殊目的。

同国有企业相比，民营企业控股股东对上市公司的控制动机更强。一方面，民营企业本身面临着如产业政策、金融政策不确定性等各种政策风险；另一方面，我国关于投资者保护的法律环境相对薄弱，迫使民营企业必须通过较强的控制以保证自身控制权收益。高管纵向兼任使持股较大的民营企业大股东可以同时控制上市公司的决策与执行层面，降低了决策的成本，减少了决策过程中可能受到的干扰及监督。

代理理论认为，合理的股权结构有利于监督管理层的机会主义行为（Jensen and Meckling，1976），但当大股东成为控股股东时，也可能为了自身的利益而损害中小股东利益，从而加剧代理问题。并且，代理理论在不同的制度环境下可能表现出不同的经济后果。公司的股权结构在不同的环境下表现也不同。目前同高管纵向兼任相关联的一类文献是高管的水平连锁，如连锁董事。高管的连锁兼任现象非常普遍，存在的原因通常有合谋、控制、合作与获得社会凝聚力等，并且不同类型的兼任其目的也不同。目前绝大多数学者对西方成熟资本市场上广泛存在的连锁董事及其经济后果进行研究，发现连锁董事可能同时具有正面和负面双重经济后果，即除了便于信息沟通及资源获取等优势外，连锁董事也可能加剧代理问题，比如连锁董事因繁忙程度的增加导致监督失效。然而，现有文献对新兴经济体国家高管连锁的另一种形式——垂直方向的纵向兼任的关注较少。存在纵向兼任的上市公司，其经济活动将不可避免地受到大股东的影响，但产生的后果与连锁董事不同。一方面，高管纵向兼任可以发挥"信息桥"的作用，促进大股东与上市公司的信息沟通与交换，提高信息透明度。已有文献也有发现，高管纵向兼任与国有上市公司的业绩正相关（Arnoldi et al.，2019）。另一方面，高管纵向兼任更有助于活跃内部资本市场，提高集团资金配置的效率。最后，纵向兼任的高管也为大股东更好地实施机会主义行为提供了一条便利的途径，比如通过兼任高管转移资源、盈余管理以及进行有损企业价值的并购等。部分学者认为纵向兼任的高管代表上市公司利益，能够提高企业业绩（Arnoldi et al.，2019），另有一些学者认为连锁董事对上市公司没有影响（Fligstein and Brantley，1992），更多学者认为集团大股东具有强烈的掏空动机并损害中小股东利益（Mehta and Mullainathan，2002），还有一些学者认为纵向兼任高管的存在是为了集团利益，而不是大股东（Yeh and Woidtke，2005；Lo et al.，2009）。总之，关于高管纵向兼任所可能产生的经济后果，已有的研究莫衷一是，未能达成可被广泛接受的结论。

相比其他新兴经济体国家，我国上市公司数据为研究高管纵向兼任问题提供了一个很好的契机。在智利、哥伦比亚、泰国、印度等国家，高管纵向兼任虽然存在，但因样本数据量少，很少受到学者的关注。而在我国，高管纵向兼任在上市公司中普遍存在。另外，在中国资本市场上，尽管1999年和2001年中国证监会就提出了"三分开"和"五分开"要求，对上市公司高管在大股东单位兼任作出了严格要求，但高管纵向兼任依然占据了半壁江山。业界的诸多案例也都说明，高管纵向兼任会对企业决策产生重要影响，并由此引发了投资者及监管机构的广泛关注。基于此，本书综合利用公司治理理论、经济学、管理学理论的研究方法，从理论和实证双重视角评估和分析高管纵向兼任对公司治理、投资行为和融资行为的影响，本书的研究可以为新兴经济体国家大股东控制问题提供进一步的实证证据。

不同于西方发达资本市场常见的水平方向的连锁董事，本书从我国市场经济转型及企业改革的产物——高管纵向兼任这一视角探讨其可能产生的经济后果。一方面，纵向兼任与传统的横向连锁的内涵及经济效应存在本质区别。横向连锁通常追求不同企业之间的互利合作和相互协调，两者之间不存在控制关系，而纵向兼任通常表现为大股东委派或任命其高管为上市公司董事或CEO。现有文献主要对存在连锁董事的单个公司或双方公司的经济后果进行研究，而对在发达市场上并不普遍存在的高管纵向兼任问题关注较少。纵向兼任的高管是代表大股东利益，还是上市公司利益，或是集团利益，已有的研究未能达成被广泛接受的结论。同时，以往研究认为，在对投资者保护较弱的新兴经济体中，大股东可以形成外部治理环境的替代并发挥积极作用，然而，经过20年的快速发展，我国的经济和法律环境发生了巨大改变，关于大股东是否依然可以发挥积极的公司治理效应，本书的研究结果为新兴经济体国家有关所有权结构的研究提供了进一步的证据。另一方面，作为公司治理结构中普遍存在的一种经济现象，高管纵向兼任是否以及如何影响企业的投资活动、反映外部治理效应的融资活动、企业经营活动及会计政策选择，目前较少有研究系统地对这一影响进行评估，从而无法回答市场经济转型以来大股东如何通过纵向兼任对微观企业行为产生影响，也无法对《中华人民共和国公司法》以及证监会中关于高管纵向兼任的相关规定提出行之有效的政策建议。相比已有研究利用大股东持股比例度量大股东的干预程度，本书使用了一种直接的方式。基于股权与职权的联系，纵向兼任作为有效控制和协调公司与集团关系的桥梁，更能直接反映大股东对上市公司的干预程度。因此，本书的发现将有助于丰富公司治理效应影响因素的相关研究，并为企业完善治理结构、相关监管机构及政策制定部门结合制定异质性的纵向兼任高管的任职规定提供参考。

1.1.2　研究目的与研究意义

从上面的研究背景不难看出，纵向兼任的产生是我国发展市场经济、股权分置改革的独特产物，且在监管政策上也体现了每个时期的公司治理特点。随着纵向兼任在我国公司治理机制中的普遍存在以及实务界、投资者及监管机构对纵向兼任问题关注度的增强，纵向兼任在学术界成为备受关注的一个热点话题。由于纵向兼任对企业的代理问题及融资约束产生影响，面临大股东更强的控制、监督以及隐性担保，企业的治理行为会受到怎样的影响？对这一问题的探究将对完善我国纵向兼任的治理机制以及相关监管政策具有重要的现实意义。同时，纵向兼任经济效应的研究本质上也是在检验我国独特公司治理机制的有效性。作为我国背景下的公司治理安排，检验纵向兼任的经济效应对探讨我国公司治理机制完善与否，特别是当前国企改革如火如荼进行的过程中，针对国企普遍存在的高管纵向兼任的历史遗留问题如何进行监管与约束具有较强的指导意义。鉴于此，本书在企业集团的背景下，系统分析高管纵向兼任可能影响公司治理的理论逻辑及机制渠道，并利用企业层面或银行层面贷款的微观数据从多个角度考察纵向兼任对我国公司治理行为的影响。本书的研究目的体现在以下几个方面：

（1）本书系统梳理了高管纵向兼任的相关理论并重点介绍了委托代理理论、信息不对称理论、信贷配给理论及交易成本理论。结合目前国内外关于高管纵向兼任的理论与实证相关研究发现，已有研究从融资约束角度考察纵向兼任对公司治理行为影响的文献较少，本书研究的目的之一是从融资约束角度探讨纵向兼任影响企业行为的机制，为后续的微观实证提供更全面的理论基础，并为大股东控制上市公司的经济内涵提供一种新的解释。

（2）通过对纵向兼任的产生原因及政策监管变化的系统性梳理和对高管纵向兼任产生的历史渊源及政策背景的系统性梳理，本书旨在全面分析我国经济背景下纵向兼任是如何产生和变化的。这将为本书后面的实证及理论分析提供思路及背景知识。

（3）大股东兼任的影响路径是本书研究的重点，其决定了纵向兼任对公司治理效应产生影响的作用渠道。已有关于纵向兼任的相关研究主要从第一类和第二类代理问题的视角重点探讨了纵向兼任对公司治理，如会计信息质量的影响，较少有文献从融资约束的角度系统地探讨纵向兼任对企业投融资行为的影响。本书从监督效应、掏空效应及融资约束三个维度构建了高管纵向兼任对公司治理影响的理论分析框架。

（4）利用企业层面的微观数据从公司投资活动，如企业创新、投资效率和多元化投资，从融资活动，如银行贷款，从企业会计政策选择，如会计稳健性等角度全面系统地对纵向兼任的经济效应进行实证检验，分析高管纵向兼任对公司治理的影响大小及方向，同时也为理论分析及假设发展提供证据支持。

（5）结合前面理论分析、假说发展及实证检验的结果，从多个维度总结纵向兼任对公司治理效应的影响，并对企业及监管部门如何对高管纵向兼任的治理机制进行调整以及对必要的约束规范等提出相应的政策建议。

本书的意义主要体现在：首先，从理论意义而言，已有研究主要从两个方面探讨高管纵向兼任的经济后果。一方面，高管纵向兼任能够发挥监督作用，缓解国有上市公司管理层代理问题，提高会计信息质量（潘红波和韩芳芳，2016）。同时，高管的纵向兼任在国有上市公司及大股东之间能够起到缓冲及减震作用，减弱政府对于国有上市公司的干预和掏空行为，提高公司绩效（Arnoldi et al.，2019）。另一方面，在新兴市场中，高管的纵向兼任加剧了大股东对中小股东的掏空、抑制了公司创新（闫珍丽等，2019）并损害公司价值（郑杲娉等，2014）。本书更重要的意义在于拓展了现有纵向兼任所带来的经济后果的理论基础。以往文献主要从代理问题的角度发现，纵向兼任或可通过增强对管理层的监督，或可通过加剧大股东掏空，对企业的盈余管理、投资效率、创新等方面产生影响。本书尝试从融资约束的角度探讨纵向兼任对企业会计政策选择及融资活动的影响。本书的研究发现有助于丰富纵向兼任的理论框架，为企业及投资者更全面地理解纵向兼任，并进一步探索其可能带来的经济后果提供一种新的理论解释。

其次，从实证意义来说，目前关于纵向兼任与企业行为的研究主要集中在对公司经营活动的影响上，既没有进一步分析纵向兼任对企业创新行为、投资效率、多元化投资战略、银行贷款获取及会计政策选择等方面的影响，也没有考虑从融资约束角度探讨纵向兼任对公司治理效应的异质性影响。更重要的是，纵向兼任作为我国市场经济发展、股权分置改革及国企改革的独特产物，研究其在微观层面对企业行为的影响可从发展中国家角度提供公司治理机制如何影响一国公司治理和企业财务行为的经验证据，拓展目前国内外关于纵向兼任微观效应的相关研究。

最后，从现实意义而言，无论是监管机构还是企业，其迫切关心的问题是纵向兼任会产生积极效应还是消极效应，从而有针对性地采取相应措施及颁布相关政策法规进行约束监管。对于高管纵向兼任问题，中国证监会最早提出过"三分开"和"五分开"的观点，并对上市公司高管兼任进行了严格要求，但并未禁止任何类似的高管纵向兼任，这也导致纵向任职在中国资本市场上成为一个普遍现象。那么，对于纵向兼任问题应该如何进行规范，特别是对不同类型的企业以及不同类型的高管纵向兼任，比如国有企业与非国有企业，董事长纵向兼任与其他类型高管的纵向兼任是否实行一刀切的原则。对于企业而言，一方面，纵向兼任有可能减轻代理问题，加强对管理层的监督也有可能伴随着更高概率的大股东掏空。另一方面，纵向兼任会影响企业面临的融资约束程度。比如，从本书的结果来看，纵向兼任可能通过融资约束影响企业银行贷款的获取以及基于债务契约提供更高会计稳健性的动机，这意味着企业应就某一经济现象综合考虑纵向兼任可能导致的经济后果，从而通过完善公司治理机制或制定相应的应对措施来避免纵向兼任的负面效果。因此，本书的研究具有一定的现实意义与政策内涵。

1.2 研究思路、结构与方法

1.2.1 研究思路与结构

本书以我国现有制度下企业普遍存在的大股东委派高管作为研究背景，考察了高管纵向兼任对我国企业治理效应的影响渠道和影响方向，并使用 2009 ~ 2016 年中国上市公司数据进行了实证检验。进一步地，围绕研究主题、研究假设、机制分析和实证研究结论，本书对企业、政府和监管机构如何合理安排公司治理机制、制定相关的监管政策等提出相应的政策建议。具体而言，本书首先对高管纵向兼任相关的理论，特别是委托代理理论、信息不对称理论、信贷配给理论和交易成本理论进行了阐述，并对纵向兼任与投资行为、纵向兼任与企业融资行为以及纵向兼任与企业会计政策选择等国内外相关文献进行回顾与总结，并重点归纳了目前国内外相关文献中纵向兼任影响企业行为的作用机制。其次，本书对高管纵向兼任产生的历史及政策背景、形成原因、相关的监管政策等进行了梳理，并界定了本书中关于高管纵向兼任的定义，从纵向兼任的企业年度分布、纵向兼任高管在上市公司兼任职务的类型、大股东委派高管的职务类型三个维度对我国目前上市公司高管纵向兼任现状进行了描述。再次，针对我国特殊的制度背景，本书构建了高管纵向兼任对企业治理效应影响的理论分析框架，从监督效应、掏空效应和融资约束三个层面具体分析高管纵向兼任对公司治理的影响。第 4 章至第 9 章是本书的核心内容，分别探讨了高管纵向兼任对企业投资活动，如企业创新、投资效率和多元化投资，高管纵向兼任对企业融资行为，如反映外部公司治理效应的银行贷款获取，纵向兼任对会计政策选择，如财务报告稳健性的影响，通过系统的理论分析，构建实证模型，全面考察高管纵向兼任对公司治理行为的影响。最后，在上述研究内容和结论的基础上总结高管纵向兼任对公司治理效应的影响，给出相应的政策建议，并对该领域未来研究方向进行可能的拓展。具体而言，本书的结构安排如下：

第 1 章：绪论。主要介绍本书的研究背景、研究目的及研究意义，并在此基础上介绍本书的研究思路、研究框架和研究方法，以及本书的主要创新点。

第2章：文献综述。通过对纵向兼任相关的理论发展、纵向兼任与企业投资行为、融资行为、会计政策选择及企业经营活动的国内外文献进行回顾、梳理和评述，重点总结高管纵向兼任影响公司治理的机制。具体而言：第一，简要总结和回顾了纵向兼任的相关理论，包括委托代理理论、信息不对称理论、信贷配给理论和交易成本理论，这对于构建高管纵向兼任对上市公司治理效应影响的理论框架具有重要的启发意义；第二，对高管纵向兼任相关主题的研究成果进行综合评述；第三，重点梳理纵向兼任与企业投资行为、融资行为及会计政策选择的国内外文献，特别是近年来从公司创新、投资效率及多元化投资以及银行贷款、会计稳健性等异质性视角的国内外文献，通过这些文献的梳理提炼出本书在现有理论和实证研究中的贡献。

第3章：纵向兼任制度背景演变和影响效应路径分析。具体而言，本章节包含三部分内容：第一部分介绍高管纵向兼任形成的历史背景、产生原因、根本目的以及我国关于高管纵向兼任的政策规定以及政策演变路径；第二部分界定本书关于高管纵向兼任的定义及度量，并从纵向兼任的企业年度分布、纵向兼任高管在上市公司兼任职务的类型、大股东委派高管的职务类型三个维度对目前我国的高管纵向兼任现象进行描述；第三部分从掏空机制、监督机制及融资约束机制角度构建了高管纵向兼任影响公司治理的理论分析框架，为后续章节进行高管纵向兼任与企业治理两者关系的检验提供坚实的基础。

第4章：分析高管纵向兼任的影响因素。本书从代理问题动因、融资约束动因及社会资本动因三个方面考察了高管纵向兼任的内在驱动因素。已有文献主要集中于高管纵向兼任对代理问题的影响，然而，由于国有企业与非国有企业代理问题的差异，纵向兼任的原因在不同的产权形式下存在差异。除了针对微观治理机制的考虑外，高管个人因素也是很重要的一个方面，如高管社会网络等。另外，还要考虑高管在大股东单位担任的职务级别是否具有随机性，即某一动因下的纵向兼任职务是否具有群聚特征。

第5章：分析高管纵向兼任对企业创新的影响。企业创新的高低可能受三种因素影响：一是融资约束，企业面临的内外部融资约束将减少企业用于创新投资的资金；二是经理人与股东的代理问题，经理人私人成本的增加及"职业忧虑"诱发的短视行为会降低企业的创新意愿，进而抑制创新；三是大股东掏空效应，大股东掏空导致的短视以及为获取个人私利导致创新资源的浪费将抑制企业创新。本章重点考察了高管纵向兼任是发挥监督效应、抑制管理层的"不作为"及机会主义动机，从而提升创新资金的使用效率并促进创新，还是发挥控制效应、加剧大股东短视行为及减少创新可利的资源，从而抑制企业创新。

第 6 章：从企业投资效率角度探讨高管纵向兼任对企业投资效率的影响。一方面，高管纵向兼任可以降低股东与管理层之间的信息不对称和代理问题，提高企业投资效率。首先，纵向兼任的高管有助于实现上市公司与大股东之间的信息沟通，有助于上市公司利用大股东单位类似投资项目的经验为上市公司投资活动提供建议，优化企业投资决策；其次，高管纵向兼任也有助于增强对管理层操纵信息的监管，提高会计信息质量，进而提高企业投资资源配置效率；再次，高管纵向兼任也可以抑制管理层机会主义的过度投资；最后，高管纵向兼任有助于上市公司从集团层面获取资金支持，缓解融资约束，提高集团资源配置效率，进而提高投资效率。另一方面，高管纵向兼任可能进一步加剧大股东控制下的掏空行为，降低企业资源配置效率，造成非效率投资。本章重点从信息不对称及代理问题的视角探讨高管纵向兼任对企业投资效率的影响。

第 7 章：从企业多元化投资角度探讨高管纵向兼任对企业投资行为的影响。不同产权性质下国有企业与非国有企业纵向兼任形成的原因、目的、形式等存在本质区别。本章从产权异质性的角度探讨高管纵向兼任与企业多元化经营两者之间的关系。高管纵向兼任既可能利用"价值最大化效应"，通过内部资本市场的构建促进企业多元化，也可能通过"代理效应"中的代理问题及信息不对称影响企业多元化。然而，国有企业与非国有企业面临的代理问题的类型以及融资约束问题存在较大差异，因此，高管纵向兼任对企业多元化的影响在不同产权性质的企业也存在本质上的不同。

第 8 章：从外部公司治理效应—企业融资活动角度探讨高管纵向兼任对企业银行贷款的影响。本章从外部公司治理效应—企业融资行为层面进一步检验高管纵向兼任是否会对获取银行贷款以及获取银行贷款金额大小产生影响。同时，不同于以往研究，本书还利用某国有商业银行 2009 ~ 2018 年的贷款数据，进一步考察了纵向兼任对贷款定价的影响。纵向兼任可从加剧大股东掏空以及获取大股东更高程度的担保和背书两方面影响企业银行贷款的可能性及贷款金额。这有助于全面理解高管纵向兼任对我国微观企业融资行为的影响。

第9章：从企业会计政策选择角度探讨高管纵向兼任对财务报告稳健性的影响。关于高管纵向兼任经济后果的研究大部分从代理问题的角度进行考虑，而少有学者探讨高管纵向兼任如何通过融资约束影响公司的会计稳健性水平。与以往研究不同的是，本书主要从融资约束的角度探讨纵向兼任对债务契约的影响，这不仅有助于丰富纵向兼任的理论框架，为企业及投资者更全面地理解纵向兼任并进一步探索其可能带来的经济后果提供一种新的理论解释，也为监管机构深入和细化纵向兼任的相关规定提供参考。

第10章：讨论高管纵向兼任是否影响公司绩效或企业价值。前面章节分别讨论了高管纵向兼任对企业投融资行为的影响，结果表明，考察高管纵向兼任的经济后果之前要充分考虑我国的产权性质。在国有企业，高管的纵向兼任有助于缓解股东与管理层的代理问题，具体表现为减少国有企业的投资支出、提高投资效率，并抑制因管理层自利动机导致的企业多元化行为；而对于非国有企业来说，高管的纵向兼任加剧了大股东的利益输送，导致企业投资效率下降，多元化成为大股东掏空行为的工具。那么，高管纵向兼任是否影响企业绩效、在不同产权形式下的表现是否相同，本章将进一步讨论高管纵向兼任对企业绩效的影响。

第11章：研究结论、研究不足与展望。本章节对前面的核心内容及主要结论进行回顾和总结，并据此提出相关的政策建议、本书目前存在的不足以及未来可进一步拓展的方向。本书的整体分析框架如图1-1所示。

1.2.2 研究方法

本书基于代理理论、信息不对称理论、信贷配给理论及交易成本理论，以我国上市公司中普遍存在的高管纵向兼任这一现象为研究背景，从理论和实证角度全面考察了高管纵向兼任对公司治理效应的影响，并进一步分析在不同的制度环境、产权性质、纵向兼任高管类型、信息环境等情况下高管纵向兼任与公司治理效应两者关系的差异。研究内容围绕纵向兼任的理论和实证进行，并将其拓展到企业投资行为、融资活动、企业会计政策选择等多个维度。具体而言，本书的研究方法可总结为如下几个方面。

（1）理论分析与实证分析相结合。本书在对高管纵向兼任相关文献、制度背景进行回顾的情况下，通过建立理论模型对高管纵向兼任与企业投资行

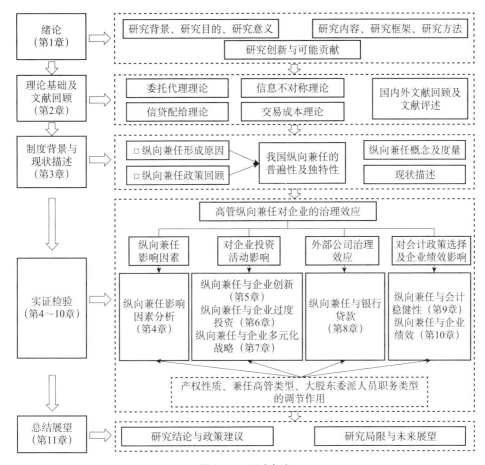

图 1-1 研究框架

为、融资活动、会计政策选择的影响机制进行推演，从中得到高管纵向兼任对企业创新、投资效率、多元化投资、银行贷款、财务报告稳健性等行为的影响方向。在理论分析的基础上，本书进一步利用实证研究方法对研究假设进行检验，从而得到相关的研究结论。综合利用理论和实证分析的研究方法能够系统全面地呈现高管纵向兼任对公司治理的影响效应及可能的作用渠道。

（2）定性分析与定量分析相结合。定性分析主要表现在：第一，通过简单的单变量检验来大致判断纵向兼任经济后果的差异。比如，通过比较存在高管纵向兼任与不存在高管纵向兼任的公司创新产出（第 5 章）、企业绩效（第 10 章）、公司多元化投资（第 7 章）是否存在显著不同。第二，通过主要变量的相关系数矩阵大致判断纵向兼任是否与特定的经济后果具有一定关联。比如，通过查看高管纵向兼任变量与公司创新产出变量（第 5 章）、企业绩效（第 10 章）、企业多元化投资的两者相关系数可大致判断高管纵向兼任对企业创新、企业绩效及多元化投资的影响。第三，通过对相关文献的梳理，总结出高管纵向兼任影响企业行为的作用机制。比如，本书第 4 章、第 5 章、第 6 章、第 7 章及第 8 章分别从定性角度考察高管纵向兼任作用于企业投融资行为及公司治理的潜在渠道。定性分析是在时间趋势或分类基础上给出初步判断，具体的作用效果大小以及因果关系的判别还需要进一步定量分析。因此，本书还从计量角度对定性分析提出的假设和作用方向进行了因果识别。

（3）对比分析法。由于制度环境异质性、产权异质性、信息环境异质性以及高管纵向兼任类型异质性的存在，高管纵向兼任对不同特征企业的公司治理效应的影响是存在差异的。比如，本书发现，高管纵向兼任对企业创新的抑制作用主要存在于制度环境较差的地区，并且这一抑制作用在不同的纵向兼任高管类型、不同的创新产出类型、不同的产权性质下均表现出差异。进行各种异质性分析，能够规避只从平均意义考察纵向兼任的经济效应的单一约束性，也有利于政府根据企业异质性制定相应的政策。因此，本书还使用对比分析法深入挖掘纵向兼任对不同类型企业治理效应的异质性影响。

（4）多种计量方法综合使用。由于本书的研究内容涉及公司投资行为、融资行为及公司治理行为，具体每个类别下包含的经济效应也存在不同。因此，针对不同主题，本书采用了不同的实证研究方法，整体上以 OLS 多元回归为主，同时考虑到高管纵向兼任可能存在的内生性问题，运用多种方法进行缓解。在考察高管纵向兼任与财务报告稳健性的关系时，本书对于存在的潜在的样本自选择问题使用倾向得分匹配的方法进行缓解；对于不可观测变量导致的样本自选择问题，本书使用 Heckman 二阶段以及 Bootstrap 方法重复随机抽样解决样本选择性偏差问题；对于可能存在的遗漏变量问题，本书通过构建高管纵向兼任变化（类似于外生冲击）变量，使用 PSM + DID 的设计进行缓解。对于 PSM + DID 的设计同时进行了安慰剂检验及平行趋势检验。同时，本书也通过关键因变量与自变量滞后一期来缓解反向因果的问题；通过控制一些可能的重要遗漏变量减轻遗漏变量问题的影响。分析高管纵向兼任与企业创新两者关系时，本书采用了泊松回归（Poisson）和负二项回归（Nbreg）进行重新估计。同时，考虑到样本数据可能具有的集聚性特征，为得到更稳健的研究结论，本书在公司和年度层面同时进行了标准误聚类调整。多种计量方法的使用将增强本书研究结果的稳健性和可靠性。

1.3 主要创新点

以我国企业中普遍存在的高管纵向兼任现象这一现实问题为出发点，从多个维度，综合利用理论分析、影响机制分析、截面分析和实证分析的研究方法，系统考察了高管纵向兼任对公司治理效应的影响。本书的创新点主要体现在如下三个方面。

（1）本书系统考察了高管纵向兼任对企业投资活动的影响。第一，企业投资活动对于促进 GDP 增长乃至经济的迅速发展具有较强的拉动作用。本书首次从微观企业层面利用投资—投资机会敏感度模型检验高管纵向兼任对企业投资效率的影响。第二，同一般投资行为不同，作为一种战略性投资，创新具有周期长、见效慢、风险高的独特性特点。企业创新水平的高低是公司投资效率和风险不同侧面的重要补充，是企业未来发展的巨大动力。因此，本书首次考察了高管纵向兼任与企业创新的两者关系。第三，现有研究中有关纵向兼任如何影响公司战略决策的研究相对较少，而企业多元化投资可以较好地展现不同外部环境下企业战略投资的选择。本书结合企业产权性质差异以及纵向兼任高管类型的差异探讨高管纵向兼任是否影响企业多元化经营。企业整体投资效率、创新活动以及多元化战略投资活动从不同侧面反映了企业最重要的投资行为。

（2）本书从外部公司治理效应—融资活动层面考察了高管纵向兼任对银行贷款获取的影响。纵向兼任的高管作为连接大股东与上市公司的中间桥梁，一方面能够减少上市公司与大股东之间的信息距离，减小信息不对称；另一方面，大股东更强的控制可能减小或加剧代理问题。会计信息质量是债权人对企业价值及违约可能性评估的主要依据，其质量高低将影响银行对企业贷款的意愿与数额。同时，高管在大股东单位任职相当于为上市公司提供了更高程度的贷款担保与背书，使债权人更容易在公司破产时收回其财务损失。然而，现有文献对高管纵向兼任经济效应的研究忽略了融资行为在其中产生的作用，从而难以全面准确评估纵向兼任对企业外部治理效应的作用效果。本书弥补了这一空白，从获取银行贷款难易以及贷款数额角度丰富了高管纵向兼任对企业融资行为影响的研究。

（3）本书首次从企业会计政策选择层面，基于融资约束视角系统考察了纵向兼任与财务报告稳健性之间的关系。已有关于高管纵向兼任经济后果的研究大部分从代理问题的角度进行考虑，如潘红波和韩芳芳（2016）发现，高管纵向兼任能够发挥监督效应、抑制管理层机会主义行为、提高会计信息质量，而少有学者探讨高管纵向兼任如何通过融资约束影响公司的会计稳健性水平。本书主要从融资约束的角度探讨纵向兼任对债务契约的影响。本书的研究有助于丰富纵向兼任的理论框架，为企业及投资者更全面地理解纵向兼任并进一步探索其可能带来的经济后果提供一种新的理论解释，也为监管机构更深入和细化纵向兼任的相关规定提供参考。

第 2 章
文献综述

高管纵向兼任与公司治理效应的相关研究与兼任理论及实证研究的发展密切相关。正是兼任理论与实证研究的不断推进为分析高管纵向兼任与公司治理行为提供了构建理论框架和进行经验研究的基础。因此，本章的文献综述将围绕以下四个方面进行介绍：首先，简单介绍高管纵向兼任相关的主要理论，并对信贷配给理论及交易成本理论进行重点介绍，这些内容是本书构建理论模型的基础。其次，简单介绍目前围绕高管纵向兼任的经济效应展开的主要研究，并对相关文献进行评述，定位本书研究内容在文献上的贡献。最后，具体梳理和总结目前国内外关于纵向兼任与企业投资活动、融资活动、企业会计政策选择的相关理论与实证研究。

2.1 纵向兼任相关理论

2.1.1 委托代理理论

高管纵向兼任可能同时影响第一类和第二类代理问题，并主要表现为其中一种问题或两者兼而有之。具体情况随公司主要代理冲突的差异而不同，当公司代理问题主要体现为管理层代理问题时，纵向兼任高管的存在将有助于大股东更有效地监督管理层，从而缓解代理冲突。此时，高管纵向兼任可发挥积极作用，提高公司治理效率。而当公司代理问题主要表现为大股东与中小股东代理问题时，纵向兼任的高管可能沦为方便大股东掏空行为的工具，使其通过更强的控制及更低的机会成本获取私人利益。这种情况下的纵向兼任高管将会加剧公司代理问题，损害企业价值。因此，中国制度背景下的高管纵向兼任后果的表现形式存在差异，并且在不同的条件及约束条件下这种差异也会随之变化。

2.1.2 信息不对称理论

纵向兼任的高管可从两个方面影响企业的信息不对称水平：一方面，通过缩短信息的传播距离降低信息不对称。纵向兼任的高管作为大股东与上市公司之间信息传播的渠道，将大大降低信息获取的成本并提高信息传递的效率。比如，纵向兼任的高管将通过参与大股东单位及上市公司股东大会或董事会，及时了解上市公司的经营状况及未来发展，以实施更好的监督。与此同时，高管纵向兼任也可能加剧公司的信息不对称程度。当上市公司之间代理冲突主要体现为大股东与中小股东代理问题时，为便于大股东实施掏空行为，纵向兼任的高管可能会进一步加大公司信息的不对称程度，以配合大股东进行掏空。

2.1.3 信贷配给理论与交易成本理论

法扎里等（Fazzari et al.，1988）最早提出了融资约束的概念，并将融资约束界定为在不完美资本市场下，由于企业外部融资成本远高于内部融资成本，当企业依赖内部资金进行投资时，表明企业存在融资约束，其采用投资对现金流的敏感性这一间接指标作为融资约束的判断标准。目前融资约束可进一步分为广义的融资约束和狭义的融资约束。广义的融资约束是由于金融市场存在的摩擦及交易成本使得企业出现投资资金短缺的情况。从某种程度上说，所有企业都不可避免地需要面临广义的融资约束。狭义的融资约束则是从融资约束所造成的后果出发，认为在不完善资本市场中仅依靠企业内部资金可能无法满足企业资金需求，而当外部融资成本较高时，企业可能面临融资困境而无法筹集到所需要的资金，从而导致企业投资水平下降。所以，狭义的融资约束是企业投资机会与最优投资水平比较的结果。如果企业面临融资约束，当存在良好的投资机会时，企业的实际投资水平将会低于最优投资水平，从而导致投资效率损失。

与企业融资约束相关的两个理论，一是信贷配给理论，二是交易成本理论。信贷配给是由于信息不对称导致的道德风险和逆向选择问题所引发的信贷市场供需不匹配的现象。从微观角度来看，主要指贷款需求未获得全部满足。贾菲和罗塞尔（Jaffee and Russlle，1976）、斯蒂格利茨和韦斯（Stiglitz and Weiss，1981）等运用隐性合约理论和不完全信息理论建立了信贷市场的"逆向选择"与"道德风险"模型，他们认为，信息不对称是银行与企业之间存在信贷配给问题的原因。这类似于"柠檬市场"，即高风险的借款人掺杂在低风险借款人之中，由于信息不对称的存在，银行无法辨别借款人类别和项目风险，出于风险控制及收益率的考虑，只能采取信贷配给支持，这就导致低风险的借款人逐渐被挤出信贷市场，信贷配给问题就产生了。

科斯最早提出了交易成本理论。处于社会关系中的参与者为了促成某项交易的发生而愿意付出的成本即为交易成本。在借贷市场中，交易成本可分为事前成本和事后成本。事前成本如信息获取成本、议价与决策成本，事后成本包含监督成本和违约成本等。前面探讨的信贷市场信息不对称其实也与交易成本相关，即由于信息不对称的存在，银行不愿支付更多的成本去获取信息，导致其议价和决策成本上升，最终无法达成交易，从而产生信贷配给。企业集团的存在使存在交易往来的多个经济主体之间能够建立长期稳定的交易关系，并从以下两方面降低交易成本：首先，集团运作形成的内部资本市场与外部资本市场存在替代关系，在企业成员间进行资源分配，内部资本市场的资源配置功能在一定程度上能够提高资源使用效率，降低交易成本。其次，企业集团这一组织形式的风险应对能力及适应性更强，能够降低外部市场的不确定性，节约企业集团内的交易成本。

纵向兼任高管可在以下两方面影响上市公司的信贷配给与交易成本，进而影响企业的融资约束：第一，存在高管纵向兼任的企业能够增强内部资本市场活跃程度。内部资本市场成员企业通过现金流互补效应实现对资金需求的满足，以降低融资约束程度。如通过集团公司内部资金调配的方式获得的短期借款和长期贷款（Jia et al.，2013；蔡卫星等，2019）、集团成员企业之间的内部关联交易等（Jia et al.，2013）。集团总部通过统一筹划与分配，将资金配置到更有前景的项目上，进而缓解融资约束。然而，现实中，在集团内部分配时，内部信息不对称、经理人的权力斗争以及投资机会的异质性和复杂性容易导致资源的无效配置（Shin and Stulz，1998），集团成员企业之间各自为政、各谋私利、均站在单一公司的立场游说和影响集团公司的决策以获取更多的资源支持。由于信息不对称，集团资源分配呈现一种均分但低效的状态。而纵向兼任高管的存在将降低集团公司与上市公司之间的信息不对称，有助于控股股东及时了解上市公司的实际经营状况，尤其是难以量化和传递的"软信息"，并在必要时给予更多的资金支持，从而提高集团资金的配置与使用效率。同时，存在纵向兼任高管的公司一般在集团中占据着重要地位，集团公司也更倾向于为这类公司提供资源支持。第二，存在高管纵向兼任的企业能够获得更高程度的外部融资担保。如集团成员之间通过相互担保缓解资金约束（Shin and Park，1999）。集团公司与上市公司自身所面临的融资约束水平存在结构性差异。集团公司的融资约束程度主要由集团整体的信用水平决定，而上市公司能否获取外部资金主要取决于个体的违约风险高低。当上市公司高管同时在控股股东单位任职时，控股股东形成了一种隐性担保，纵向兼任的高管可通过内部资本市场实现现金流互补，降低上市公司的经营风险和违约风险，从而缓解融资约束。除此之外，存在高管纵向兼任的公司更可能获得集团公司或母公司的直接借款担保，从而发挥显性保险效应。集团内部的关联担保具有风险转移效应（王彦超和陈思琪，2017），上市公司无法履约还款义务时，风险将转移给控股股东，由其进一步承担履约义务。这种违约风险转移效应会直接降低上市公司层面违约对外部投资者造成的损失，从而缓解融资约束。

2.1.4 小结

本节主要介绍了纵向兼任相关理论，并对各个理论与纵向兼任这一公司治理机制的内在逻辑进行了梳理，还重点介绍了信贷配给理论与交易成本理论在纵向兼任下的应用。纵向兼任作为我国制度背景下的公司治理安排，其与公司治理效应两者之间关系的探讨均建立在上述理论基础之上。与此同时，对纵向兼任相关理论进展进行梳理也可为本书研究高管纵向兼任与公司治理效应的关系提供理论依据。现有研究在代理理论框架下拓展了纵向兼任对公司治理的影响（潘红波和韩芳芳，2016；郑杲娉等，2014），但有关高管纵向兼任对企业创新、投资效率、多元化投资及财务报告稳健性的理论及实证影响尚缺乏相关研究。更重要的是，极少有研究基于信贷配给理论及交易成本理论框架探讨纵向兼任如何通过影响企业融资约束对公司治理效应产生影响，特别是高管纵向兼任对银行贷款的影响以及纵向兼任如何通过融资约束影响企业财务报告的稳健性，这也是本书的主要贡献之处。

2.2　高管纵向兼任相关的主要研究

目前国内外关于高管交叉任职的研究中，大部分文献集中在连锁董事方面，分析了连锁董事对公司绩效、企业价值、投融资策略以及企业间行为传染、模仿等的影响。与水平方向的连锁董事相比，纵向的高管交叉任职是我国制度背景下的特殊产物。这一公司治理特征广泛存在于我国众多的上市公司中，但并未引起理论界和实务界的广泛重视。同高管纵向兼任相关的另一类文献是集团内部母子公司地理或组织距离对母子公司关系的影响。

高管纵向兼任作为增强大股东对上市公司控制的一种公司治理安排，势必会对公司治理效应产生影响。本书围绕高管纵向兼任对企业治理行为影响的相关研究进行了简要回顾，以此了解高管纵向兼任对企业所产生的影响，这对理解高管纵向兼任作用与公司治理的作用机制有着重要意义。

2.2.1　连锁董事的相关研究

现有的文献中已有大量关于横向交叉任职的讨论，如连锁董事。这一概念指一个人在没有控制关系的两家或更多上市公司董事会担任职务（Fich and White，2005）。帕尔默等（Palmer et al.，1986）指出，通过连锁董事可以实现两个目的：一是在连锁企业层面共享信息与资源；二是利用连锁董事个人的社会资本。连锁董事在公司间形成了"信息传递渠道"（Bizjak et al.，2009），并通过交叉任职在公司之间建立潜在的"内部"联系（Burt，1980）。连锁董事的存在可从多个方面产生经济效应，如促进新产品开发（Mazzola et al.，2016）、增加研发支出和促进创新（Helmers et al.，2017）、改善股价同步性（Khanna and Thomas，2009）以及导致盈余管理传染（Chiu et al.，2013）等。现有大部分文献发现，连锁董事的存在能够促进公司间信息的流动并改善公司绩效（Martin et al.，2015；Kiel and Nicholson，2003）。另外，连锁董事也可能加剧股东与经理层之间的代理问题，即交叉任职的 CEO 主要使自身受益，而不是外部股东（Fich and White，2005）受益。科特等（Cotter et al.，1997）也发现，连锁董事将会减少目标股东的收益。目前已有文献发现，连锁董事与公司绩效或市场估值之间存在负相关关系（Fich and Shivdasani，2006；Kaczmarek et al.，2014；Cheung et al.，2013；Bebchuk and Cohen，2005）。这些发现表明，如果连锁董事损害董事会的独立性、加剧代理问题或未履行董事受托责任，则可能由此产生负面后果。具体地，围绕连锁董事的相关研究主要从以下几方面展开：

第一，连锁董事与企业绩效或企业价值。连锁董事可能从正反两方面影响公司绩效或企业价值。一方面，连锁董事有助于企业间信息与资源的流通共享（Larcker et al.，2013），从而提高信息与资源的配置效率、降低交易成本，进而提高企业绩效或企业价值。并且这种信息与资源共享的程度随着连锁董事所处的社会网络位置核心程度越高，所实现的协同效应越大。陈运森（2015）发现，在公司间董事所形成的社会网络中，董事所在的网络中心核心度及结构洞数量均与企业绩效呈现显著正相关关系。另一方面，董事兼任的上市公司数量增多时，可能会分散董事的时间与精力并影响其监督与咨询作用的发挥。已有文献发现，董事兼任的公司数量将损害董事的监督效率，导致公司治理效率下降、公司业绩变差（Non and Franses，2007）。安德烈斯等（Andres et al.，2013）利用德国公司的数据发现了类似的研究结论，即董事联结较多将降低董事的监督效率并损害公司绩效，使得 CEO 薪酬增多。也有学者认为连锁董事数量与公司业绩两者关系之间存在一个中介点，在中介点之前，连锁董事数量会提高公司业绩；而在中介点之后，连锁董事联结的增多则会损害公司业绩。路等（Lu et al.，2013）利用中国上市公司数据对这一假想进行检验后发现，存在连锁董事的上市公司的公司业绩比不存在连锁董事的上市公司更好，并且，随着董事兼任公司数量的增多，当超出某一临界值后，董事联结不再对公司业绩产生积极效应。

第二，连锁董事与公司并购。连锁董事影响企业并购绩效的逻辑主要从连锁董事促进其所任职企业间的信息沟通，缓解信息不对称。当并购双方存在连锁董事时，并购方对被并购方的情况更加了解，并购前能够实现良好的信息沟通以降低信息不对称，并购后也能够通过有效的整合提高并购效率及并购绩效。蔡和塞维利尔（Cai and Sevilir，2012）发现，当并购方与被并购方存在连锁董事时，更有助于提高并购方的并购绩效。并且，这种效应在更一般的情况下，即当两家公司的董事在同一个董事会任职时也存在。另有学者发现，连锁董事的类型、网络位置等也会对并购绩效产生影响，如陈仕华等（2013）发现连锁的内部董事对并购绩效具有更显著的促进作用。同时，连锁董事的网络位置核心度（万良勇和胡璟，2014）、结构洞数量（万良勇和郑小玲，2014）等均与并购效率显著正相关。

第三，连锁董事与盈余管理。连锁董事影响企业盈余管理的主要理论依据是个人或企业间行为存在传染或模仿效应。赵等（Chiu et al.，2013）发现具有连锁董事的企业间行为存在模仿效应，当一家公司进行盈余管理时，另一家公司进行盈余管理的概率也相对较高。另外，连锁董事对企业间行为的传染效应体现在多个公司治理维度，具体表现为企业融资（Stuart and Yim，2010）、财务风险与市场风险（纳鹏杰等，2017）、报表重述（Chiu et al.，2013）等。同之前的逻辑一致，连锁董事网络核心度及专业水平均能显著影响公司间行为传染的速度与效果，通常，连锁董事网络核心度及专业水平越高，越能有效抑制企业盈余管理、提高盈余质量（傅代国和夏常源，2014；李青原等，2015）。除了连锁董事可作为企业间行为传染的作用渠道外，已有文献发现，审计委员会的连锁关系也可传播企业行为。达瓦德卡等（Dharwadkar et al.，2016）发现，SOX 法案发布后，企业通过公司间的审计委员会成员的连锁关系迅速调整企业的盈余管理策略。

第四，连锁董事与管理层薪酬及变更。连锁董事对高管薪酬及变更的影响取决于董事监督作用的发挥。当连锁董事独立性受到损害或因担任多家董事监督效率低下时，可能导致 CEO 薪酬升高，但薪酬业绩敏感性和变更业绩敏感性下降。黄和金（Hwang and Kim，2009）认为，在考察董事独立性时应将其社会关系也纳入考察范围内，他们发现，社会关系独立的董事，为之支付的 CEO 薪酬较低，但该公司的薪酬业绩敏感性及高管变更业绩敏感性均较高，这表明，社会关系更加独立的董事更能发挥监督作用。反过来，当董事任职较多时，其繁忙程度增加，则监督效率下降，此时，CEO 薪酬较高（Andres et al.，2013）。我国学者发现了类似的证据，即处在董事网络中的连锁董事受到社会资本及声誉的约束，独立性更强，同时，网络资源赋予其更多关于高管激励的专业知识和信息，网络联结使此类知识和信息的传播速度更快，这三种效应综合改善了董事的监督效率，从而提高了薪酬业绩敏感性（陈运森和谢德仁，2012）。另有学者利用社会网络分析的方法发现，公司关系网络的密度越大，高管的薪酬水平越高，但薪酬业绩的敏感性越低（李留闯和田高良，2014）。

2.2.2 金字塔组织结构与公司治理

除了纵向的高管兼任之外，大股东单位还可以通过投资层级、地理实物距离、关联交易等路径影响上市公司决策。许和刘（Hsu and Liu，2016）发现，母公司与子公司之间的组织层级越多，公司的信息不对称程度越高，代理冲突越大，企业的盈余质量越差。在这一过程中，较多的组织层级也伴随着更高程度的大股东掏空与盈余操纵行为。奥佩等（Opie et al.，2019）考察了企业组织距离以及国有企业与政府控制人之间的地理距离对地方国有企业投资决策的影响。企业组织距离和地理距离均会影响国有企业的信息获取成本，但前者相对内生，后者主要是外生的。研究发现，地方国有企业的投资效率与金字塔的组织距离显著正相关，与地理距离显著负相关。然而，当地方政府通过董事长的纵向兼任收回控制权时，这两种距离对投资效率的影响就会消失。整体结果表明，在政府干预成为常态的中国，政府放权意愿的可信度对国有企业的效率至关重要。李彬（2015）考察了母子公司地理距离对公司治理水平及投资的影响，发现母子公司地理距离及制度环境差异越大，上市公司外部投资者的信息不对称程度越高，越可能引发管理层及大股东代理问题，从而降低公司治理水平并损害企业价值。纳鹏杰等（2017）发现，企业风险，包括财务风险和市场风险在中国企业集团内部上市公司之间存在传染效应，其传播的主要路径是集团内部的关联交易、关联担保等。另外，金字塔结构下的两权分离和高管兼任会加剧公司间的风险传染效应。

2.2.3 高管纵向兼任相关的经验研究

在中国，纵向兼任是一种普遍存在的控制和治理形式，不仅广泛存在于私营企业集团，在各级政府控制的企业集团中也大量存在。目前对高管纵向兼任的实证研究主要集中在以下方面：

第一，高管纵向兼任增强信息沟通。阿诺尔迪等（Arnoldi et al.，2019）认为，国有企业的纵向兼任是增强股东对上市公司控制、便于合作与信息交流的一种重要机制。奥佩等（Opie et al.，2019）检验了纵向兼任的信息渠道，用金字塔层级和地理距离度量信息获取成本，探究国有企业大股东对国有企业投资决策的干预如何受信息获取成本的影响。研究发现，国有企业的投资效率与金字塔层级正相关，但与地理距离负相关，即使在地理距离所反映的信息成本较低的情况下，金字塔层级依然能够显著提高投资效率。但是，当国有企业大股东通过委派高管在上市公司任职增强控制权时，金字塔层级及地理距离均未表现出对投资效率的显著影响。研究结果表明，在我国国有企业中，政府干预成为常态的情况下，政府下放决策权意愿对国有企业的效率提升至关重要。王等（Wang et al.，2022）发现，当母公司董事长、CEO、CFO 同时被任命为子公司董事或高管时，更有助于母公司了解子公司的经营状况、减少信息不对称，从而在集团层面更有效地实施纳税筹划，从而进行税收规避。其研究结果还表明，母子公司间高管兼任能够影响企业的所得税策略。除此之外，当母公司 CFO 在子公司担任首席运营官时，并且子公司相对母公司比较重要（如更高的业绩贡献比重）时，母子公司间的高管兼任更能显著降低企业所得税水平。

第二，纵向兼任的高管代表大股东利益而损害公司治理质量。叶和沃特克（Yeh and Woidtke，2005）研究了家族企业董事会构成与公司价值的关系，利用中国台湾地区的数据通过研究发现，该地区投资者保护制度相对薄弱，存在控股股东及较多结构呈金字塔形的集团公司，当董事会由隶属于控股家族的成员主导时，会出现较差的公司治理；而当董事会由不隶属于控股家族的成员主导时，公司治理情况较好。并且，较高的两权分离度、家族控制、CEO 和董事长两职合一时，上述董事会隶属关系更强。而当正向激励效应（以现金流权度量）较强时，董事会隶属关系更低。此外，家族企业的价值与董事会隶属关系显著负相关。因此，本书的结论表明，在投资者保护相对薄弱、两权分离度较低时，控股家族代表董事的比例通常是较差公司治理质量的替代度量。罗等（Lo et al.，2009）以中国 266 家沪市上市公司披露关联交易毛利率的独特样本为数据，探究良好的公司治理结构是否有助于约束管理层机会主义行为（转移定价操纵）。研究发现，董事会中独立董事比例越高或母公司董事（代表上市公司母公司利益的董事）比例越低，或董事长与 CEO 两职不合一以及审计委员会成员具有财务专长时，公司越不可能进行转移定价操纵。总的来说，本书的研究结果表明，母公司代表董事会对公司治理质量产生不利影响，尤其不利于阻止关联交易中的转移价格操纵。郑杲娉等（2014）首次将高管纵向兼任定义为上市公司高管为大股东或终极控制人同时在大股东单位或终极控制人单位任职，研究发现：一方面，高管纵向兼任增加了公司关联交易的次数及规模，并进一步损害了企业价值；另一方面，大股东对业绩信息进行了操纵并进行违规披露，以掩护其自利行为的实施。该研究首次提供了中国资本市场上高管纵向兼任损害企业价值的经验证据，并提醒外部投资者警惕大股东通过高管纵向兼任而增强对上市公司的控制，方便其利益输送的行为。陈和杨（Chen and Yang，2019）探究了纵向兼任是否有损上市公司的现金持有价值，通过对 2007～2016 年中国上市公司数据的检验发现，投资者对存在纵向兼任公司的现金持有价值的估值远远低于不存在纵向兼任的公司，且这一负向效应在控制现有公司治理机制、会计稳健性和内部控制质量后依然为负，表明高管纵向兼任加剧了大股东与小股东之间的代理冲突。陈等（Chen et al.，2015）认为，在家族集团金字塔企业中，附属子公司向关联方提供贷款担保是家族控股股东侵占中小股东利益的一种手段。研究发现，如果董事长不是家族成员，但董事会成员或高管是家族成员时，家族附属公司向关联方提供的贷款担保金额会增加；而当董事长是家族成员或董事长是非家族成员时，则没有此类效应。并且，非家族成员兼任董事长能够减少关联贷款担保金额，以上效应随企业所受制度环境的变化而变化。杨等（Yang et al.，2021）探究了纵向兼任对公司股价崩盘风险的影响，利用中国上市公司集团数据，作者发现，纵向兼任显著增加了公司的股价崩盘风险，并且这一正向效应当兼任高管在控股股东任职较高时更加明显。该研究说明，控股股东通过高管纵向兼任阻止公司坏消息的披露，加剧第二类代理问题。薛有志等（2022）探究了高管纵向兼任与资产剥离战略的关系发现，董事长或总经理纵向兼任能够通过加剧大股东掏空行为提升企业关联性资产剥离的可能性，同时，通过监督和约束管理层自利行为降低非关联性资产剥离的可能性。宋衍蘅等（2020）从审计师选择的角度探究存在高管纵向兼任的公司更愿意选择高质量审计师还是低质量审计师，该研究结论支持了寻租假说，即存在高管纵向兼任的公司更可能选择本土大会计师事务所而不是"四大"进行审计。原因在于"四大"对存在纵向兼任公司的审计投入更多，审计收费更高。本书的研究结论从第三方审计的角度为高管纵向兼任方便大股东掏空行为经济后果的研究提供了进一步的实证证据。

　　第三，纵向兼任有助于增强控股股东监督、缓解代理问题。潘红波和韩芳芳（2016）研究了高管纵向兼任对企业会计信息质量的影响，发现高管纵向兼任将有助于加强大股东对上市公司的监督、抑制管理层机会主义行为、降低管理层代理成本，从而提高会计信息的质量。区分企业产权性质的异质性使得高管纵向兼任对会计信息质量的积极作用在国有企业表现得更为明显。乔菲等（2021）探究了高管纵向兼任对企业违规行为的影响，发现纵向兼任通过降低管理层代理问题显著降低了公司违规的可能性及违规次数，并且这一效应在内部控制质量较低及信息环境较差的企业更能发挥作用。董事长或总经理纵向兼任均能缓解代理问题并抑制企业违规。本书的研究结果表明，在我国，相比较纵向兼任加剧大股东对中小股东的利益攫取，纵向兼任更能够增强对上市公司的监督以及完善公司治理。

　　第四，纵向兼任增强控股股东干预，尤其是国有企业。阿诺尔迪等（Arnoldi et al.，2019）考察了国有上市公司高管同时在集团公司兼任对公司业绩的影响发现，高管纵向兼任便于信息沟通、减少政府对国有企业的干预及掏空，从而提升国企绩效，并且在不同的截面特征下表现不同。具体地，集团控制层级越多、制度环境越好，高管纵向兼任提升企业绩效的作用越弱，而集团公司两权分离度越高，高管纵向兼任越能提升企业绩效。该研究为纵向兼任高管的信息沟通在企业集团组织设计中的作用提供了新的证据。潘红波和张哲（2019）以董事长或 CEO 纵向兼任度量控股股东对国有上市公司干预程度并探究其对薪酬契约有效性的影响发现，纵向兼任增强了非上市控股股东的干预程度，有助于国有控股股东实现政策性目标，进而降低国有上市公司的薪酬契约有效性。具体表现为，存在高管纵向兼任的企业其高管薪酬、员工薪酬—业绩敏感性以及高管—员工薪酬差距降低，而员工薪酬提升。

　　第五，纵向兼任有助于上市公司获取内外部资源。董晓洁等（2017）考察了纵向兼任对企业社会责任的影响，发现企业集团的形式会增进社会责任的信息披露意愿和信息披露质量。而集团纵向兼任的存在使成员公司可以利用内部资本市场获取资源，降低其通过披露社会责任迎合市场反应及投资者需求的动机，因此，纵向兼任会降低企业社会责任信息的披露质量，并且这一现象在国有企业集团以及纵向兼任职位越高时更加明显。该研究结果整体表明，纵向兼任影响企业集团内部资源配置及集团内上市公司资源的可获得性，进而影响企业社会责任信息披露。另外，也有文献从外部融资成本角度考察高管纵向兼任的经济后果。韩金红和支皓（2021）检验了高管纵向兼任的"监督效应"及"掏空效应"对企业债务融资的影响，研究结论支持了"掏空效应"。具体地，当上市公司存在高管纵向兼任时，其债务融资成本更高、债务融资期限更短。并且，这种效应在纵向兼任类型为董事长纵向兼任、非国有企业以及大股东控制力较弱时更加明显。佟爱琴和李孟洁（2018）考察了高管纵向兼任如何影响企业风险承担水平后发现：一方面，高管纵向兼任有助于减轻管理层短视，发挥监督作用；另一方面，高管纵向兼任将为企业带来更多资源，缓解融资约束。以上两方面均有助于提高企业承担风险的水平。

2.2.4　文献评述

从高管纵向兼任相关的主要理论和实证研究不难看出，连锁董事作为发达经济体国家普遍存在的一种现象，受到国内外学者的关注。已有研究从存在连锁董事的单个公司及多个连锁公司出发，围绕信息及资源获取、监督效率、模仿效应等角度探讨了连锁董事带来的经济后果。与发达经济体存在的连锁董事不同，在我国更普遍的一种现象是纵向连锁即纵向兼任，但相关研究较少。大股东或母公司与上市公司之间的集团组织结构关系，如金字塔控制层级、董事会联结、高管兼任以及公司地理实物距离等均会对公司治理产生影响，已有研究的发现增强了本书对于集团控股股东与上市公司关系及其可能导致的经济后果的理解。同时为本书理解高管纵向兼任对企业行为的影响提供了各种可能的影响渠道。首先，从纵向兼任研究视角来看，国内外文献主要围绕增强管理层监督及加剧大股东掏空行为探究高管纵向兼任可能导致的经济后果，而围绕纵向兼任高管作为控股股东与上市公司的桥梁，从信息沟通及内外部资源获取角度进行研究的文献较少。其次，从关于纵向兼任经济后果作用机制的分析来看，已有研究结果发现，高管纵向兼任可通过降低信息不对称、减轻管理层代理问题、加剧大股东掏空行为等方式影响企业行为。但已有文献更多地从代理成本机制分析纵向兼任经济后果的作用渠道，极少有文献从融资约束这一机制进行更全面的分析，这不利于系统构建纵向兼任的治理框架及理解其可能发挥的效应。最后，从目前已有研究关于高管纵向兼任的经济后果来看，已有研究关注了纵向兼任对公司治理行为，如会计信息质量、企业价值、股价崩盘风险等的影响，但较少有文献从会计稳健性的视角进行分析。会计稳健性反映的是会计信息及时性的特点，与会计信息质量（盈余管理）并不完全等同，并且，会计稳健性与会计信息质量的来源也大不相同。债权人对稳健会计政策的需求是会计稳健性的形成原因之一，而会计信息质量的来源广泛。而且，现有文献缺乏高管纵向兼任对企业投资，如投资效率、企业创新及多元化投资影响的研究，不同的投资行为所受的影响因素及分析的理论依据存在不同，多维度投资行为的分析有助于全面理解纵向兼任的经济后果。现有文献也缺乏高管纵向兼任对企业融资行为，如纵向兼任对企业获取银行贷款可能性、贷款金额的影响。本书将在各章中进一步分析上述问题。

2.3　高管纵向兼任与企业投资行为的国内外研究

2.3.1　高管纵向兼任与企业创新的国内外相关研究

创新投资与企业一般性投资行为相比具有一些独特的自身特点，比如，投资的风险更高、获取投资回报的周期更长等（申宇等，2017）。一般而言，企业创新水平的高低受以下三个因素影响：

首先是资金约束。创新项目的异质特征，如长周期和高风险，加剧了企业内部与外部各方之间的信息不对称。在信息劣势的情况下，外部方无法通过获取足够的信息来判断企业创新活动是否会带来潜在的收益。为降低风险，外部方可能会要求额外的融资费用溢价，从而导致企业的外部融资成本增加，进一步限制了企业可获得的用于创新投资的资金（张璇等，2017；Fazzari et al.，1988）。在外部融资受到制约的情况下，企业不得不依赖内部现金流来支持创新所需的资源。这种情况可以通过利用内部资本市场机制（蔡卫星等，2019）、依靠内部现金流（张杰等，2012）、增加现金储备（卢馨等，2013）以及优化运营资本管理（鞠晓生等，2013）等途径来实现。此外，宏观经济政策和外部因素，如产业政策的制定（黎文靖和郑曼妮，2016）、政府权力下放（江轩宇，2016）、对创业投资的支持（王兰芳和胡悦，2017）以及金融体系的发展（Hsu et al.，2014）都可能通过提供政府补贴、引入税收激励或降低外部融资成本等手段，从而刺激创新绩效的提高。

其次是经理人代理问题。已有研究指出，经理人自利动机的增强（Wright et al.，1996）以及由"职业忧虑"引发的短视行为（He and Tian，2013；钟宇翔等，2017）等现象都可能削弱企业进行创新的动机，从而抑制创新发展。在这一背景下，有效的公司治理机制成为缓解代理问题、促进企业创新的关键途径，例如提高机构持股比例（Aghion et al.，2013）、减少政府干预（江轩宇，2016）以及建立健全的激励体系（Manso，2011；徐悦等，2018）等。

最后是大股东代理问题。我国上市公司的股权集中度普遍较高，并且伴随着较高的现金流权与控制权分离。在此背景下，大股东有强烈的动机从上市公司中攫取价值，采取掏空行为损害中小股东利益，具体方式包括占用上市公司资金、关联交易等。大股东追逐短期利益而采取的短视行为导致了风险规避，从而抑制了风险较高、不确定性较大的长期创新投资。此外，大股东的掏空行为减少了为企业创新所需的资金支持，由于得不到大股东的支持，管理层可能对创新持谨慎态度。姜付秀等（2017）从第二类代理问题的角度探讨了董事长由非家族成员担任而对企业财务决策产生的影响。他们发现，非家族成员担任董事长减少了大股东追逐短期私利行为对家族声誉产生的负面经济后果，从而加剧了代理问题、抑制了企业创新。

综上所述，已有的研究探讨了影响企业创新的因素，但相关方面的研究还有待进一步深入。首先，融资约束和企业代理问题均会影响企业创新产出，而高管纵向兼任在集团内部资本市场中发挥着提升资金配置效率的作用，并深刻影响着大股东和管理层的行为。然而，目前还缺乏针对高管纵向兼任以及这种公司治理安排对企业创新影响的研究。其次，高管纵向兼任对企业创新影响的方向未知——纵向兼任是通过增强对管理层的监督、缓解融资约束而促进企业创新，还是加剧了大股东代理问题而抑制企业创新。即高管纵向兼任这一公司治理安排在中国特色制度背景下发挥的作用及机制渠道有待进一步明确。最后，监管机构目前已对一部分的高管纵向兼任进行了约束，而未约束的部分是否影响公司治理？具体作用又是什么？是否应该采取一刀切的方式进行规范？这些问题有待进一步挖掘。

2.3.2　高管纵向兼任与企业投资效率的国内外相关研究

拉波尔塔等（La Porta et al.，1999）的研究首次探讨了高管纵向兼任现象，尤其关注家族企业中高管在不同公司兼任职务的情况。研究揭示了美国家族企业中大部分管理层由家族成员担任，其中，75%的家族企业管理层成员为控股股东家族成员。此外，家族企业还可能将员工派遣至上市公司担任高管职位。在发达市场经济中，家族成员兼任高管常常带来较好的公司治理效果，体现出更高的企业绩效和价值（Anderson and Reeb，2003；Villalonga and Amit，2006）。美国家族企业通过高管纵向兼任还能够强化对公司的控制，降低管理层和股东之间的代理问题（Villalonga and Amit，2009；Chen et al.，2010）。

高管纵向兼任在转型经济体中也受到关注。克莱森斯等（Claessens et al.，2000）研究了东亚国家的情况发现，家族企业中大股东通过金字塔结构、交叉持股、同股不同权和高管兼任等方式来强化对上市公司的控制。在家族企业中，通过兼任高管方式加强上市控制的公司占样本的57.1%。克莱森斯等（Claessens et al.，2002）进一步研究了这些控制模式对企业价值的影响发现，前三种模式的实施会导致控制权与现金流权分离，从而损害企业价值。但值得注意的是，第四种控制方式在某些方面与前三种存在显著差异。尽管它也可能加剧大股东侵占其他股东利益的动机，但也可能减轻股东与管理层之间的代理问题，从而产生积极的效应。这种双重作用使得第四种控制方式显得尤为独特。但克莱森斯等（Claessens et al.，2002）的研究受限于样本，并未进一步探究高管纵向兼任是否影响企业价值。

对于高管纵向兼任与企业价值、公司绩效以及会计信息质量之间的关系，后续研究取得了丰富的成果。高管纵向兼任有助于减弱政府干预，提高国有上市公司的业绩。例如，阿诺尔迪等（Arnoldi et al.，2019）研究表明，高管纵向兼任能够促进上市公司绩效提升，尤其在集团公司两权分离度变大的情况下。但随着制度环境改善和控制层级增多，高管纵向兼任对企业绩效的提升作用减弱。此外，潘红波和韩芳芳（2016）发现，高管纵向兼任可发挥积极作用，具体表现为抑制管理层机会主义行为、缓解代理冲突、提高会计信息质量。陈和杨（Chen and Yang，2019）探究了纵向兼任是否有损上市公司的现金持有价值发现，投资者对存在纵向兼任公司的现金持有价值的估值远远低于不存在纵向兼任的公司，且这一负向效应在控制现有公司治理机制、会计稳健性和内部控制质量后依然为负，表明高管纵向兼任加剧了大股东与小股东之间的代理冲突。然而，值得注意的是，尽管高管纵向兼任有助于加强大股东对上市公司的控制，但在新兴市场中，这种公司治理也可能沦为大股东攫取中小股东利益的工具，并导致企业价值受损。郑呆娉等（2014）发现，相比于不存在高管纵向兼任的公司，高管纵向兼任使企业价值更低，并且，更可能发生信息披露违规。杨等（Yang et al.，2021）探究了纵向兼任对公司股价崩盘风险的影响。利用中国上市公司集团数据，作者发现，纵向兼任显著增加了公司股价崩盘的风险，并且这一正向效应当兼任高管在控股股东任职较高时更加明显。该研究说明，控股股东通过高管纵向兼任阻止公司坏消息的披露，加剧第二类代理问题。王等（Wang et al.，2022）从集团公司立场出发，考察了高管纵向兼任对上市公司纳税的影响发现，母公司董事长、CEO 或 CFO 同时在上市公司担任董事或高管有助于减轻母子公司的信息不对称，从而更好地实行纳税筹划，进行税收规避。除此之外，当母公司 CFO 在子公司担任首席运营官时，并且，子公司相对母公司比较重要（如更高的业绩贡献比重）时，母子公司间的高管兼任更能显著降低企业所得税水平。

已有研究发现，多个因素会影响企业投资效率的高低，其中包括代理问题、融资约束及高管特征等。代理问题是影响企业投资效率的重要因素之一，柳建华等（2015）指出，由于信息不对称，外部投资者难以有效监督管理层，从而导致管理层的自利动机加剧，促使其进行机会主义的投资活动，进而导致投资过度。已有文献发现，可以通过一些外部治理机制缓解信息不对称及其引发的代理问题，比如，方红星和林婷（2023）发现，机构投资者实地调研能够增强上市公司和投资者之间的了解与信任，缓解代理冲突和降低信息不对称，进而提高投资效率。王雄元和徐晶（2022）从放松市场准入管制角度出发发现，放松市场准入管制能够提高竞争公平性与充分性、降低交易费用并提高投资效率。管理层薪酬激励同样影响企业投资效率，赵文红等（1997）的研究发现，当管理层的努力未获得相对应的薪酬奖励或公司的薪酬激励不足以促使管理层努力工作时，管理层会通过机会主义的过度投资行为满足在职消费需求。融资约束是另一个影响投资效率的关键因素。张宗益和郑志丹（2012）指出，融资约束可能导致企业投资的资金无法达到最优，从而迫使企业减少投资支出，导致投资不足现象的出现。潘玉香等（2016）的研究表明，融资约束的程度与企业的投资不足程度之间存在正相关关系。融资约束越严重，企业投资不足的情况越显著。刘慧和綦建红（2022）从公平竞争审查制度出发发现，公平竞争审查能够提高银行信贷资源配置效率，使强竞争性行业获得更多的政府补贴，还能够提高公司治理水平，最终导致投资效率提升。高管特征也在影响企业投资效率方面发挥着重要作用。李云鹤（2014）运用"现金流—成长机会"框架，通过关注管理层过度自信及代理行为对企业投资的影响发现，管理者代理问题以及过度自信均可能导致企业过度投资。另外，陈运森和谢德仁（2011）从连锁董事社会网络的角度出发揭示了独立董事网络位置对公司投资效率的影响。独立董事在社会网络中的中心度越高，其治理作用越显著，进而推动企业投资效率的提升。王玉涛等（2022）则从中小股东"用嘴投票"的角度发现，中小股东利用社交媒体发声能够改善公司治理并抑制高管过度自信，从而改善投资效率。

在当前文献背景下，本书在若干方面与既往研究存在显著差异。以往研究（Claessens et al.，2000，2002）关注于大股东利用金字塔结构、交叉持股和同股不同权等三种控制模式对企业价值产生的影响，但由于数据受限，未对高管纵向兼任这一控制方式的经济后果进行深入探讨。后续研究侧重于分析纵向兼任高管对公司绩效、企业价值以及代理成本的影响，然而尚未达成一致性的结论。本书则聚焦于高管纵向兼任对企业投资效率的影响，从而扩展了关于高管纵向兼任的经济后果和影响因素的研究领域。此外，本书还探讨了两类纵向兼任高管，即董事长与总经理对企业投资效率的不同影响，因此，研究视角更具广泛性，能够更全面地解析高管纵向兼任对企业投资效率的影响。同时，本书不仅探讨了高管纵向兼任与企业投资效率之间的关系，还进一步研究了产权性质对两者关系的调节作用，并探究了高管纵向兼任对投资效率的具体影响途径。此外，为保障研究结论的可靠性，本书还运用了固定效应模型和 PSM 检验等方法来缓解内生性问题可能产生的影响。

2.3.3　高管纵向兼任与企业多元化投资的国内外相关研究

企业多元化一直是公司战略和财务领域备受瞩目的议题，涉及其动因及后果的研究。目前学术界普遍认为，多元化经营可能既是组织为追求"价值最大化效应"而作出的选择，也可能是管理者受自身利益驱动所引发的"代理效应"的结果（Matsusaka，2001；周建等，2017）。此外，关于多元化的解释已经围绕交易成本、企业资源、代理理论、市场势力等多种理论观点形成了多样化的观点（郑建明等，2014）。

首先是价值最大化效应。首先，多元化战略有助于降低企业的经营风险并增强其借贷能力。企业多元化经营后将在多个地区或行业拥有业务，分散化的经营使单个行业或地区的经营对企业整体的影响程度减弱，从而降低了企业破产风险。企业风险的降低有助于提高企业经营的持续性，减轻外部投资者对企业持续经营能力担忧，从而减少风险溢价、提高企业的借贷能力。根据资本结构理论，负债的存在将形成税盾效应并提升企业价值。其次，多元化战略有助于形成内部资本市场的有效机制，为企业提供资金支持。外部投资者与企业之间的信息不对称是导致企业无法筹集到足够资金的重要原因，此种情况下，企业将被迫放弃一些现金流为正的投资项目（Myers，1977）。企业多元化经营形成的内部资本市场可以大大缓解因信息不对称导致的筹资难问题，为企业提供充足的内部资金，使了解真实情况的经理更为理性地选择投资项目，从而避免投资不足。因此，企业进行多元化经营将从降低企业经营风险和缓解企业融资约束两方面促进企业投资效率的提升。

其次是代理效应。企业多元化经营也可能加剧大股东与中小股东代理问题并增强大股东利益攫取的动机。第一，从代理问题角度来看，多元化企业容易成为大股东掠夺中小股东的工具。多元化企业的组织形式使得现金流权与控制权之间的差异变大，大股东的绝对控制权使其有强烈动机及能力实施机会主义行为并获取控制权收益，特别是在新兴国家投资者保护机制尚不健全、外部监督缺位的情况下。克莱森斯等研究了大股东现金流权与控制权的分离对企业多元化的影响，他们认为，两权分离度越高，企业越能以较少的现金流权实现对企业更强的控制，此时，大股东所需承担的公司风险较低，通过多元化降低风险的可能性较小。但较大两权分离度却可以使股东以极小的风险获得巨大的收益，所以，较高程度的两权分离更可能代表较高的利益攫取动机。结果证实了他们的结论，当大股东的控制权较高时，两权分离程度与多元化经营显著正相关，支持了大股东通过多元化经营攫取私人收益的推断。后续学者贝等（Bae et al.，2012）及潘明波和余明桂等（2014）也发现多元化经营方便了大股东的利益输送。

在多元化动因梳理的基础上，本书认为，高管纵向兼任既可能利用"价值最大化效应"，通过内部资本市场的构建促进企业多元化，也可能通过

"代理效应"中的代理问题及信息不对称影响企业多元化。在价值最大化效应下，高管纵向兼任能够通过降低公司风险、提供资源支持路径促进企业多元化，此时的多元化经营有助于提升公司绩效及企业价值；在代理效应下，高管纵向兼任有助于促进（抑制）通过多元化进行的大股东掏空行为及管理层机会主义行为，进而促进（抑制）企业多元化行为。此时，多元化是否有助于提高企业价值取决于高管的纵向兼任是增加还是减少了企业的代理问题。

2.4　高管纵向兼任与企业融资行为的国内外研究

关于银行信贷影响因素的研究，大致可分为宏观层面和微观层面。首先，宏观层面上，货币政策可通过货币渠道和信贷渠道两方面帮助企业获取银行信贷（叶康涛和祝继高，2009），其中，货币政策通过利率和汇率，而信贷渠道通过银行信贷行为和资产负债表分别影响企业信贷行为。产业政策的实施也会影响公司融资决策，受产业政策支持的企业其长期银行借款与短期银行借款的表现趋势相反，前者明显高于其他行业，而后者则明显低于其他行业（陈冬华等，2010）。社会责任也会对企业的银行借款行为产生影响，吉索等（Guiso et al.，2004）发现，企业所处的社会信任度与获取银行借款正相关。张郭力和李四海（2012）利用中国的数据也发现，社会信任在民营企业获取银行贷款方面发挥了积极作用。

微观层面，财务契约理论强调了信息不对称和代理问题在影响债务来源选择方面的重要作用。首先，与其他类型的债务资本不同，银行在收集债务人相关信息方面具有优势（Boyd and Precott，1986），可以降低信息成本，减轻银行与借款者之间的信息不对称程度。其次，在事后监督方面，正如法玛（Fama，1985）所言，银行可以以更高利率、合同重新谈判或公司清算等形式对借款人进行处罚警告，降低道德风险，促使管理者作出价值最大化的决定，而不是牟取私人利益。但信息不对称依然存在，进而产生信贷配给问题。作为债务人，为了提高获取银行借款的可能性，应提高会计信息的质量以减小信息不对称，从而缓解融资约束。按此逻辑，已有文献发现，会计信息质量（孙铮等，2006）、会计信息稳健性、透明度以及盈余质量均会影响银行贷款契约的设定，比如影响信贷契约中的信贷额度、信贷期限、贷款利率等契约条件（Graham et al.，2007；赵刚等，2014）。巴拉特等（Bharath et al.，2008）探讨了借款方会计信息质量在债务契约中的作用，即会计信息质量如何影响借款选择及借款契约具体条款。研究发现，会计信息质量较低的借款方更倾向于银行贷款，这与银行具有更好的信息获取及处理能力、减少借款方的逆向选择成本一致。进一步地，银行使用价格和非价格条款来制定贷款合同，而在公共债券持有人分散的情况下，只有利息成本受到会计质量的影响，这与银行具有事后重新进行合同谈判的能力相一致。研究结果表明，银行信贷市场与债券市场之间的制度差异在债务合同的设计中发挥着重要的作用。

后续文献对银行信贷影响因素的研究进行了拓展。部分文献从所有权结构、高管股权风险承担激励及与产品市场相关的因素等方面探讨了企业对于银行债务的选择。布巴克里和萨法尔（Boubakri and Saffar，2019）利用私有企业样本发现，国有股权与银行债务融资显著正相关，支持了私有企业受益于国有股权预算软约束的结论。并且，这种正相关关系在银行中政府持股较高、银行贷款中腐败较严重以及集体主义民族文化的国家更为明显。陈等（Chen et al.，2021）通过探究高管股权风险承担激励如何影响企业对债务结构的选择发现，当高管薪酬对股票波动更为敏感时（即具有更高的 Vega 时），企业降低了对银行债务融资的依赖。并且，这一效应在成长机会较高、财务信息不透明的企业中更加明显。该研究结论表明，鼓励风险承担后，较高的 Vega 降低了企业对银行债务融资的依赖程度，以避免更严格的银行监控。巴拉特和赫策尔（Bharath and Hertzel，2019）探究了产品市场和公司控制市场所提供的外部治理压力如何影响公司发行的债务类型。研究发现，与治理机制替代效应一致，产品市场的外在治理压力显著减少了银行贷款融资，而收购市场的外在治理压力增加了银行贷款使用。该研究表明，企业在设计最优治理结构时会自发地替代其他治理机制，而对债权人治理的需求则取决于其他外部治理机制的相对强度。

也有一部分文献从社会关联的角度发现，政治关系、银行关联等社会网络关系也会影响企业银行贷款的取得。孙铮等（2005）发现，良好的政治关系可通过财政补贴或直接影响银行信贷决策使企业获取更多的银行信贷支持，特别是长期借款。余明桂和潘红波（2008）发现，政治关系可以降低企业经营风险，如通过政府保护或减少政府的随意侵害等获得银行贷款。银行关联主要表现为两方面：人事关联和股权关联。人事关联指企业的董事或高管同时或曾经在银行担任中高层管理人员，而股权关联指银行在企业持有股份或企业在银行持有股份。已有研究发现，银行关联可以通过降低银企之间的信息不对称、降低企业面临的信贷风险等方式使企业获取信贷优势。林等（Lin et al.，2012）研究发现，同国有企业相比，民营企业偏好于持有商业银行股份，以缓解民营企业遭受的信贷歧视，降低信贷成本。同时，持有银行股的企业也更容易获取银行借款，自身融资能力也得到增强（Lin et al.，2009）。

综合上述文献可以看到，以往文献从众多角度分析了银行贷款的影响因素，但关于高管纵向兼任对企业银行贷款的影响，现有文献提供的经验证据仍较为有限。高管纵向兼任一方面可能加剧大股东的掏空行为，进而增加债务风险。例如，郑杲娉等（2014）发现，大股东采用高管纵向兼任的公司治理安排对上市公司实施更强的控制，以便于其通过关联交易和相互担保等方式攫取利益，最终损害企业价值。与此同时，为配合其更方便地实施掏空行为，大股东还会对公司盈余信息进行操纵，并进行违规信息披露。陈和杨（Chen and Yang，2019）研究发现，高管纵向兼任会显著降低上市公司的现金持有价值，且这一负向效应在控制现有公司治理机制、会计稳健性和内部控制质量后依然为负，表明在新兴市场中，集团公司高管纵向兼任更多地反映了大股东意志，大股东通过这一公司治理安排掏空上市公司、损害中小股东利益。杨等（Yang et al.，2021）探究了高管纵向兼任对股价崩盘风险的影响，研究结果支持了纵向兼任有利于控股股东阻止公司坏消息的披露，从而加剧股价崩盘风险的结论。并且，这一效应在纵向兼任的高管在控股股东担任更高层级职位时更加明显。整体结论表明，在新兴资本市场中，高管纵向兼任主要体现负面效应，如加剧大股东掏空行为、损害企业价值。另外，高管纵向兼任可能会带来大股东更高程度的担保及背书，进而减小债务风险。如集团成员之间通过相互担保获取资金（Shin and Park，1999），减少因资金链断链所导致的经营风险和违约风险，为外部投资者提供隐性担保。本书从获取银行贷款的可能性以及获取贷款金额大小、贷款成本和贷款定价角度检验高管纵向兼任对企业银行贷款的影响，并从大股东"掏空动机"及担保背书角度检验了高管纵向兼任影响企业银行贷款的作用机制，以拓展现有文献的研究。

2.5　高管纵向兼任与财务报告稳健性的国内外相关研究

围绕高管纵向兼任的研究主要从以下几方面展开：

首先，高管纵向兼任促进了信息的传递与沟通，降低了信息不对称。如阿诺尔迪等（Arnoldi et al.，2019）发现，高管纵向兼任是大股东加强上市公司控制、便于信息交流与合作的一种重要机制。奥皮等（Opie et al.，2019）发现，金字塔层级和地理距离均影响企业信息获取成本，进而影响企业的投资效率，而高管纵向兼任则进一步影响上述作用的发挥。王等（Wang et al.，2022）发现，母子公司董事长、CEO 和 CFO 存在纵向兼任将会减少母子公司之间的信息不对称，从而有助于在集团层面更好地实施纳税筹划、降低企业所得税水平。

其次，高管纵向兼任将加剧大股东掏空行为，损害中小股东利益。叶和沃德克（Yeh and Woidtke，2005）研究发现，在家族企业，同非家族成员主导的董事会相比，当由家族成员主导董事会时，企业的公司治理相对较差。并且，家族企业的价值与董事会隶属关系显著负相关。罗等（Lo et al.，2010）通过研究发现，母公司委派董事比例越低，上市公司越不可能进行转移定价操纵。即母公司代表董事会对公司治理质量产生不利影响，尤其不利于阻止关联交易中的转移价格操纵。郑杲娉等（2014）首次将高管纵向兼任定义为上市公司高管为大股东或终极控制人，或同时在大股东单位或终极控制人单位任职，研究发现，一方面，高管纵向兼任提高了公司关联交易的次数及规模，并进一步损害了企业价值。另有文献从现金持有和坏消息披露的角度考察了高管纵向兼任对企业现金持有价值及股价崩盘风险的影响，研究发现，投资者对存在纵向兼任公司的现金持有价值的估值远远低于不存在纵向兼任的公司，且这一负向效应在控制现有公司治理机制、会计稳健性和内部控制质量后依然为负，表明高管纵向兼任加剧了大股东与小股东之间的代理冲突（Chen and Yang，2019）。纵向兼任显著增加了公司的股价崩盘风险，并且这一正向效应在兼任高管同时任职控股股东单位时更加明显（Yang et al.，2021）。另有学者考察了纵向兼任对资产剥离战略和审计师选择的影响发现，董事长或总经理纵向兼任能够通过加剧大股东掏空行为提升企业关联性资产剥离的可能性，同时，通过监督和约束管理层自利行为降低非关联性资产剥离的可能性（薛有志等，2022）。存在高管纵向兼任的公司更倾向于选择本土大会计师事务所而不是国际"四大"进行审计。原因在于，国际"四大"对存在纵向兼任公司的审计投入更多、审计收费更高（宋衍蘅等，2020）。

再次，纵向兼任有助于增强控股股东监督、缓解代理问题。潘红波和韩芳芳（2016）研究发现，高管纵向兼任将有助于加强大股东对上市公司的监督，抑制管理层机会主义行为，降低管理层代理成本，从而提高会计信息的质量。乔菲等（2021）研究发现，纵向兼任通过降低管理层代理问题显著降低了公司违规的可能性及违规次数，并且这一效应在内部控制质量较低及信息环境较差的企业更能发挥作用。董事长或总经理纵向兼任均能缓解代理问题并抑制企业违规。

最后，纵向兼任增强控股股东干预，尤其是国有企业来说。阿诺尔迪等（Arnoldi et al.，2019）发现，高管纵向兼任便于信息沟通以及减少政府对国有企业的干预及掏空，从而提升国企绩效。潘红波和张哲（2019）研究发现，纵向兼任增强了非上市控股股东的干预程度，有助于国有控股股东实现政策性目标，进而降低国有上市公司的薪酬契约有效性。具体表现为存在高管纵向兼任的企业高管薪酬、员工薪酬—业绩敏感性以及高管—员工薪酬差距降低，员工薪酬提升。

另有一部分文献发现，纵向兼任有助于上市公司内外部资源获取。董晓洁等（2017）研究发现，纵向兼任影响企业集团内部资源配置及集团内上市公司资源的可获得性，进而影响企业社会责任信息披露。另外，也有文献从外部融资成本角度考察高管纵向兼任的经济后果。韩金红和支皓（2021）研究发现，当上市公司存在高管纵向兼任时，债务融资成本更高，债务融资期限更短。佟爱琴和李孟洁（2018）通过考察高管纵向兼任如何影响企业风险承担水平发现，一方面，高管纵向兼任有助于减轻管理层短视，发挥监督作用；另一方面，高管纵向兼任将为企业带来更多资源，缓解融资约束。以上两方面均有助于提高企业的风险承担水平。

会计稳健性的已有研究显示，较高的会计稳健性有助于抑制管理层过度发放薪酬、过度投资等行为。因此，管理层持股较低、债权人与股东潜在冲突较大以及独立董事网络中心度较低的公司会计稳健性更高（Lafond and Roychowdhury，2008；Ahmed et al.，2002；梁上坤等，2018）。公司面临的融资约束程度会影响会计稳健性。在债务融资中，短期借款比例高而长期借款比例低的公司往往采取更加稳健的会计政策（刘运国等，2010）。并且，随着公司债务比例的上升，债权人为保障自身利益会设置更严格的借款限制条件以及要求公司提供更稳健的会计信息（陆正飞等，2008）。外部宏观环境也会产生影响，如在紧缩的货币政策、较差的制度环境下，公司会采取更加稳健的会计政策（饶品贵和姜国华，2011；Bushman and Piotroski，2006），而产业政策则降低了公司的会计稳健性（黎文飞和巫岑，2019）。公司的政治关联可为公司债务提供"隐性担保"，降低债权人的会计稳健性需求，因此，公司的会计稳健性水平较低（陈艳艳等，2013）。而银行关联作为另一种重要的关系资本能够缓解公司的融资约束，也会降低公司提供较高稳健性会计信息的动机（Burak et al.，2008；邓建平和曾勇，2011a，2011b）。

通过对以上文献的梳理可以发现：首先，高管纵向兼任这一公司治理机制会影响公司所面临的代理冲突及融资约束，进而对公司会计稳健性产生重要的影响，但目前对两者关系的研究较为匮乏。会计稳健性虽然是会计信息质量的重要维度之一，但更多地反映了损失确认的及时性，其与可操纵性应计度量的盈余管理存在较为本质的差别。其次，以往文献大多从代理问题的角度考虑高管纵向兼任所带来的经济后果，并没有关注这一纵向联结作为集团公司信息沟通与传递的重要纽带的融资功能。而本书将结合代理理论，从融资约束的角度探讨高管纵向兼任对会计稳健性的影响，这将在理论上为高管纵向兼任经济后果的研究提供一种新的思路。

第 3 章
纵向兼任制度背景演变和影响效应路径分析

3.1 纵向兼任的制度起源和演变背景

3.1.1 形成原因

高管纵向兼任起源于代理问题。在股权相对分散时，两权分离使管理层掌握控制权的同时却未拥有全部所有权，由此产生了委托代理问题。管理层在不能享受自己劳动创造的全部成果的同时，自利行为造成的损失也不由自己全部承担，由此便进一步激发了管理层自利行为的动机，从而损害公司价值。

根据格罗斯曼和哈特（Grossman and Hart，1980）的研究，股权分散时存在一个困境，即没有股东愿意付出监督管理层的成本。原因在于：首先，付出的监督成本可能超过股东所能获得的收益；其次，由于股权分散，股东只能享受到很小一部分监督所带来的收益，大部分收益被其他分散的股东分享。因此，在股权分散的情况下，股东都有一种"搭便车"的态度，期待其他股东采取行动，从而导致管理层得不到有效监督。从上述情况可见，股东与管理层代理问题的根源在于股东未能有效监督管理层。为了解决这一问题，后续学者将注意力转向了大股东，探讨了在股权分散情况下大股东如何纠正监督不力的问题。

后续研究也进一步证实了股权分散情况下大股东可以发挥监督管理层的作用（Shleifer and Vishny，1986）。较高的股权比例使大股东具有较强的动机监督管理层损害企业价值的行为。首先，高持股比例确保大股东发挥监督作用并在改善公司绩效后获得相应的收益，这使得他们的动机更为明确。其次，在监督成本固定的情况下（投入一定的资源），持股比例越高，监督所带来的收益超过成本的可能性就越大。在这种情况下，大股东更有动力投入时间、精力和资源进行监督。

在美国资本市场，大股东的治理效果得到了证实。由于美国资本市场的股权相对分散，股东与管理层之间的代理问题日益凸显。在这一核心矛盾下，大股东的存在发挥了重要的公司治理作用。根据施莱弗和维什尼（Shleifer and Vishny，1986）的研究结果，对于家族企业，将家族成员引入公司董事能够增强对上市公司管理层的监督，从而减轻代理问题。

受施莱弗和维什尼（Shleifer and Vishny，1986）的启发，拉波塔等（La Porta et al.，1999）研究了家族企业样本，以探讨大股东控制上市公司的方式。他们发现，在美国的家族企业中，家族企业任命家族成员担任管理层职位形成了高管纵向兼任的雏形。在西方发达市场，家族企业通常由家族成员兼任高管，其公司治理绩效表现突出，如安德森和里布（Anderson and Reeb，2003）发现，上市公司 CEO 与家族成员存在交叉时能够显著提升公司业绩。同时，存在兼任高管的家族企业能够减少代理问题，从而促进企业价值的提升（Villalonga and Amit，2006）。陈等（Chen et al.，2010）的研究还揭示，为了减少其他股东对公司治理的干预，家族企业甚至愿意放弃部分税收优势。这些来自西方资本市场的证据强调了大股东可以通过纵向兼任的方式缓解管理层与股东之间的代理问题。另外，拉波塔等（La Porta et al.，1999）还推测，控股股东还可以派遣除家庭成员外的员工担任上市公司高管。然而，由于数据的限制，他们没有深入研究这种由大股东控制上市公司的方式。

克莱森斯等利用东亚国家数据分析了大股东控制上市公司的方式及后果。研究发现，同前三种控制方式相比，如金字塔结构、交叉持股、同股不同权，大股东通过高管纵向兼任加强上市公司控制的比例达到了一半。接着，2002年，克莱森斯等在分析前三种控制手段对企业价值的影响时发现，无论是金字塔结构、交叉持股，还是同股不同权的控制方式，均加大了控制权与现金流权的分离，且均加剧了大股东与中小股东的代理冲突，损害了企业价值。但高管纵向兼任的控制模式如何影响企业价值，受限于数据获得性，他们未进行深入研究。但值得注意的是，高管纵向兼任与前三种控制方式相比：一方面，同前三种控制方式的经济后果相同，即加剧了大股东利益攫取的动机；另一方面，也可能发挥监督作用，缓解股东与管理层的代理冲突。

至此，学者们将高管纵向兼任的经济后果在公司业绩或企业价值的基础上拓展到多个维度、多个视角，并由家庭企业拓展到一般集团公司。

高管纵向兼任在治理安排上也存在一定的特殊性。表 3 - 1 说明了连锁董事与纵向兼任之间的区别。在成熟市场中，连锁董事指高管同时在不同上市公司担任职务，但彼此间并无控制关系。大部分文献认为，这种结构主要符合资源依赖理论，有助于存在交叉任职的公司获得更多资源，且交叉任职有助于跨公司之间的信息交流（Bizjak et al., 2009；Stuart and Yim, 2010；Burt, 1980）。高管可以在不同上市公司之间、在收购方和目标方之间或在供应商和客户之间进行交叉任职。此类董事会交叉主要有助于不同公司之间的合作和协调。

表 3 - 1　　　　　　　　　　连锁董事 VS 纵向兼任

	连锁董事	纵向兼任
定义	在不存在控制关系的水平公司间交叉任职	在存在控制关系的集团公司间交叉任职
结构	水平组织	垂直组织
存在市场	发达成熟资本市场	新兴市场
依据理论	资源依赖理论	代理理论
功能	合作与协调	控制
例子	上市公司间、并购者与被并购者间、供应商与客户	董事在集团公司中担任高管

纵向交叉任职存在于高管或董事同时在企业集团和其上市公司子公司担任职务的情况，这种结构呈垂直组织。垂直交叉任职是新兴市场企业集团的一个突出特征，旨在更好地监督和控制企业集团关联关系（Khanna and Thomas, 2009），并已成为增强上市公司与企业集团之间信息沟通的常见方式。在中国，大型国有企业或私营企业集团无法直接在上海或深圳证券交易所上市，而只有其中的一部分可以上市。在上市之后，未上市的母公司成为控股股东，并有可能任命一些自己的高管担任上市公司的董事。

中国证券监督管理委员会规定，企业的管理层应与企业集团职务分开。但在中国，董事会成员即使承担管理职责，也不被认为是管理团队成员。因此，附属上市公司的董事会成员被允许进行纵向交叉任职。中国公司法规定，董事会主席承担最大的责任（Liao et al.，2009）并代表公司的最高权力（Kato and Long，2006）。因此，董事会主席在中国公司实际上扮演着公司的最高行政负责人角色。

3.1.2 政策回顾

通过对证监会、《中华人民共和国公司法》以及国务院国资委等部门发布的有关高管纵向兼任相关政策条文的梳理，截至 2020 年高管纵向兼任相关的主要政策条文如表 3-2 所示。

表 3-2　　　　　　　我国限制公司高管纵向兼任的法规汇总

年度	来源	法规	内容	影响
1998	证监会	《关于对拟发行上市企业改制情况进行调查的通知》	股东单位的法定代表人原则上不得担任上市公司董事长； 上市公司经理等高级管理人员不得同时在股东单位中双重任职； 财务人员不能在关联公司兼职； 股份公司的劳动、人事及工资管理必须完全独立	改制上市
1999	证监会	《中国证券监督管理委员会关于上市公司总经理及高层管理人员不得在控股股东单位兼职的通知》	上市公司的总经理必须专职，总经理在集团等控股股东单位不得担任除董事以外的其他职务； 总经理及高层管理人员（副总经理、财务主管和董事会秘书）必须在上市公司领薪，不得由控股股东代发薪水	上市公司
2001	证监会	《公开发行证券的公司信息披露内容与格式准则第1(11)号——招股说明书》	公司的生产经营和行政管理（包括劳动、人事及工资管理等）完全独立于控制人，办公机构和生产经营场所与控制人分开，不存在"两块牌子，一套人马"，混合经营、合署办公的情况； 公司的经理、副经理、财务负责人、营销负责人、董事会秘书等高级管理人员专职在公司工作，并在公司领取薪酬，不在控制人处兼任任何职务； 控制人（包括具有实际控制权的个人）推荐董事和经理人选应当通过合法程序进行，不得干预公司董事会和股东大会已经作出的人事任免决定	发行上市
2002	证监会	《上市公司治理准则》	上市公司人员应当独立于控股股东。 上市公司的经理人员、财务负责人、营销负责人和董事会秘书在控股股东单位不得担任除董事以外的其他职务。 控股股东高级管理人员兼任上市公司董事的，应保证有足够的时间和精力承担上市公司的工作	上市公司

年度	来源	法规	内容	影响
2018	证监会	《上市公司治理准则》	上市公司人员应当独立于控股股东。 上市公司的高级管理人员在控股股东不得担任除董事、监事以外的其他行政职务。 控股股东高级管理人员兼任上市公司董事、监事的，应当保证有足够的时间和精力承担上市公司的工作	上市公司
2006	证监会	《首次公开发行股票并上市管理办法》	发行人的人员独立。 发行人的总经理、副总经理、财务负责人和董事会秘书等高级管理人员不得在控股股东、实际控制人及其控制的其他企业中担任除董事、监事以外的其他职务，不得在控股股东、实际控制人及其控制的其他企业领薪； 发行人的财务人员不得在控股股东、实际控制人及其控制的其他企业中兼职	首次公开发行上市
2006	全国人大	《中华人民共和国企业国有资产法》	发行人的人员独立。 发行人的总经理、副总经理、财务负责人和董事会秘书等高级管理人员不得在控股股东、实际控制人及其控制的其他企业中担任除董事、监事以外的其他职务，不得在控股股东、实际控制人及其控制的其他企业领薪； 发行人的财务人员不得在控股股东、实际控制人及其控制的其他企业中兼职	国有企业
2009	证监会	《深圳证券交易所创业板上市公司规范运作指引》	上市公司的人员应当独立于控股股东、实际控制人及其控制的其他公司。 公司的经理人员、财务负责人、营销负责人和董事会秘书不得在控股股东、实际控制人及其控制的其他企业中担任董事以外的其他职务，不得在控股股东、实际控制人及其控制的其他企业领薪，上市公司的财务人员不得在控股股东、实际控制人及其控制的其他企业中兼职	企业板上市公司
2015	证监会	《公开发行证券的公司信息披露内容与格式准则第1号——招股说明书》	发行人的总经理、副总经理、财务负责人和董事会秘书等高级管理人员不在控股股东、实际控制人及其控制的其他企业中担任董事、监事以外的其他职务，不在控股股东、实际控制人及其控制的其他企业领薪； 发行人的财务人员不在控股股东、实际控制人及其控制的其他企业中兼职	公开发行证券公司

年度	来源	法规	内容	影响
2020	证监会	《公开发行证券的公司信息披露内容与格式准则第28号——创业板公司招股说明书》	发行人的总经理、副总经理、财力负责人和董事会秘书等高级管理人员不在控股股东、实际控制人及其控制的其他企业中担任除董事、监事以外的其他职务，不在控股股东、实际控制人及其控制的其他企业领薪； 发行人的财务人员不在控股股东、实际控制人及其控制的其他企业中兼职	公开发行证券——创业板
2020	证监会	《深圳证券交易所创业板上市公司规范运作指引》	上市公司应当与控股股东、实际控制人及其关联人的人员分开，机构、业务独立，各自独立核算、独立承担责任和风险	创业板

根据法律法规的规定，对于非国有企业的上市公司而言，法律条款要求其经营管理层不得在控股股东单位以外担任其他职务，但对控股股东单位的高管在上市公司担任职务没有具体规定要求。这一法规旨在确保上市公司的经营管理层专注于日常经营管理，但允许上市公司的董事长或总经理在控股股东单位担任董事或监事职务，同时允许大股东单位的其他成员担任上市公司董事长。对于国有企业的上市公司来说，情况略有不同，作为控股股东的国有企业的决策层和经营管理层在未经国资监管机构统一批准前，不得同时担任上市公司的职务。这一规定的目的是确保国有企业高管全身心地投入国有集团公司的管理工作，保护国有资产免受损害。此外，该规定还具有一定的灵活性，允许国有企业集团高管兼任上市公司高管职务，但需要经过国资监督机构的批准。

对于计划上市的公司来说，监管政策则更为严格——发行公司的高级管理人员均不得在控股股东单位、实际控制人及其控制的其他企业中担任除董事、监事以外的职务。同时，兼任人员的薪酬仅限于从上市公司获取，不得从控股股东、实际控制人及其控制的其他企业领取薪酬。财务人员的薪酬也不得从类似途径获取。

3.2 纵向兼任概念及现状描述

3.2.1 纵向兼任概念

在中国由传统的计划经济体制向市场经济转型的经济改革中，集团公司金字塔结构的垂直连锁现象屡见不鲜。在改革过程中，中国通过对国有企业进行私有化、组建股份公司和发展股票市场而使企业走向了自由企业制度。大量国有企业和私有企业集团剥离了一部分业务重组为上市公司，并通过持有最大股份实现对这些上市公司的控制。实现控制的典型方式就是任命上市公司高管或董事，因此，在中国，大股东委派人员在上市公司任职现象十分普遍，即本书所讨论的纵向兼任。在这种情况下，控股股东可通过纵向兼任干预上市公司的经营决策，并对上市公司的经济行为及价值产生影响。

我国监管机构（证监会）要求上市公司的最高管理层应和其业务集团分开。具体来说，上市公司的董事会成员允许纵向兼任，但 CEO 只能担任控股股东公司的董事。同时，我国公司法规定董事长具有最高责任（Liao et al.，2009），也是公司的法定代表人，拥有最高权力，负责公司的战略决策制定及运营方向。总经理负责决策的运营和执行，这两者都属于公司的核心管理层，并深刻影响着公司的运营和决策。因此，本书将高管纵向兼任中的高管限定为董事长和总经理，即考察董事长和总经理在不同企业的纵向兼任情况。此外，由于各企业对最高领导职位的称谓可能有所不同，本书将 CEO、总经理、首席执行官等头衔视为经理层的最高领导职位。

3.2.2　纵向兼任的现状描述

高管交叉任职的现象非常普遍。交叉任职的高管在上市公司的日常运营和决策中扮演重要角色（Khanna and Thomas，2009）。交叉任职的原因通常为合谋、控制、协调、社会凝聚力等（Mizruchi，1996）。不同类型的交叉任职有不同的目的。格拉赫（Gerlach，1992）将水平交叉任职归类为在商业集团内协调公司，而垂直交叉任职是控制集团内公司的一种组织机制。陈等（Chen et al.，2015）和阿诺尔迪等（Arnoldi et al.，2019）对垂直交叉任职使用了类似的定义，同样，本书中的垂直交叉任职指的是上市公司的董事长在其所属商业集团中担任其他高管职务。迄今为止，大多数现有研究关注交叉董事会及其相关的经济影响，而本书聚焦垂直交叉任职在中国企业集团内对上市公司治理的作用。当高管同时在商业集团和其子公司担任职务时，子公司的决策可能会受到很大影响（Maman，1999）。因此，垂直交叉任职可能对上市公司的经济行为和结果产生重大影响。

纵向兼任在中国市场非常常见，在各种商业集团有超过50%的概率，是增强上市公司与其商业集团之间信息沟通的常用方式（Haunschild and Beckman，1998；Maman，1999；Haunschild，1993）。在中国，许多上市公司是从国有企业或私营企业集团中剥离出来的。商业集团成为控股股东后很可能任命一些自己的高管担任上市公司的董事。这些交叉担任的董事更有可能听从控股股东并为这些控股股东的利益行事，而不是优先考虑上市公司的少数股东的利益（Lo et al.，2010）。除中国外，纵向兼任在许多新兴市场中也很常见，如智利（Khanna and Thomas，2009）、哥伦比亚（Pombo and Gutiérrez，2011）、泰国（Peng et al.，2001）、印度（Ahamed，2014）等。卡纳和里夫金（Khanna and Rivkin，2001）发现，纵向兼任将新兴市场中的集团成员公司紧密联系在一起。此外，卡纳和托马斯（Khanna and Thomas，2009）也发现，董事纵向兼任已成为许多新兴市场中常见的商业集团特征之一。

在新兴市场中，纵向兼任旨在更好地监督和控制集团内的上市公司（Khanna and Thomas，2009）。一方面，纵向兼任可以为集团内各上市公司提供信息交流的"通道"（Bizjak et al.，2009），从而减少信息不透明度，并促进集团内公司之间的信息交流与沟通。阿诺尔迪等（Arnoldi et al.，2019）发现，纵向兼任与国有控股上市公司的绩效显著正相关。另一方面，纵向兼任为管理层的操纵行为提供了方便，例如实施关联方交易、将上市公司的现金资源转移给控股股东、进行价值降低的收购以及操纵盈利等（Hong et al.，2017；Kim et al.，2016；Hutton et al.，2009；陈等，2017；Desai and Dharmapala，2006）。

我国上市公司中的高管纵向兼任现象普遍存在。根据相关的统计数据，自2009～2019年，我国上市公司存在纵向兼任的比例约为41.57%，包括董事长或总经理的纵向兼任，具体数据如表3-3所示。高管纵向兼任的存在使大股东与上市公司之间的信息沟通更为方便及通畅，有助于减少大股东与上市公司高管之间的信息不对称，从而对高管实施更有效的监督、抑制高管机会主义行为。但是，就目前已有研究来看，学术界关于高管纵向兼任能否发挥正面作用，如是否能够有效监督管理层还未形成一致的结论。

表3-3　　　　　　　　　　　高管纵向兼任年度分布

年度	不存在纵向兼任	存在纵向兼任	公司-年度	百分比（%）
2009	876	833	1 709	48.74
2010	1 099	958	2 057	46.57
2011	1 267	1 021	2 288	44.62
2012	1 178	1 232	2 410	51.12
2013	1 235	1 220	2 455	49.69
2014	1 300	1 271	2 571	49.44
2015	1 435	1 320	2 755	47.91
2016	1 833	1 203	3 036	39.62
2017	2 165	1 242	3 407	36.45
2018	2 238	1 247	3 485	35.78
2019	2 816	863	3 679	23.46
Total	17 442	12 410	29 852	41.57

资料来源：作者整理。

通过高管纵向兼任这种公司治理机制，大股东与上市公司企业之间的信息流通更为顺畅，从而减少了大股东与上市公司高管之间的信息不对称并改善了管理层代理问题。然而，另有一部分文献发现，纵向兼任的高管会成为大股东用于增强控制并实施掏空行为的帮凶，即纵向兼任具有负面效应，损害了中小股东利益及企业价值。因此，就目前来看，高管纵向兼任到底是承担监督职责、改善管理层代理问题，还是加剧冲突、损害企业绩效，已有文献并未形成统一的结论。

本书的关键问题是高管纵向兼任的定义。参考已有文献，本书作出如下界定：当上市公司董事长或总经理同时在控股股东单位任职时取1，否则为0。除此之外，本书还从大股东委派人员的职务类型以及在上市公司纵向兼任的职务类型两个层面来度量纵向兼任情况。如图3-1所示，2008~2016年，最常见的纵向兼任类型是大股东任命董事为上市公司董事长或总经理（Vertical_ D），然后是任命最高管理层（Vertical_ M），再然后是任命党委委员（Vertical_ C），最不常见的纵向兼任类型是大股东委派法律代表作为上市公司董事长或总经理（Vertical_ L）。

本书也从兼任高管在上市公司的职务类型来考察纵向兼任情况。如图3-2所示，2009~2018年，最常见的情况是兼任高管在上市公司担任董事长，然

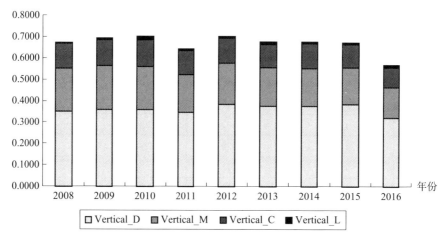

图 3 - 1   大股东委派人员的职务类型

资料来源：作者整理。

后是担任总经理和监事长。可能的原因在于：一是大股东为了实现对上市公司更好的控制，委派人员在上市公司担任重要职务，比如实际负责公司经营的董事长或总经理；二是证监会对大股东委派人员在上市公司担任董事长的限制较少，所以会看到董事长纵向兼任占比最高；三是虽然证监会对总经理等经营管理层纵向兼任的限制比较严格，但总经理因其职位的特殊性仍然占有较大比重。当然，这里的总经理纵向兼任是指大股东委派董事或监事在上市公司担任总经理等管理层职务，然后是副董事长和副总经理，大股东最不可能委派人员

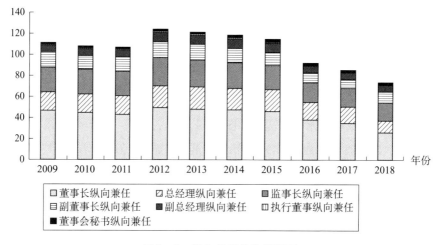

图 3 - 2   纵向兼任的高管类型

资料来源：作者整理。

到上市公司担任董事会秘书。

3.3　纵向兼任影响公司治理效应的理论分析框架

纵向兼任的高管作为大股东与上市公司的桥梁，一方面增强了大股东对上市公司的控制，具体可分为更强的监督或更便利的掏空行为；另一方面，纵向兼任的高管可作为信息沟通的桥梁，可减轻大股东与上市公司之间的信息不对称，促进两者的信息沟通与交流，并实现资源的优化配置。已有研究从会计信息质量、企业价值、现金持有及股价崩盘的角度探究了高管纵向兼任对大股东行为的影响，本书期望从高管纵向兼任助于企业内外部资源获取角度进行拓展，并更加全面和系统地探讨纵向兼任对企业投资行为、融资行为及公司治理方面可能带来的经济后果。在具体分析纵向兼任对企业行为影响的理论框架方面，结合之前研究的相关结论，本书主要从监督效应、掏空效应及融资约束三个方面构建纵向兼任影响企业行为的理论分析框架。

3.3.1　监督效应

大股东委派人员担任上市公司董事长或总经理有助于其在公司治理中发挥积极作用。以往研究发现，在投资者保护较为薄弱的新兴资本市场环境下，大股东可以替代法律保护产生积极的影响（La Porta et al.，1998），这一观点同样也得到了一些使用中国样本的实证研究的支持（Yang et al.，2017）。但是，经过近 20 年的快速发展，中国的经济和法律环境发生了巨大变化及改善。那么，对于中国上市公司来说，大股东的存在是否依然能够发挥正面效应是一个有待检验的问题。

高管纵向兼任形成于我国市场经济发展的特殊制度背景下，占最大股份的大股东为了增强其对上市公司的控制，通常会委派人员担任上市公司高管，此时，纵向兼任高管作用的发挥取决于大股东意志。如果大股东期望创造长期价值、改善公司治理，那么高管纵向兼任将更有助于大股东监督作用的实施与发挥。通过以往大量文献发现，大股东与管理层之间存在委托代理问题，大股东有较强的动机通过监督和激励来缓解此类问题，并提高企业价值。已有研究也发现，同不存在高管纵向兼任的公司相比，纵向兼任有助于减轻管理层代理问题、抑制其机会主义盈余操纵，提高会计信息的质量（潘红波和韩芳芳，2016），降低公司违规可能性及违规次数，并且这一效应在内部控制质量较低及信息环境较差的企业更能发挥作用（乔菲等，2021）。

另外，考虑到产权性质不同，企业所面临的代理问题也存在差异。国有企业由于所有人缺位主要面临大股东与管理层的代理问题，而非国有企业则更主要表现为大股东与中小股东代理问题。因此，如果大股东通过纵向兼任高管能够发挥监督作用、缓解第一类代理问题，那么这一效应在国有企业应该更加明显。已有研究的发现也证实了这一点，如潘红波和韩芳芳（2016）发现，高管纵向兼任能否抑制管理层盈余信息操纵在不同的产权性质下表现不同，在国有企业更能发挥积极作用。

3.3.2 掏空效应

伯尔和米恩斯（Berle and Means，1932）最早提出股权结构会对控股股东行为产生影响，进而影响公司绩效。由于两权分离，控制权与现金流权的差异产生了控制权私有收益，控股股东一方面可以通过增强对管理层的监督和激励缓解第一类代理问题；另一方面，控股股东也可能出于控制权私利进行隧道挖掘，降低公司价值，损害中小股东利益，加剧第二类代理问题。同发达资本市场相比，我国股权结构高度集中，且通常存在终极控制人（La Porta et al.，1999）。在集中的股权结构下，大股东可能发挥正面监督效应，抑制管理层机会主义行为，创造企业价值。然而，当股权集中到一定程度时，第二类代理冲突加剧，加之信息不对称的存在，导致众多的中小股东无法有效地发挥监督作用，进而加剧大股东自利行为的动机，具体手段通常包括资金占用、关联担保、关联交易等。

金字塔结构下的两权分离可能加剧第二类代理问题，使大股东以较少的现金流权获取更大的控制权。高管的纵向兼任可能进一步助长大股东机会主义行为。首先，在高管不存在纵向兼任时，大股东实施自利行为的难度较高，成本也比较大。例如，为了获得管理层的配合，可能需要降低他们的薪酬业绩敏感性，承诺更多的在职消费等。然而，当公司高管兼任大股东单位的职务时，大股东更易控制管理层，并通过与其合谋的方式实现对上市公司更强的控制，直接介入企业决策的制定和执行，并以较低的成本获取由大量控制权带来的回报

（郑呆娉等，2014）。其次，高管的纵向兼任使大股东获取上市公司信息的组织距离缩短，降低了信息获取成本，有助于大股东获取更多的内部信息，并同时掩盖大股东的资产掏空行为（潘红波和韩芳芳，2016）。这种情况下，高管可以更迅速地传递信息，使大股东更直接地参与决策，从而对上市公司的运作产生更大的影响。

已有关于高管纵向兼任的研究也发现，在新兴资本市场中，纵向兼任可能加剧大股东的掏空行为。如陈和杨（Chen and Yang，2019）发现，纵向兼任会损害上市公司的现金持有价值。陈等（Chen et al.，2015）发现，在家族集团金字塔企业中，如果董事长不是家族成员，但董事会成员或高管是家族成员时，家族附属公司向关联方提供的贷款担保金额会增加，而关联方贷款担保是家族控股股东侵占中小股东利益的一种手段。杨等（Yang et al.，2021）发现，纵向兼任有利于控股股东阻止公司坏消息的披露，从而加剧股价崩盘风险。薛有志等（2022）发现，董事长/总经理纵向兼任会通过加剧大股东掏空行为提升企业关联性资产剥离的可能性。

另外，高管纵向兼任导致的大股东掏空效应在不同的产权性质下的表现不同。非国有企业相较国有企业面临更严重的大股东与中小股东代理问题，非国有企业大股东掏空动机更强，更可能通过高管纵向兼任实现控制权收益。因此，如果纵向兼任的高管更可能与大股东合谋以方便其利益输送时，那么，在非国有企业，这一动机下所产生的经济后果应该更加明显。已有研究的发现也支持了这一推论，如郑呆娉（2014）发现，兼任高管对公司价值的负相关关系主要体现在非国有企业。

3.3.3　融资约束

关于集团内部资本市场有效性的问题，学术界尚未达成一致结论。一种观点认为，集团内部资本市场可以通过"多钱效应"和"活钱效应"优化资源配置。然而，另一种观点则认为，由于集团内部严重的代理问题的存在，集团内部资本市场无益于资源优化配置。

高管纵向兼任可通过以下方面影响企业的融资约束水平。首先，存在高管纵向兼任的企业能够增强内部资本市场活跃程度。内部资本市场成员企业通过现金流互补效应实现对资金需求的满足，以降低融资约束程度。如通过集团公司内部资金调配的方式获得的短期借款和长期贷款（Jia et al.，2013；蔡卫星等，2019）以及集团成员企业之间的内部关联交易等（Jia et al.，2013）。集团总部的优胜者选择效应在将资金重新配置到有前景的项目上时，也具有减轻融资约束的潜力。然而，现实中，在集团内部分配时，内部信息不对称、经理人的权力斗争以及投资机会的异质性和复杂性容易导致资源的无效配置（Shin and Stulz，1998）。在集团内部，企业经理往往会倾向于为自己所在的公司争取更多资源支持，以此影响集团层面的决策。这可能导致资源在集团内的分配呈现出一种"平均主义"的倾向，即资源平均分配，而不是根据不同企业的需求和潜力进行分配。然而，高管的纵向兼任作为上市公司和大股东之间的纽带，可以显著改善控股股东与上市公司之间的信息传递渠道、有助于控股股东更好地了解上市公司的真实经营状况，尤其是一些难以量化和传递的"软信息"，比如企业文化、员工动态等。这将降低两者的信息不对称对集团内部融资功能的不利影响，从而及时为上市公司争取到资金支持。其次，存在高管兼任的公司一般在集团中占据着重要地位，集团公司也更倾向于为这类公司提供资源支持，企业可以凭此获得更多贷款和投资资金等，缓解资金短缺问题。最后，存在高管纵向兼任的企业能够获得更高程度的外部融资担保。如集团内部各上市公司通过相互担保帮助彼此获取资金（Shin and Park，1999）。控股股东与单个上市公司面临的融资约束水平存在结构性差异。控股股东的融资约束程度将取决于集团整体的违约风险水平，在没有控股股东提供担保的情况下，上市公司的融资限制程度将取决于该公司个体的违约风险水平。高管纵向兼任对内部资本市场资金配置的优化效应将通过现金流互补为成员公司提供资金支持，有助于降低上市公司整体经营风险和违约风险，向外界传递一种积极的信号，缓解资金供求双方的信息不对称程度，为外部资本市场投资者提供了隐性保险效应。除此之外，存在高管纵向兼任的公司更可能获得集团公司或母公司的直接借款担保，从而发挥显性保险效应。关联担保能够转移集团内部风险，正如王彦超和陈思琪（2017）所指出的，当上市公司在履约能力方面存在不足时，责任将进一步转移到控股股东身上。这种风险转移效应可以被描述为：当违约风险显现时，控股股东会承担更多的履约责任。这一效应将降低上市公司层面违约对外部控制者造成的损失，从而缓解融资约束。

已有关于高管纵向兼任的研究从企业风险承担及内部资本市场资源获取的

角度进行了探讨。佟爱琴和李孟洁（2018）认为，在企业集团，相比于其他附属企业，纵向兼任的高管被赋予更多权利，从而更有利于获取更多的资源投入以及提高公司的风险承担水平。董晓洁等（2017）认为，集团公司中的成员企业可以利用内部资本市场获取资源，而存在高管纵向兼任的上市公司对集团公司更重要，地位更高，因而更容易从集团获取资源支持。所以，存在纵向兼任的上市公司可以凭借较高的地位及较强的话语权从集团内部取得资源，消弱了通过披露社会责任信息向外界传达积极信号的动机。

高管纵向兼任与融资约束的关系随产权性质的不同存在差异。长期以来，民营企业相比于国有企业，因信贷歧视面临更大的融资约束，表现为融资更加困难、融资成本更高。而国有集团企业则通常拥有更充裕的现金资源，特别是党的十九大报告指出要推动国有资本做强做优做大以来，国有企业集团将比民营企业集团拥有更多的政策和资金来源。如果高管纵向兼任有益于发挥内部资本市场配置资金资源，缓解融资约束的作用。那么，此类效应应该在民营企业集团表现更为明显。已有相关研究也发现，高管纵向兼任有助于上市公司从集团内部获取资源，进而减少了通过披露社会责任信息向外界传达积极信号的动机，而这一效应存在于资源较为丰富的国有企业（董晓洁等，2017）。同时，佟爱琴和李孟洁（2018）发现，高管纵向兼任有助于企业获得更多的资源投入，从而提高国有企业风险承担水平。

第 4 章
高管纵向兼任影响因素分析

4.1 引言

基于纵向兼任高管有助于增强大股东对上市公司控制的逻辑思路，已有文献对纵向兼任高管的经济后果进行了拓展，发现其经济后果因控制主体及控制目标的差异而不同。高管纵向兼任减少了股东与管理层之间的代理问题，具体表现为提高了会计信息质量（潘红波和韩芳芳，2016），降低了国有企业对上市公司的干预，从而提高公司业绩（Arnoldi et al.，2019）。同时，在新兴市场中，纵向兼任高管也可能是大股东与中小股东利益冲突加剧的表现，方便大股东侵占中小股东利益，最终损害公司价值（郑杲娉等，2014）。另外，王等（Wang et al.，2022）从母公司角度出发研究了母公司高管（董事长、CEO 及CFO）同时被任命为子公司董事或高管对于公司纳税筹划的影响。研究发现，"共同高管"能够获得有关公司日常经营的第一手信息，从而更好地识别税收规避的机会并实施纳税筹划策略。

总结已有文献可以发现，已有文献主要集中于高管纵向兼任对代理问题的影响，并以此为基点进行拓展。但纵向兼任高管作为一种普遍存在的公司治理形式，其存在的内在机理是什么？除了代理问题的考虑，是否存在其他动因？即使是代理问题，由于国有企业与非国有企业代理问题的差异，纵向兼任的原因在不同的产权形式下表现是否相同？作为大股东增强对上市公司控制的一种手段（Claessens et al.，2000），高管纵向兼任可能受很多因素影响，除了微观治理机制的考虑外，高管个人因素也是很重要的一个方面，如高管社会网络等。另外，以往关于纵向兼任高管的研究并未对董事长纵向兼任与总经理纵向兼任的形成原因进行区别分析，由于总经理与董事长存在激励机制和权责的不同，一是其纵向兼任的原因可能存在差异；二是高管在大股东单位担任的职务级别是否具有随机性，即某一动因下的纵向兼任职务是否具有群聚特征。分析这些影响纵向兼任高管产生的因素，将有助于人们更进一步认识大股东兼任高管的意义。

4.2　理论分析及研究假设

基于此，本书从代理问题、融资约束及高管社会资本三个方面分析高管纵向兼任的原因。

首先，代理问题。从信息传递和委托代理理论的角度来说，纵向兼任高管既可能是控股股东提高控制权私有收益的需要（郑呆娉等，2014），也可能是控股股东加强对上市公司管理者监督、减轻股东与管理者代理冲突的手段（潘红波和韩芳芳，2016），并且这种效应在不同的产权形式下表现不同。当大股东与管理层的代理问题严重，欲加强对管理层的监督时，大股东更可能通过纵向兼任高管的形式增强对上市公司的控制，这种表现在国有企业尤为突出。纵向兼任的高管同时在大股东单位任职代表着大股东利益，可以成为大股东加强对上市公司监督、缓解其与管理层之间代理问题的一种缓冲剂，减小所有权与经营权之间的两权分离程度；在给予上市公司自主裁量权的同时保持其控制监督权，从而减少管理层无效的机会主义行为。潘红波和韩芳芳（2016）发现，纵向兼任高管可作为大股东加强对上市公司监督、缓解股东与管理者之间的信息不对称以减轻管理者代理问题的一种手段，可以提高会计信息的质量。大股东天然的控制权和信息优势使其有动机和能力支配公司资源配置，以获取控制权私利。高管的纵向兼任可以降低其私利动机的成本。大股东可以直接对纵向兼任的高管施加压力，促使其接受集团公司的决策（Arnoldi et al.，2019）；为经理人合谋支付的成本更低，甚至为零，使高管成为获取控制权收益的工具；另外，高管纵向兼任减少了大股东的信息获取成本，有助于其获取企业更多的内部信息，扩大信息优势，掩饰其掏空行为（潘红波和韩芳芳，2016）。并且，大股东通过高管纵向兼任获取个人私利的行为在民营企业表现更为明显。

其次，融资约束动因。企业集团的内部资本市场能够有效克服外部资本市场的不完全性，提高内部成员公司资金的使用效率。然而，当集团中代理问题或信息不对称较严重时，资金的内部配置优势得不到充分体现。成员企业经理为争取集团总部更多的资源投入，有动机从事寻租活动，游说和影响集团总部的决策行为，从而可能影响企业集团的资源分配（Scharfstein and Stein，2000；Rajan et al.，2000）。本书认为，高管的纵向兼任作为弥补内部资本市场缺陷的一种新的组织形式，纵向兼任的高管往往在集团公司担任更高的职位，可以通过参加集团公司的董事会，对公司的财务及发展战略施加影响，使公司及时争取到集团公司的资金支持；有助于加强大股东对管理层机会主义投资行为的监督，减少企业代理问题。这些措施均有助于提高内部资金的使用效率，从而缓解企业融资约束。

最后，社会资本动因。任何一个企业都在其所处的社会结构中开展各项活动，它们的经济行为必然会嵌入社会网络关系中，并在这一网络中与其他组织或人员发生资源的交换，进而形成所谓的"社会资本"。对于任何一个企业而言，企业家社会资本已成为组织竞争优势的一个重要来源。所谓社会资本，是指蕴含在关系网络之中，表现为通过关系网络借用资源的能力，是现实的或潜在的资源集合体，是继物质资本、人力资本、文化资本之外的另一项重要资本（刘林平，2006）。社会资本有助于企业家拓宽资源获取渠道、提升企业竞争能力，进而对企业发展起到积极的推动作用（Adler et al.，2002；Inkpen et al.，2005）。目前已有文献发现，社会资本有助于公司获取有利的社会资源，如获得政府财政补贴、降低政府管制行业进入门槛、拓宽银行融资渠道等（沈艺峰等，2009；罗党论和唐清泉，2009）。西亚马拉（Ciamarra，2012）发现，企业通过聘请具有银行工作背景的董事或高管可以为企业在债务市场的融资提供更大规模的债务融资和更低的融资成本。另外，政治关联能为企业带来更多的贷款、更低的税率、更高的市场占有率等（Faccio，2006）；在面临困境时，政治关联企业更容易获得政府的帮助（Faccio，2006；潘越等，2009）、能获得更多及更长期的银行贷款（罗党论，2008）、更容易进入金融等管制性行业进行经营等（罗党论和唐清泉，2009；张敏和黄继承，2009）。当高管纵向兼任时，大股东单位与上市公司可以共享兼任高管的社会资本，并节省资源的使用成本。

在高管纵向兼任动因梳理的基础上，基于代理问题动因，本书从大股东层面选取第一大持股比例及两权分离程度作为代理问题的度量变量。从纵向高管存在的直接目的来看，无论是加强对管理层的监督还是满足大股东控制权私有收益的需要，增强对上市公司控制均有利于其目的的实现。第一大股东持股比例越高，其对上市公司的控制欲望越强烈，更可能存在纵向兼任；只有当大股东持股比例较高时，股东提名兼任高管的决议才更有可能在股东大会获得通过，这时，上市公司中出现兼任高管的可能性也就更高。与此同时，大股东高比例持股上市公司可能意味着该上市公司对大股东比较重要，大股东也会更看重对其的控制权，因此就更有可能会通过兼任高管加强对上市公司的控制。当公司的两权分离程度较高时，代表大股东可以以较少的现金流权获得更大的控制权，大股东私利行为动机增强。已有文献发现，当控股股东的两权分离度较高时，上市公司则常常不发或少发股利（Faccio et al.，2001；邓建平和曾勇，2005；王化成等，2007）。通过不发或少发股利，控股股东将现金保留在公司内部，并利用"隧道行为"将现金占为己有，上市公司的股利支付意愿下降。另外，为增加控股股东可侵占的资源，两权分离度较高企业的现金持有更多（韩忠雪和崔建伟，2014）、股利支付水平更低（邓建平和曾勇，2005；王爱国和宋理升，2012）、负债比例更高（冯旭南，2012）。所以两权分离度较高时，大股东更可能实施私利行为。若私利行为更易操作与实现，则更可能通过纵向兼任高管的形式来实现这种私利行为。当高管不存在纵向兼任时，大股东要实行机会主义行为需要与管理层合谋，并为此付出一定代价，比如允诺公司高管拥有更多的在职消费等，实施机会主义行为的难度和成本都较大。但是公司高管在大股东单位任职则增强了大股东对上市公司的控制权，大股东可以更直接地干预企业决策的制定与执行；高管纵向兼任也增强了大股东对高管的控制，大股东可以直接对纵向兼任的高管施加压力，促使其接受集团公司的决策（Arnoldi et al.，2019），为经理人合谋支付的成本更低，甚至为零，使高管成为获取控制权收益的工具。相对于不存在纵向兼任高管的企业，当高管存在纵向兼任时，大股东对企业的控制力更强，此时，通过纵向兼任的高管攫取上市公司资源进行利益输送的成本更低。相对于不存在纵向兼任高管的企业，高管纵向兼任的企业中大股东获取公司内部信息的成本越低，其进行自利主义行为所可能付出的代价越小。基于此，本书提出如下研究假设：

假设 H4 - 1：第一大股东持股比例越高，越可能纵向兼任高管。

假设 H4 - 2：企业两权分离度越高，越可能纵向兼任高管。

基于融资约束动因，本书探索企业是否存在通过纵向兼任高管克服内部资本市场的资金配置效率无效问题，进而获取融资。由于信息不对称及代理问题的出现，内部资本市场缓解融资约束的优势可能受到抑制。纵向兼任的高管可以成为大股东与上市公司信息沟通的有效中介，减少信息不对称。另外，纵向兼任的高管可以加强对公司管理层机会主义行为的监督，并反过来通过在大股东单位的任职在一定程度上抑制大股东的利益输送行为、缓解代理冲突。基于此，本书选取股利支付率（Fazzari et al.，1988）、财务松弛及公司有形资产比例（Cleary，1999）这三个指标来度量融资约束，并提出如下研究假设：

假设 H4 - 3：企业融资约束程度越高，越可能纵向兼任高管。

基于社会资本动因，除去高管年龄、学历、教育程度等内在个人特征影响，本书着重考虑了高管在其他单位的兼职及所具有政治关联、银行关联所构成的社会资本的影响。基于高管嵌入性网络的分析视角，社会资本来自组织或个人所处的社会网络关系以及在这种关系基础上所形成的信任、互惠与合作。无论是宏观层面的国家经济运行，还是微观层面的公司经营活动，都无法置身于社会网络关系之外。企业家所拥有的社会资本往往是专有、独特、难以替代的，它是企业保持良好的创新精神和持续的核心能力的源泉（Coleman，1988；Portes，1998）。通过高管纵向兼任的方式可以共享社会资本，有利于资源的共享与整合。另外，高管纵向兼任要求高管具备一定的能力，而丰富的社会资本是其能力的一个重要体现。基于此，本书提出如下研究假设：

假设 H4 - 4：高管社会资本越丰富，越可能纵向兼任。

国有企业与非国有企业在代理问题、融资约束及企业社会资本等方面存在较大差异，这必然导致影响国有企业与非国有企业高管纵向兼任的因素不同。首先，国有企业与非国有企业存在的代理问题存在明显差异（王甄和胡军，2016）。国有企业主要表现为一类代理问题，即"所有者缺位"（侯青川等，2015），而大股东侵占中小股东利益的第二类代理问题相对较轻。而非国有企业中，第一类代理问题较轻，主要表现为大股东对中小股东利益侵占的第二类代理问题。其次，中国金融市场存在严重的"信贷歧视"（Firth et al.，

2009），非国有企业因此面临较为严重的融资约束，相比之下，国有企业由于有政府信誉作为担保，通常与国有银行等金融机构保持长期密切合作关系，面临的融资约束较小。在政府的控制下，社会资金更多地向国有企业和政府项目倾斜（李广子和刘力，2009）。艾伦等（Allen et al.，2005）发现，我国金融体系和资本市场的资金主要流向了国有企业，而民营企业很难获得正规金融体系的资金支持，普遍面临着信贷歧视、融资约束等问题。在社会资本方面，国有企业一直备受政府支持，具备各种政策优势，在我国目前的政治体制和经济体制下，国有企业的融资、投资等更为顺畅。与国有企业相比，民营企业把关系放在更加重要的位置，同时也在建立关系上投入更多的资源（Xin and Pearce，1996）。因此，民营企业更可能因代理问题动因、融资约束动因及社会资本动因进行高管纵向兼任。基于此，本书提出如下研究假设：

假设 H4 – 5：因代理问题动因、融资约束动因及社会资本动因进行高管纵向兼任，民营企业表现更为明显。

4.3　模型构建与变量定义

为检验本书的研究假设，构建多元回归模型如下：

$$
\begin{aligned}
Vertical_{i,t} = & \alpha_0 + \alpha_1 Top1_{i,t-1} + \alpha_2 Seperation_{i,t-1} + \alpha_3 FC_{i,t-1} + \alpha_4 Slack_{i,t-1} \\
& + \alpha_5 Collateral_{i,t-1} + \alpha_6 PC_{i,t-1} + \alpha_7 Firms_{i,t-1} + \alpha_8 BK_{i,t-1} \\
& + \sum Control\_Var + \varepsilon
\end{aligned} \tag{4-1}
$$

模型（4 – 1）具体包含以下变量。

（1）因变量。Vertical 表示高管是否纵向兼任，上市公司董事长或总经理同时在大股东单位任职，则 Vertical 取 1，否则取 0。

（2）自变量。Top1 表示第一大股东持股比例；Sep 表示两权分离度；FC 表示股利支付率，为上年每股股利与每股净利润的比值。Slack 表示财务松弛，对上年（现金 + 短期投资 + 0.5 存货 + 0.7 应收账款 – 短期银行借款）总资产进行度量。Collateral 表示公司有形资产比例，即可用于银行抵押贷款的有形资产，为上年（存货 + 固定资产）与总资产的比值。PC 表示董事长或总经理的政治关联，如果公司高管（董事长或总经理）曾经或现在是人大代表、政协委员或政府官员则赋值为 1，否则为 0。进一步将政治关联变量（PC）分为董事长的政治关联（PC_ D）和总经理的政治关联（PC_ CEO）两个子变量。Firms 表示公司高管兼职情况，为公司董事长或总经理担任董事的公司数量，具体分为董事长兼任董事公司数量（Firms_ DD）和总经理兼任董事公司数量（Firms_ CEO）。BK 表示是否具有金融背景，若曾在银行、证券公司、基金公司等金融行业部门任职为1，否则为0。同理，进一步分为董事长银行关联（BK_ D）和总经理银行关联（BK_ CEO）。

（3）控制变量。Controls 表示控制变量。基于代理问题动因，本书在模型中加入了反映管理层代理问题的因素，包括两职合一（Duality）：若董事长与总经理两职合一取1，否则为0；高管薪酬（Pay_ G）：即对高管前三名薪酬总额取自然对数；管理层持股比例（Ownership_ M）：公司年末管理层持股数量与公司总股数的比值；公司第二到第十大股东持股比例之和（S_ index）。另外，控制了公司特征变量，如公司规模（Size）：公司年末总资产自然对数：公司成长性（Growth）：公司主营业务收入增长率；资产负债率（Lev）：公司年末负债总额与资产总额的比值。同时，本书还控制了年度与行业固定效应。

表 4-1 是本书主要变量的定义和说明，为减轻极端值影响，本书对所有连续变量进行了上下1%的缩尾（Winsorize）处理。

表 4-1　　　　　　　　　主要变量的定义和说明

变量类型	变量名称	变量符号	变量说明
因变量	高管纵向兼任	Vertical	若上市公司董事长或总经理同时在大股东单位任职则取1，否则取值为0
		Vertical_ D	若上市公司董事长同时在大股东单位任职则取1，否则取值为0
		Vertical_ CEO	若上市公司总经理同时在大股东单位任职则取1，否则取值为0
	纵向兼任职务	If_ D	公司高管在大股东单位担任最高级别职位为董事长时取1，否则取0
		If_ Manager	公司高管在大股东单位担任最高级别职位为总经理时取1，否则取0
		If_ Direc	当公司董事长在大股东单位任主要副职（副总经理、副董事长、董事、党委委员）取1（除去兼任董事长和总经理），否则取0

变量类型	变量名称	变量符号	变量说明
自变量	第一大股东持股比例	Top1	公司年末第一大股东持股数与公司总股数的比值
	两权分离度	Sep	公司控制权与现金流权的差值除以100
	股利支付率	FC	每股股利与每股收益的比值
	财务松弛	Slack	（现金 + 短期投资 + 0.5 存货 + 0.7 应收账款 – 短期银行借款）/总资产
	有形资产比例	Collateral	（存货 + 固定资产）/总资产
	政治关联	PC	董事长或总经理曾经或现在是人大代表、政协委员或政府官员则赋值为1，否则为0，包括 PC_ D 和 PC_ CEO
	高管兼任董事公司数量	Firms	公司董事长或总经理担任董事的公司数量，具体分为董事长兼任董事公司数量（Firms_ DD）和总经理兼任董事公司数量（Firms_ CEO）
	银行关联	BK	是否具有金融背景，若曾在银行、证券公司、基金公司等金融行业部门任职为1，否则为0。包括 BK_ D 和 BK_ CEO
控制变量	两职合一	Duality	虚拟变量，若董事长、总经理两职合一取1，否则取0
	高管薪酬	Pay_ G	高管前三名薪酬总额自然对数
	管理层持股比例	Ownership_ M	公司年末管理层持股数量与公司总股数的比值
	股权制衡度	S_ index	公司第二到第十大股东持股比例之和
	公司规模	Size	公司年末总资产自然对数
	公司成长性	Growth	公司主营业务收入增长率
	资产负债率	Lev	公司年末负债总额与资产总额的比值
	年度虚拟变量	Year	控制年度宏观经济影响
	行业虚拟变量	Ind	控制行业经济影响

模型（4-1）中，若假设 H4-1 和假设 H4-2 成立，则 Top1 与 Sep 的系数 α_1 和 α_2 应显著为正，即第一大股东持股比例及两权分离度越高时，公司越可能存在纵向兼任高管。若假设 H4-3 成立，则在融资约束时，α_3、α_4 和 α_5 的系数应显著为负。若假设 H4-4 成立，表示政治关联的系数 α_6、高管兼任

董事的公司个数 α_7、银行关系的系数 α_8 应该显著为正。为了验证假设 H4 - 5，本书进一步在模型（4 - 1）基础上按公司的产权性质进行分组回归。若研究假设 H4 - 5 成立，则在非国有公司组，α_1 和 α_2 应显著为正，α_3、α_4 和 α_5 的系数应显著为负，α_6、α_7、α_8 应该显著为正；在国有公司组，这些系数应该为负，或者为正但不显著，或者为正显著但绝对值显著更小。

本书选择了 2009 ~ 2016 年的 A 股非金融上市公司作为研究样本，初始观测数为 20 600 个。随后，排除了 711 个 ST、PT 异常公司观测以及 194 个净资产小于 0 的异常公司观测。为了分别研究董事长与总经理纵向兼任的影响因素，本书剔除了 4 694 个两职合一的观测。为了减轻极端值对结果的影响，本书对所有连续变量进行了 1% 水平的缩尾处理。同时，本书排除了存在其他变量数据缺失的观测。最终，获得了 9 196 个观测值用于进行实证分析。本书所使用的其他数据来自 CSMAR 和 WIND 数据库，并且使用 STATA 软件进行了数据处理和结果输出。

4.4　实证结果分析

4.4.1　描述性统计与相关性分析

表 4 - 2 是存在高管纵向兼任公司（Vertical）与不存在高管纵向兼任（Non-Vertical）公司主要变量的单变量检验结果。可以发现，从代理问题动因来看，Vertical 与 Non-Vertical 公司相比，上一年的大股东持股比例（lTop1）相对较高，两权分离程度（lsep）较大。从融资约束的角度来看，Vertical 公司上一年的股利支付率（lFC）及财务松弛度（lSlack）同 Non-Vertical 相对较低，而有形资产比例（lcollateral）较高。这表明上市公司可能会因为流动资金的需求通过纵向兼任高管进行融资。从社会资本动因来看，总经理具有政治关联（lPC_ CEO）时，纵向兼任的可能性较小，而当董事长具有银行背景（lBK_ D）时，则更可能出现纵向兼任。另外，总经理或董事长兼任董事的公司数量（lFirms_ DD/ lFirms_ CEOD）越多，越可能纵向兼任。同时，当管理层持股比例（Mshare）较低、股权制衡度（lS_ index）较低时，高管纵向兼任的可能性较高。

表 4 - 2　　　　　**Vertical 与 Non-vertical 公司主要变量的单变量检验**

变量	Vertical			Non-Vertical			ttest	ranksum
	N	mean	P50	N	mean	P50		
lTop1	4 979	1.0000	1.0000	4 217	0.0000	0.0000	0.0697 ***	0.0909 ***
lsep	4 979	0.4015	0.3962	4 217	0.3319	0.3054	0.0321 ***	0.0285 ***
lFC	4 979	0.0753	0.0285	4 217	0.0432	0.0000	- 0.0252 ***	- 0.0192 ***
lSlack	4 979	0.2170	0.1542	4 217	0.2422	0.1734	- 0.0463 ***	- 0.0452 ***
lcollateral	4 979	0.2032	0.1925	4 217	0.2495	0.2378	0.0403 ***	0.0408 ***
lPC_ CEO	4 979	0.4374	0.4333	4 217	0.3971	0.3926	- 0.0424 ***	0.0000 ***
lPC_ D	4 979	0.1193	0.0000	4 217	0.1617	0.0000	0.0116	0.0000
lFirms_ DD	4 979	0.3531	0.0000	4 217	0.3415	0.0000	0.7161 ***	0.0000 ***
lFirms_ CEO	4 979	2.4559	1.0000	4 217	1.7399	1.0000	0.3095 ***	0.0000 ***
lBK_ CEO	4 979	1.3368	0.0000	4 217	1.0273	0.0000	- 0.0047	0.0000
lBK_ D	4 979	0.0368	0.0000	4 217	0.0415	0.0000	0.0152 ***	0.0000 ***
lpay_ G	4 979	0.0759	0.0000	4 217	0.0607	0.0000	0.0851 ***	0.0677 ***
Mshare	4 979	14.0166	14.0280	4 217	13.9315	13.9603	- 0.1458 ***	- 0.0014 ***
lS_ index	4 979	0.0223	0.0000	4 217	0.1682	0.0014	- 0.0587 ***	- 0.0755 ***
lsize	4 979	0.1748	0.1510	4 217	0.2335	0.2265	0.4751 ***	0.4316 ***
lgrowth	4 979	12.9120	12.7648	4 217	12.4369	12.3333	- 0.0013	- 0.0030
llev	4 979	0.1970	0.1011	4 217	0.1983	0.1041	0.0696 ***	0.0816 ***

注：***表示在1%的水平下显著。

表 4 - 3 列示了因变量、自变量的 Pearson 相关系数矩阵（限于篇幅，未包括其他控制变量）。可以发现，董事长（vertical_ D）同总经理（vertical_ C）相比纵向兼任的可能性更高。反映代理问题动因的第一大股东持股比例（lTop1）及两权分离程度（lsep）与 vertical 存在显著的正相关关系。反映融资约束动因的股利支付率（lFC）与预算松弛（lslack）及 vertical 显著负相关。高管的社会资本变量中，董事长或总经理兼任董事公司数量（lFirms_ DD/lFirms_ CEOD）与 Vertical 显著正相关，并且董事长具有银行关联（lBK_ D）时，则更可能出现纵向兼任。其余变量（包括未报告的其他控制变量）之间相关系数的绝对值均在0.5以内，表明多重共线性不会对本书的回归结果产生严重干扰。

表 4 – 3　　　　　　　　　　　　主要变量的相关系数矩阵

变量	vertical	Vertical_ D	Vertical_ CEO	lTop1	lsep	lFC	lslack
vertical	1						
vertical_ D	0. 980 ***	1					
vertical_ C	0. 408 ***	0. 361 ***	1				
lTop1	0. 230 ***	0. 230 ***	0. 132 ***	1			
lsep	0. 190 ***	0. 188 ***	0. 129 ***	0. 147 ***	1		
lFC	− 0. 042 ***	− 0. 037 ***	0	0. 054 ***	0. 012	1	
lslack	− 0. 108 ***	− 0. 108 ***	− 0. 049 ***	− 0. 033 ***	− 0. 006	0. 101 ***	1
lcollateral	0. 108 ***	0. 109 ***	0. 082 ***	0. 100 ***	0. 012	− 0. 061 ***	− 0. 410 ***
lPC_ CEO	− 0. 061 ***	− 0. 057 ***	− 0. 002	− 0. 031 ***	− 0. 031 ***	0. 027 **	0. 006
lPC_ D	0. 012	0. 017	0. 046 ***	0. 009	− 0. 026 **	0. 077 ***	− 0. 018 *
lFirms DD	0. 116 ***	0. 119 ***	0. 108 ***	0. 019 *	0. 145 ***	0. 062 ***	0. 042 ***
lFirms CEO	0. 070 ***	0. 064 ***	0. 190 ***	0. 025 **	0. 064 ***	0. 060 ***	0. 042 ***
lBK_ CEO	− 0. 012	− 0. 015	− 0. 035 ***	− 0. 011	− 0. 036 ***	− 0. 025 **	− 0. 002
lBK_ D	0. 030 ***	0. 029 ***	0. 010	0. 004	0. 027 **	0	− 0. 025 **

注：＊、＊＊和＊＊＊分别表示在 10%、5%、1% 的水平下显著。

4. 4. 2　研究假设检验

（1）研究假设 H4 – 1～假设 H4 – 4 检验：三类驱动因素与高管纵向兼任。

表 4 – 4 是本书研究假设的回归结果。模型回归时，控制了行业（Indus-try）和年份效应（Year），按公司聚类回归（Cluster），并报告经异方差调整的 t 值（Robust t），以提高回归结果的稳健性。表 4 – 4 第（1）列是研究假设 H4 – 1 的回归结果。结果显示，第一大股东持股比例（lTop1）与两权分离度（lSeperation）的系数为正，且在 1% 水平下显著，即大股东持股比例越高，两权分离程度越大时，高管纵向兼任的可能性越高。支持了研究假设 H4 – 1。第（2）列是假设 H4 – 2 的回归结果。结果显示，在未区别企业产权性质的情况下，股利支付率（lFC）、财务松弛（lslack）及有形资产比例（lcollateral）的系数均未表现出显著性，即未发现企业因融资约束需求而导致纵向兼任高管的结果。第（3）列是假设 H4 – 3 的回归结果。结果显示，总经理具有政治关联（lPC_ CEO）的系数为负，且在 1% 水平下显著。董事长政治关联（lPC_ chairman）系数为正，且在 5% 水平下显著。由此表明，具有政治关联

的总经理纵向兼任的可能性较小，而董事长具有政治关系的，则更可能出现纵向兼任。另外，董事长兼任董事公司数量（lFirms_ DD）的系数在1%水平显著为正，而董事长或总经理的银行关联（lBK_ CEO/ lBK_ chairman）均未表现出显著性。第（3）列的结果整体表明，董事长的社会资本，尤其是政治关联及兼任更可能使其纵向兼任。这一发现基本支持了研究假设 H4 - 3。第（4）列将反映代理问题动因、融资约束动因及社会资本动因的变量全部加入模型后，主要结果未发生明显变化。

表 4 - 4　　　　　　　　　　高管纵向兼任的驱动因素

变量	（1）代理问题动因	（2）融资约束动因	（3）社会资本动因	（4）全样本
lTop1	2. 1832 *** (6. 1657)			2. 1549 *** (6. 0696)
lseperation	2. 6016 *** (4. 6234)			2. 0961 *** (3. 7366)
lFC		- 0. 0418 (- 0. 3828)		- 0. 2080 * (- 1. 8709)
lslack		0. 1055 (0. 4206)		- 0. 0798 (- 0. 3069)
lcollateral		0. 0072 (0. 0285)		- 0. 0686 (- 0. 2727)
lPC_ CEO			- 0. 3558 *** (- 2. 7844)	- 0. 3392 *** (- 2. 6615)
lPC_ chairman			0. 2070 ** (2. 2192)	0. 2247 ** (2. 4371)
lFirms_ DD			0. 1254 *** (6. 9471)	0. 1142 *** (6. 4573)
lFirms_ CEOD			0. 0338 (1. 4514)	0. 0314 (1. 4116)
lBK_ CEO			- 0. 2112 (- 1. 0341)	- 0. 1572 (- 0. 7522)
lBK_ chairman			- 0. 0147 (- 0. 0911)	- 0. 0275 (- 0. 1687)
lpay_ G	- 0. 0103 (- 0. 1440)	0. 0145 (0. 2051)	- 0. 0488 (- 0. 7057)	- 0. 0568 (- 0. 7907)
lOwnership_ M	- 5. 8534 *** (- 14. 2688)	- 6. 1161 *** (- 14. 2444)	- 6. 5832 *** (- 13. 5140)	- 6. 2989 *** (- 13. 6346)
lS_ index	0. 0979 (0. 2569)	- 0. 8803 ** (- 2. 5271)	- 1. 0177 *** (- 2. 9331)	- 0. 0121 (- 0. 0316)

变量	（1）代理问题动因	（2）融资约束动因	（3）社会资本动因	（4）全样本
lsize	0.1170 **	0.1810 ***	0.1676 ***	0.1094 **
	(2.4315)	(3.9955)	(3.7919)	(2.2687)
lgrowth	0.0026	0.0460	0.0479	−0.0054
	(0.0597)	(1.0844)	(1.1018)	(−0.1220)
llev	0.1627	−0.0204	0.0571	0.1782
	(0.6659)	(−0.0762)	(0.2403)	(0.6565)
Constant	−2.7631 ***	−2.5912 ***	−1.7470 *	−2.0346 **
	(−2.8492)	(−2.6967)	(−1.8678)	(−2.0868)
Ind & Year	Control	Control	Control	Control
N	9 196	9 196	9 196	9 196
chi2	594.3710	465.4724	489.6282	607.5079
r2_p	0.1807	0.1603	0.1833	0.1998

注：括号中为 t 值，*、* * 和 * * * 分别表示在 10%、5%、1% 的水平下显著。

另外，控制变量的结果显示，反映高管代理问题的高管薪酬（lpay_G）系数均未表现出显著性，而管理层持股比例（lOwnership_M）系数均为负，且在 1% 水平下显著。说明当管理层持股比例较低，即管理层代理问题较严重时，纵向兼任高管的可能性更高。另外，反映股权制衡程度的第二至第十大股东持股比例之和（lS_index）的系数在不考虑第一大股东持股比例（lTop1）和两权分离程度（lSeperation）时［第（2）列和第（3）列］，其系数在 1% 水平下显著为负，而在考虑大股东动机之后，其系数均变得不显著，见第（1）列和第（4）列。这表明，其他股东对大股东派高管在上市公司任职的行为存在抵制效应，但最终无法战胜大股东的权威，在大股东持股比例较高及掏空动机较强时，其他股东对大股东派本公司人员在上市公司任高管的抵制能力十分有限。

（2）研究假设 H4 - 5 检验：三类驱动因素、产权性质与高管纵向兼任。

研究假设 H4 - 5 探讨了产权性质对高管纵向兼任驱动因素的影响。根据上市公司的产权性质，将全样本分为国有公司组和非国有公司组，使用模型（4 - 1）进行分组检验。表 4 - 5 是具体的回归结果。通过第（1）列与第（2）列的对比可知，关于代理问题动因方面，在非国有企业，第一大股东持股比例（lTop1）及两权分离度（lSeperation）的系数均显著大于国有企业，这表明非国有企业因代理问题动因而纵向兼任高管的可能性更高。融资约束动因方面，在非国有企业，股利支付率（lFC）及预算松弛（lslack0）的系数均显著为负，而在国有企业不显著。这表明，在非国有企业，有融资约束且高管纵向兼任的需求。在社会资本方面，非国有企业的董事长政治关联（lPC_ chairman）及兼任董事公司数量（lFirms_ DD）均显著为正。这表明，非国有企业通常通过董事长的纵向兼任而获取社会资本。相比之下，无论是国有企业还是非国有企业，总经理政治关联（lPC_ CEO）的系数均显著为负，表明大股东不愿派具有政治关联的人去担任公司总经理，原因有可能是考虑到总经理相对董事长的权力较小，不利于发挥其政治关联资本的作用。以上结果整体表明，高管纵向兼任的驱动因素在不同的产权性质下存在明显差异，民营企业因代理问题动因、融资约束动因及社会资本动因出现高管纵向兼任的概率更高。

表 4 – 5　　　　　　　　　　不同产权性质下高管纵向兼任的动因

变量	（1）国有企业	（2）非国有企业
lTop1	1. 4686 *** (3. 1438)	2. 7300 *** (4. 7780)
lSeperation	1. 1476 (1. 5141)	3. 8642 *** (3. 9540)
lFC	− 0. 0793 (− 0. 5392)	− 0. 3345 ** (− 2. 0626)
lslack0	0. 1988 (0. 5560)	− 0. 7715 ** (− 2. 0202)
lcollateral	− 0. 3709 (− 1. 1289)	0. 2264 (0. 5431)
lPC_ CEO	− 0. 4171 ** (− 2. 2850)	− 0. 3046 * (− 1. 7415)
lPC_ chairman	0. 1049 (0. 8829)	0. 4031 *** (2. 7321)
lFirms_ DD	0. 1207 *** (3. 2063)	0. 1183 *** (5. 5924)
lFirms_ CEOD	0. 0186 (0. 5410)	0. 0331 (1. 2016)
lBK_ CEO	− 0. 0010 (− 0. 0033)	− 0. 1919 (− 0. 5889)
lBK_ chairman	0. 4256 * (1. 9389)	− 0. 3930 (− 1. 5793)

变量	（1）国有企业	（2）非国有企业
lpay_ G	− 0. 1996 ** （− 2. 0773）	0. 1089 （0. 9514）
lOwnership_ M	− 3. 3531 （− 1. 5745）	− 5. 8435 *** （− 10. 6436）
lS_ index	− 0. 2462 （− 0. 4773）	0. 2286 （0. 3712）
lsize	0. 1754 *** （2. 6660）	− 0. 0221 （− 0. 2694）
lgrowth	0. 0334 （0. 4863）	− 0. 0151 （− 0. 2240）
llev	0. 3003 （0. 8420）	− 0. 1885 （− 0. 4330）
Constant	− 0. 7628 （− 0. 5943）	− 2. 8777 * （− 1. 8824）
Ind& Y ear	Control	Control
N	4 778	4 379
chi2	179. 0141	402. 4792
r2_ p	0. 0626	0. 3046

注：括号中为 t 值，∗ 、∗∗和∗∗∗分别表示在10% 、5% 、1% 的水平下显著。

另外，国有企业普遍存在的高管纵向兼任现象主要受两个因素主导，一是高管薪酬，二是公司规模的带动影响。本书发现，高管薪酬（lpay_ G）的系数在国有企业显著为负，这是因为企业经理人一般具有建立企业帝国的冲动（Jensen，1976），在国有控股上市公司中，如果高管的货币薪酬较低、其进行自利行为的动机较强，此时大股东可以通过纵向兼任高管加强对上市公司的监督。在非国有控股上市公司中，公司的实际控制人通常就是公司的大股东，第一类代理问题较轻，通过纵向兼任高管以抑制高管私利行为的可能较小，保留控制权以获取更多控制权私利对实际控制人来说显得更为重要（Bhaumik and Gregoriou，2011）。因此，对非国有上市公司实际控制人而言，如果其本身参与公司的经营管理，那么高管的纵向兼任显然是其理性的选择。本书基于代理问题动因发现，第一大股东持股比例越高、两权分离度越大的公司其高管纵向兼任的可能性越大。

4.5　进一步分析

4.5.1　高管纵向兼任类型的探索

此部分进一步将高管纵向兼任分为总经理的纵向兼任与董事长的纵向兼任，并进一步区别分析其驱动因素是否存在不同。尽管有少许文献探讨高管纵向兼任的影响因素，但并未区分董事长和总经理的纵向兼任的驱动因素是否相同。由于董事长与总经理存在激励机制和权责的不同，其内在驱动因素可能存在差异，因此，有必要对董事长和总经理的纵向兼任进行区分。

表 4-6 是具体的回归结果。对比第（1）列与第（2）列的结果可以发现，在代理问题动因方面，第一大股东持股比例（lTop1）及两权分离程度（lSeperation）在第（1）列与第（2）列均显著为正，且系数相差不大，这表明代理问题对董事长纵向兼任与总经理纵向兼任影响差异不大。融资约束动因方面，在不考虑产权性质的情况下，无论是董事长纵向兼任还是总经理纵向兼任均未表现出因融资约束进行高管纵向兼任的需求。社会资本动因方面，董事长政治关联（lPC_ chairman）、董事长兼任董事公司数（lFirms_ DD）均显著为正，表明具有政治关联、兼任董事公司数量越多的董事长，越容易纵向兼任。相比之下，总经理的政治关联（lPC_ CEO）并未显著增加其纵向兼任的概率，而且，具有银行关联的总经理（lBK_ CEO）纵向兼任的可能性较低。

以上结果表明，不同类型的纵向兼任均受代理问题动因影响，并且当管理层持股比例（lOwnership_ M）较低，即管理者代理问题较严重时，更可能发生董事长的纵向兼任；融资约束动因主要因企业产权性质而异；社会资本对高管纵向兼任的影响主要体现在董事长方面。

表 4-6　　　　　　　高管纵向兼任类型的驱动因素分析

变量	（1）董事长纵向兼任	（2）总经理纵向兼任
lTop1	2.1578 *** （6.1229）	1.1969 *** （2.8972）
lSeperation	2.1214 *** （3.8397）	2.1514 *** （3.5420）
lFC	-0.1663 （-1.5021）	-0.0771 （-0.6058）

续表

变量	（1）董事长纵向兼任	（2）总经理纵向兼任
lslack	-0.0621 （-0.2423）	0.2105 （0.6283）
lcollateral	-0.0489 （-0.1966）	0.8249** （2.4707）
lPC_ chairman	0.1851** （2.0596）	
lFirms_ DD	0.1250*** （7.2103）	
lBK_ chairman	-0.0630 （-0.3925）	
lPC_ CEO		0.0736 （0.5017）
lFirms_ CEOD		0.2111*** （9.8792）
lBK_ CEO		-0.6675** （-2.2204）
Constant	-2.2649** （-2.3545）	-3.0341*** （-2.5820）
Controls	Yes	Yes
Ind & Year	Yes	Yes
N	9 196	9 186
chi2	590.6755	290.6016
r2_ p	0.1920	0.1181

注：括号中为 t 值，*、**和***分别表示在10%、5%、1%的水平下显著。

4.5.2 高管纵向兼任职位类型的探索

在高管纵向兼任类型驱动因素考察的基础上，本节拓展性地考察高管在大股东单位任职类型的影响因素。纵向兼任高管在大股东单位任职级别的不同，体现的是高管能力及社会资本的差异。大股东更易派什么类型的高管兼任上市公司高管，除了个人动机之外，可能还存在普遍的一致性特征。由此，本书进一步分析不同职务类型高管纵向兼任的一般特征。

表4-7是具体的回归结果。其中，第（1）～（3）列分别表示纵向兼任高管在大股东单位担任最高职位为董事长、总经理及主要副职时的结果。结果表

明，基于代理问题动因，当公司第一股东持股比例（lTop1）较高、两权分离度较高（lSeperation）时，则更可能派公司董事长或副董事长、副总经理等主要副职兼任上市公司高管。同样，与先前结论一致，基于融资约束动因，纵向兼任只受产权性质影响；社会资本动因方面，第（1）列中的董事长政治关联（lPC_ chairman）、兼任董事公司数量（lFirms_ DD）、银行关联（lBK_ chairman）系数均显著为正，表明大股东更易派具有政治关联、银行关联、兼任其他公司职务较多的董事长兼任上市公司董事长。第（2）列和第（3）列董事长政治关联（lPC_ chairman）系数显著为负，表明对于上市公司董事长来说，大股东更易派社会资本更丰富的董事长去上市公司担任董事长，即"董事长—董事长"的纵向兼任关系，而不是"董事长—总经理"或"董事长—主要副职"。另外，第（1）列和第（2）列上市公司规模（lsize）的系数为正，且在1%水平下显著，表明当上市公司规模较大时，大股东更可能直接派董事长或总经理进行纵向兼任。

表4-7　　　　　　　　高管纵向兼任职位类型的一般特征分析

变量	（1）纵向兼任董事长	（2）纵向兼任总经理	（3）纵向兼任主要副职
lTop1	0.9913 *** (2.6252)	0.4181 (0.8348)	0.9793 ** (2.3608)
lSeperation	1.1363 ** (2.0633)	− 0.3500 (− 0.4161)	2.5287 *** (4.1689)
lFC	− 0.1119 (− 0.9788)	0.0904 (0.5340)	− 0.1364 (− 0.9917)
lslack	0.0593 (0.2140)	− 0.7604 * (− 1.7696)	0.3985 (1.2692)
lcollateral	0.3900 (1.4032)	− 0.5828 (− 1.4440)	− 0.3385 (− 1.0478)
lPC_ CEO	− 0.4440 *** (− 2.9548)	0.3763 * (1.6481)	− 0.1806 (− 1.1017)
lPC_ chairman	0.6357 *** (6.1834)	− 0.5867 *** (− 3.4920)	− 0.2023 * (− 1.7758)
lFirms_ DD	0.1073 *** (6.7330)	− 0.0372 (− 1.1676)	0.0388 ** (2.1786)
lFirms_ CEOD	0.0155 (0.7456)	0.0044 (0.1205)	0.0140 (0.5654)

变量	（1）纵向兼任董事长	（2）纵向兼任总经理	（3）纵向兼任主要副职
lBK_ CEO	- 0.3504 （- 1.3966）	0.4203 （1.4160）	0.0455 （0.1796）
lBK_ chairman	0.2973 * （1.8213）	- 0.3565 （- 1.3186）	- 0.3151 （- 1.5631）
Constant	- 0.6986 （- 0.6598）	- 7.4672 *** （- 4.8655）	- 3.6452 *** （- 2.9767）
Controls	Yes	Yes	Yes
Ind & Year	Yes	Yes	Yes
N	9 186	9 160	9 150
chi2	331. 5438	125. 5650	209. 0710
r2_ p	0. 1250	0. 0922	0. 0730

注：括号中为 t 值，*、**和***分别表示在 10%、5%、1% 的水平下显著。

4.6　研究结论

纵向兼任高管作为一种普遍存在的公司治理机制，其存在的意义与内在驱动因素影响颇受关注。以 2009～2016 年中国 A 股非金融业上市公司为样本，本书从代理问题动因、融资约束动因及社会资本动因三个方面考察了高管纵向兼任的内在驱动因素。研究显示，企业存在因代理问题动因纵向兼任高管的可能性；董事长的社会资本，尤其是政治关联及兼任更可能使其纵向兼任；考虑企业的产权性质，民营企业因代理问题动因、融资约束动因以及社会资本动因而进行高管纵向兼任的概率更高。国有企业薪酬较低、管理层机会主义动机较强时，通过纵向兼任加强对管理层监督的概率则较高。针对高管纵向兼任类型展开的研究显示，不同类型的纵向兼任均受代理问题动因影响，并且当管理层持股比例较低，即管理者代理问题较严重时，则更可能发生董事长的纵向兼任。此外，对于社会资本的寻求，大股东更倾向"董事长—董事长"的纵向兼任关系，即派社会资本丰富的董事长去上市公司任职。本书的发现对于从纵向兼任内在驱动因素角度识别大股东动机具有积极作用，也对纵向兼任高管的经济后果研究及政策监管具有一定的启示意义。

第 5 章
高管纵向兼任对企业创新的影响

5.1 引言

2018 年伊始，大股东侵害中小股东利益的事件不断呈现在投资者眼前：乐视网预亏、獐子岛扇贝再次"走失"、保千里连续跌停……创下中国资本市场上一个又一个"记录"。众多让人大跌眼镜的事件让人们不禁思考，除了传统大股东自利行为之外，是否还存在其他公司机制帮助大股东实现掏空行为？克莱森斯等（Claessens et al.，2000，2002）的研究指出，大股东为加强对上市公司的控制采取了多种方式，这些方式包括金字塔结构、交叉持股、同股不同权以及高管纵向兼任。该研究关注前三种控制方式对公司价值的影响，但受限于有限的数据，未对第四种控制方式进行深入探究。后续，我国学者利用中国上市公司数据从多个角度对高管纵向兼任的经济后果进行了丰富与拓展（潘红波和韩芳芳，2016；Arnoldi et al.，2019；郑呆娉，2014），虽然研究方法、数据来源及研究设计不断完善，但高管纵向兼任所可能产生的经济后果至今没有达成一致的结论。此外，在中国资本市场上，尽管中国证监会在 1999 年和 2011 年分别提出了"三分开"和"五分开"的规定，以严格要求上市公司高管不得在大股东的单位担任兼职，然而，实际情况却是高管纵向兼任现象仍占据主要地位。因此，对于高管纵向兼任问题进行深入研究不仅在理论上具有重要意义，同时也对上市公司自身以及监管机构的政策制定都具有现实上的重要意义。

在集团公司中，大股东如何影响上市公司行为一直是学术研究的热点问题。已有研究发现，大股东可以通过安排关键职位人员进入上市公司（李婧等，2010；苏忠秦和黄登仁，2012；魏志华等，2012；严若森和叶云龙，2014；蔡地等，2016）。就高管纵向兼任的经济后果来看，已有围绕纵向兼任高管的经济后果进行了多方面的探讨，比如，公司绩效（Arnoldi et al.，2019）、企业价值（郑杲娉等，2014）、会计信息质量（潘红波和韩芳芳，2016）、纳税筹划（Wang et al.，2022）、企业风险承担（佟爱琴和李孟洁，2018）等。基于前述研究基础，本书进一步深入探讨了高管纵向兼任对企业创新产出的影响。首先，现有研究在探究高管纵向兼任对企业创新产出的经济影响方面尚显不足。其次，创新产出能够有效反映企业投资和经营活动的质量，是公司投资效率和风险管理的重要补充指标。公司的创新产出在很大程度上决定了企业未来发展的动力，对于企业在竞争激烈的环境中保持竞争优势至关重要。因此，从新的角度，即高管纵向兼任的角度，研究影响创新产出的因素具备重要的理论和实际意义。在此背景下，本章主要关注以下问题：高管纵向兼任是否会对企业的创新产出产生影响？在不同的限制条件（如制度环境）下，这种影响是否存在差异？高管纵向兼任是如何影响企业创新产出的具体路径？

本书对上述研究问题进行了大样本实证研究。研究发现，高管纵向兼任对企业创新产出存在显著的抑制作用，存在纵向兼任高管的上市公司，创新产出较低。考虑公司的制度环境，这一抑制作用主要体现在制度环境较差时，而制度环境较好时则不存在。针对不同类型的纵向兼任高管的研究发现，不同类型的纵向兼任高管对企业创新产出的影响存在差异，董事长的纵向兼任对公司创新产出的抑制作用更为明显。此外，本书还发现，高管纵向兼任对企业创新产出的抑制作用仅存在于非国有企业。机制检验结果表明，高管纵向兼任之所以影响企业创新，是由于纵向兼任高管的存在加剧了大股东的机会主义行为。在采用不同的创新产出度量指标、不同的高管纵向兼任度量指标、不同的回归模型及考虑内生性问题等进行测试，结果仍稳健。

本书具有以下重要意义：首先，它丰富了人们对高管纵向兼任经济后果的理解。虽然以往的文献从企业价值、会计信息质量等角度深入研究了高管纵向兼任的经济后果，然而，这些研究得出的结论并不一致（郑杲娉等，2014；潘红波和韩芳芳，2016）。更为关键的是，关于高管纵向兼任与企业创新之间关系的研究相对较少。本书从企业创新的新视角出发，探究了高管纵向兼任的经济后果，发现两者之间存在显著的负相关关系。这一发现在一定程度上支持了在中国背景下高管纵向兼任有助于大股东进行利益输送的观点，同时，也为人们提供了一个详细的作用路径，解释了高管纵向兼任如何影响公司绩效和企业价值。

其次，从企业高管在微观层面的兼任角度进一步拓展了影响公司创新动因的研究。目前的研究主要集中在国家、行业和企业层面的因素，例如，最近的研究表明，政府的权力下放（江轩宇，2016）、知识产权保护执法力度（吴超鹏和唐菂，2016）、产业政策（黎文靖和郑曼妮，2016）、企业上市（张劲帆等，2017）、高管薪酬的黏性（徐悦等，2018）、是否属于企业集团（蔡卫星等，2019）等因素都显著地影响着企业创新水平。此外，集团控股股东的特征也在创新方面发挥作用（许婷等，2017；张峰和杨建君，2016）。然而，关于企业集团内高管纵向兼任这一公司治理机制对企业创新的影响，相关文献较少。本书的贡献在于填补了这方面的研究空白，为现有关于企业创新影响因素的文献提供了补充和延伸。

最后，这项研究还具有重要的现实意义。在提升自主创新能力、建设创新型国家的战略目标下，企业的创新能力对公司和整体经济的发展至关重要。本书的结论有助于相关的监管机构和政策制定部门结合我国不同产权形式以及不同类型的纵向兼任高管，为国有企业和非国有企业制定有针对性的高管兼任任职规定。这将更好地促进企业创新能力的提升，从而更好地支持国家的创新发展目标。

5.2　理论分析与假设提出

高管的纵向兼任对于内部资本市场的资金配置效率具有积极影响，为企业的创新活动提供了资金保障。企业集团内部的资本市场扮演着融资的角色（He et al.，2013）。这种形式包括但不限于：采用短期借款和长期贷款的方式在需要紧急资金的集团成员之间进行内部资金调度（Jia et al.，2013；蔡卫星等，2019）、实现集团成员之间的相互担保以获取资金（Shin and Park，1999）以及在集团成员企业之间进行内部关联交易等（Jia et al.，2013）。然而，集团内部可能存在代理问题和信息不对称，这可能降低了企业集团内部融资的优势。企业成员的经理们可能会站在自己公司的立场影响集团公司的决策，以获得更多的资源支持，从而导致资源分配上的"平均主义"现象。

高管纵向兼任作为上市公司与大股东之间的纽带，有助于降低信息不对称程度，使其更好地争取到集团公司的资金支持。此外，高管的纵向兼任还可以有效监督管理层、减轻代理问题、降低管理层的"不作为"和机会主义投资行为，从而促进企业的创新。经理人常常受追求舒适生活、职业忧虑导致的短期行为以及个人私利的驱使，而非为股东创造价值的驱动所影响，这构成了股东和管理层之间代理冲突的一个重要方面。企业创新活动的高风险性和任务复杂性等特点需要经理人投入更多的精力，而个人成本的增加可能降低了其从事创新的积极性，导致了管理层在创新方面的"不作为"。同时，创新活动的不确定性也使股东对创新过程的监督变得更加困难，这使得评价管理层的工作变得复杂。当企业的创新活动未达预期目标或失败时，股东很难区分是由于项目本身的高风险还是管理层工作不善所导致。在这种情况下，管理层在创新活动中享有较大的自主权，可能会将企业的创新用于牟取个人私利，从而导致机会主义行为。股东需要加强对管理层的监督以确保创新活动的顺利进行。与克莱森斯（Claessens et al.，2002）所提到的其他三种控制模式相比，高管的纵向兼任特点在于能够增强对管理层行为的监督（潘红波和韩芳芳，2016），从而抑制管理层的"不作为"和机会主义倾向，提高创新资金的使用效率。因此，可以推测，高管的纵向兼任有助于推动创新。

另外，高管纵向兼任也可能加剧大股东的"利益攫取"问题。金字塔结构中的权力与现金流的分离使得大股东可以通过较少的现金流权获取更大的控制权，进一步加剧了大股东与中小股东之间的代理问题。高管的纵向兼任可能进一步助长了大股东的"利益攫取"行为。首先，当高管没有纵向兼任时，企业的权力与现金流分离程度较高，大股东实施私利行为的难度和成本也较高。这可能需要通过降低管理层薪酬的业绩敏感性、承诺提供更多的在职消费等方式来获取管理层的合作。然而，一旦公司的高管在大股东所属单位兼职，大股东就可以通过这些纵向兼任的高管来实施更强的控制，直接干预企业决策的制定和执行，并以较低的成本获得大量控制权的回报（郑杲娉等，2014）。其次，高管纵向兼任缩短了大股东获取上市公司信息的时间、降低了信息获取成本，从而有助于获取更多的内部信息，掩盖大股东的资源挪用行为（潘红波和韩芳芳，2016）。

基于上述分析，高管的纵向兼任通过两个方面影响企业的创新。首先，高管的纵向兼任可能加剧大股东的短视行为。当高管纵向兼任时，大股东可能会更倾向于侵占外部投资者的权益，进而通过纵向兼任高管的方式将资源控制在企业内部，以便于进行资源挪用，或者将资金投资于周期较短、风险较低的项目，减少对长期投资的动力。其次，高管的纵向兼任可能会减少可供创新使用的资源。控股家族可能通过"隧道"转移行为，如关联交易、资金挪用等方式，进一步削减公司可用于长期投资的资源。考虑到研发和创新的长期性、高投入性和高风险性，这种行为会对公司经营的风险和回报产生更强的影响（Kothari et al.，2002）。与其他投资活动相比，创新需要更多的长期、持续的资金和人力资源投入。然而，控股股东的机会主义行为可能会抑制上市公司从事创新活动的意愿，降低支持创新所需资源的可用性，从而制约企业的创新。因此，本书预计，在存在高管纵向兼任的公司，其创新活动可能较少。基于这一预期，本书提出以下假设：

假设 H5 – 1a：高管纵向兼任会促进企业创新。

假设 H5 – 1b：高管纵向兼任会抑制企业创新。

在中国从计划经济向市场经济转型的过程中，历史、地理、政策等多方面因素的影响导致了不同地区改革进程的差异。总体而言，东部地区的市场化程度较高，法律制度较为健全；中部地区处于中间位置；而西部地区的市场化程度最低，形成了不平衡的地区局面（樊纲等，2011）。地区制度的差异显著影响了经济主体的行为。在不同制度环境的地区，大股东通过高管纵向兼任对企业创新的影响存在差异。这种影响途径可以从以下两个方面解释：首先，在制度相对完善的地区，外部法律制度等具有更强的约束力，投资者的权益得到更好的保护，这有助于提升公司治理水平。大量研究已经显示，产权保护和法律执行能够有效提升企业的投融资意愿和研发效率（Beck et al.，2005；Ang et al.，2010）。例如，布朗等（Brown et al.，2013）发现，强化投资者权益保护可以促进企业创新。鲁桐等（2015）指出，法律保护投资者权益程度越高，企业的创新投资越大，创新产出越多。其次，在制度环境相对优越的地区，市场化程度更高，市场竞争更加激烈，因此，信息更为透明。

一方面，如果假设 H5 – 1a 成立，即高管的纵向兼任存在可以通过提供资金支持来抑制管理层的"不作为"和私利攫取行为，从而促进创新。较好的制度环境能够更有效地遏制管理层的"不作为"和机会主义行为，降低管理层代理问题对创新的阻碍。同时，优越的制度环境促进了市场资源的有效配置，减弱了高管纵向兼任在获取资金等资源方面的优势。因此，在这种情况下，高管纵向兼任对于企业创新的促进作用会受到一定限制，即在制度环境较差的情况下，高管纵向兼任对创新的促进作用可能更为显著。另一方面，如果假设 H5 – 1b 成立，即高管的纵向兼任加剧了大股东的资源掏空行为，从而抑制企业创新。在较好的制度环境下，正式的法律制度可以有效地抑制大股东的资源掏空行为，减少了通过高管纵向兼任进行资源掏空以降低创新的动机。此外，在透明度较高的竞争环境下，大股东的资源掏空行为更容易被发现，因此会受到更强的约束。在这种情况下，随着制度环境的改善，大股东通过高管纵向兼任进行资源输送的行为也会受到抑制。

综上所述，根据本书的观点，在较好的制度环境下，高管的纵向兼任通过内部资本市场的资源配置、抑制管理层机会主义行为来促进企业创新的作用将减弱，而通过加剧大股东的资源掏空行为来抑制企业创新的作用也会受到限制。因此，本书提出以下假设：

假设 H5 – 2a：高管纵向兼任对企业创新的促进作用在制度环境较差时更加明显。

假设 H5 – 2b：高管纵向兼任对企业创新的抑制作用在制度环境较差时更加明显。

5.3　模型构建、变量定义与数据来源

5.3.1　模型构建与变量定义

本书借鉴姜付秀（2017）等以往文献，构建多元回归模型（5 – 1）：

$$Patent_{i,t+1} = \alpha_0 + \alpha_1 Vertical_{i,t} + \sum Control_{i,t} + \sum Year_{i,t} + \sum Ind_{i,t} + \varepsilon_{i,t}$$

$$(5-1)$$

（1）因变量。本书使用专利申请和授权的数量来衡量企业的创新水平。

虽然一些文献使用研发支出来度量创新活动，但本书认为，专利产出能够更全面地反映企业对各种可观测和不可观测创新投入的成功转化（Fang et al.，2014；Cornaggia et al.，2015）。相比之下，研发支出只反映了创新投入的一部分，且只涵盖了可观测和可度量的部分（Aghion et al.，2013）。其他创新投入，如人力资本开发、新技术引进、消化和吸收等，并没有在研发支出中得到体现（鞠晓生等，2013）。此外，企业的研发支出也可能存在披露和列报失真的问题，企业可以选择性地披露信息（He and Tian，2013）。因此，本书选择使用创新产出，即专利申请和授权的数量，来度量企业的创新绩效。具体定义如下：专利申请数量（Patent_AP），即发明、实用新型和外观设计申请数量之和（加 1）的自然对数；专利授权数量（Patent_GR），即发明、实用新型和外观设计授权数量之和（加 1）的自然对数；是否拥有专利申请（Dum_AP），当年公司申请了专利时取值为 1，否则为 0；是否拥有专利授权（Dum_GR），当年公司获得了专利授权时取值为 1，否则为 0。

（2）自变量。本书的自变量 Vertical 表示高管是否兼任纵向职位。当上市公司的董事长或总经理在其大股东所在的单位兼职时，该变量取值为 1，否则为 0。为了衡量制度环境，本书采用市场化指数（樊纲等，2011）作为指标，并通过将样本分为高中位数和低中位数两组进行回归分析。

（3）控制变量。模型中的控制变量参考以往文献的做法（Custódio and Metzger，2014；姜付秀等，2017），具体包含公司规模（Size）、资产负债率（Lev）、第一大股东持股比例（Top1）、第二到第五股东持股比例（Top2_5）、董事会规模（Boardsize）、独立董事比例（IB）、公司成长性（Growth）、高管薪酬激励（Lnpay）、总资产净利率（Roa）、公司研发投入（RD）、固定资产比例（PPE）、资本支出额（Invt）。在模型（5-1）中，变量 Vertical 用以描述高管是否兼任纵向职务。如果研究假设 H5-1b 成立，那么自变量 Vertical 的系数 α_1 应该在统计上显著为负，反之显著为正。为了验证研究假设 H5-2a，本书进行了按照企业市场化程度进行分组的回归分析。如果研究假设 H5-2b 成立，在市场化程度较低组中，变量 Vertical 的系数 α_1 应该在统计上显著为负；而在市场化程度较高组中，该系数 α_1 可能为正，或者为负但不显著，或者为负且显著，但绝对值更小。模型（5-1）中各变量的定义和解释如表 5-1 所示。

表 5 – 1 主要变量的定义和说明

变量类型	变量名称	变量符号	变量说明
因变量	创新绩效	Patent_AP	专利申请数，为发明、实用新型、外观设计申请数之和（加1）的自然对数
		Patent_GR	专利授权数，为发明、实用新型、外观设计授权数之和（加1）的自然对数
		Dum_AP	是否拥有专利申请，当年该公司申请专利取1，否则取0
		Dum_GR	是否拥有专利授权，当年该公司具有专利授权时取1，否则取0
自变量	高管纵向兼任	Vertical	公司高管（董事长或总经理）在大股东单位担任职位时取1，否则取0
	市场化指数	Mkt	市场化程度总指标
控制变量	财务杠杆	Lev	公司年末负债总额与资产总额的比值
	公司规模	Size	公司年末总资产的自然对数
	第一大股东持股	Top1	公司年末第一大股东持股比例
	股权制衡	Top2_5	第二至第五大股东持股比例之和
	董事会规模	Boardsize	董事会人数之和的自然对数
	独立董事比例	IB	独立董事人数/当年董事总人数
	公司成长性	Growth	营业收入增长率
	高管薪酬激励	LnPay	前三名高管薪酬总额的自然对数
	盈利能力	Roa	公司年末净利润与年末资产总额比值
	固定资产比例	PPE	公司年末固定资产净额与年末资产总额的比值
	研究投入	RD	研发支出/销售收入
	资本支出额	Invt	购建固定资产、无形资产和其他长期资产支付的现金/期初总资产
	年度虚拟变量	Year	控制年度宏观经济影响
	行业虚拟变量	Ind	控制行业经济影响

5.3.2 数据来源与样本选取

本书选取了2009～2016年A股市场上的非金融上市公司作为研究样本，所用数据来自CSMAR和WIND数据库。关于专利申请、授权数量以及类型的数据是从CSMAR公司及其子公司的专利数据库中获取的。在样本选择过程中，本书执行了以下步骤：首先，排除了净资产为负的异常公司观测；其次，删除了具有 ST、PT 标记的异常公司观测；最后，剔除了其他变量数据存在缺失的观测。为了减少极端值的影响，对所有连续变量进行了缩尾处理，将其调整到 1% 的水平下，最终得到了 9 267 个可用的观测值。

5.4　实证回归结果分析

5.4.1　描述性统计与相关性分析

由表 5-2 Panel A 的结果发现，有 43.7% 的上市公司存在高管纵向兼任现象。就企业创新而言，上市公司平均的专利申请数量的自然对数（Patent_AP）为 2.141。具体而言，专利授权数量的自然对数平均值（Patent_GR）为 1.796。在整个样本中，有 79.5% 的公司提交过专利申请（Dum_AP），而 72.7% 的公司获得过专利授权（Dum_GR）。公司的平均资本支出（Invt）为 0.070，盈利能力（Roa）的平均值为 4.2%，财务杠杆（Lev）的平均值为 39.5%。关于公司股权结构，第一大股东的持股比例（Top1）为 34.9%，远高于第二~第五大股东持股比例之和（Top2_5）的 18.9%。以上所述的变量的描述性统计值与以往文献中的观察相吻合。

表 5-2 Panel B 报告了高管纵向兼任与创新之间的单变量检验结果。结果表明，存在高管纵向兼任（Vertical=1）的公司，其次年专利申请数量的自然对数（Patent_AP）、是否拥有专利申请（Dum_AP）、是否拥有专利授权（Dum_GR）的均值和中位数均较不存在高管纵向兼任的公司（Vertical=0）要小。此外，Patent_AP、Dum_AP 和 Dum_GR 的均值与中位数之间的差异检验在统计上是显著的，表明高管的纵向兼任可能对企业创新产生一定的抑制作用。

表 5-2 Panel C 报告了 Pearson 相关系数矩阵，显示了相关变量之间的关系。可以观察到，高管纵向兼任（Vertical）与企业创新（Patent_AP、Dum_AP、Dum_GR）之间存在明显的负相关关系，这进一步支持了研究假设 H5-1b。值得注意的是，用于衡量企业创新的三个指标的相关系数均超过了 0.6，这表明这些衡量方法之间存在内在一致性。与此同时，大部分其他变量之间的相关

系数的绝对值都在 0.5 以下，暗示多重共线性问题较为有限。

表 5－2　　　　　　　　描述性统计、单变量检验与相关性分析

Panel A：主要变量的描述性统计

变量	观测数	均值	标准差	最小值	P25	中位数	P75	最大值
Patent_AP	9 267	2.141	1.561	0.000	0.693	2.197	3.219	6.256
Patent_GR	9 267	1.796	1.514	0.000	0.000	1.792	2.890	5.866
Dum_AP	9 267	0.795	0.404	0.000	1.000	1.000	1.000	1.000
Dum_GR	9 267	0.727	0.446	0.000	0.000	1.000	1.000	1.000
Vertical	9 267	0.437	0.496	0.000	0.000	0.000	1.000	1.000
Size	9 267	12.757	1.213	10.761	11.881	12.553	13.393	16.699
Lev	9 267	0.395	0.201	0.046	0.231	0.382	0.547	0.848
Top1	9 267	0.349	0.145	0.089	0.234	0.332	0.448	0.730
Top2_5	9 267	0.189	0.111	0.014	0.098	0.175	0.266	0.465
Boardsize	9 267	2.140	0.192	1.609	1.946	2.197	2.197	2.708
IB	9 267	0.374	0.053	0.333	0.333	0.333	0.429	0.571
Growth	9 267	0.171	0.363	－0.428	－0.024	0.110	0.268	2.117
Lnpay	9 267	14.294	0.636	12.884	13.870	14.266	14.685	16.131
Roa	9 267	0.042	0.048	－0.125	0.015	0.038	0.068	0.188
RD	9 267	0.044	0.043	0.000	0.020	0.035	0.052	0.258
PPE	9 267	0.220	0.143	0.009	0.110	0.193	0.305	0.650
Invt	9 267	0.070	0.067	0.002	0.024	0.049	0.092	0.361

Panel B：单变量检验

变量	高管纵向兼任			高管非纵向兼任			差异	
	N	Mean	Median	N	Mean	Median	Mean	Median
Patent_AP	4 048	2.109	2.079	5219	2.166	2.197	－0.057 *	－0.118 ***
Patent_GR	4 048	1.804	1.609	5219	1.790	1.792	0.014	－0.182
Dum_AP	4 048	0.757	1.000	5219	0.824	1.000	－0.067 ***	0 ***
Dum_GR	4 048	0.702	1.000	5219	0.746	1.000	－0.043 ***	0 ***

Panel C：主要变量的相关系数矩阵

变量	A	B	C	D	E	F	G
（A）Patent_AP	1.000						
（B）Patent_GR	0.937 ***	1.000					
（C）Dum_AP	0.697 ***	0.603 ***	1.000				
（D）Dum_GR	0.702 ***	0.728 ***	0.829 ***	1.000			
（E）Vertical	−0.018 *	0.004	−0.082 ***	−0.049 ***	1.000		
（F）Size	0.112 ***	0.104 ***	−0.155 ***	−0.113 ***	0.247 ***	1.000	
（G）Lev	−0.001	0.019 *	−0.149 ***	−0.104 ***	0.214 ***	0.569 ***	1.000
（H）Top1	0.060 ***	0.091 ***	0.005	0.036 ***	0.276 ***	0.206 ***	0.104 ***

注：均值为 T 检验，中值是 Wilcoxon 秩和检验；*、**、***分别表示 10%、5%、1% 水平下显著。

5.4.2　主要回归结果

（1）关于高管纵向兼任与企业创新的关系。本书在表 5 − 3 中呈现了回归结果，以验证研究假设。在建模回归过程中，本书考虑了年份固定效应（Year）和行业固定效应（Ind），并通过公司聚类的方式进行回归分析（Cluster），同时还采用了经稳健标准误调整的 Robust t 值，以确保结果的稳健性。在第（1）列中，本书将公司次年专利申请数量的自然对数（Patent_AP）作为因变量。结果表明，高管纵向兼任（Vertical）的系数呈负值，在 5% 的显著性水平下具有统计显著性。这意味着存在高管纵向兼任的公司，其专利申请数量明显减少。在第（2）列中，本书将公司专利授权数量的自然对数（Patent_GR）作为因变量进行回归。结果显示，高管纵向兼任（Vertical）的系数为负，在 10% 的显著性水平下具有统计显著性。这表明存在高管纵向兼任的公司，其专利授权数量也显著减少。第（3）列和第（4）列分别使用虚拟变量是否具有专利申请（Dum_AP）和是否具有专利授权（Dum_GR）作为因变量。结果与前两列类似，高管纵向兼任（Vertical）的系数在 1% 或 5% 的显著性水平下为负。这进一步验证了本书的结论，即存在高管纵向兼任的公司在创新方面的水平显著较低。综合以上结果，本书的研究结果支持研究假设 H5 − 1b，即高管纵向兼任可能削弱企业的创新能力，但并未支持研究假设 H5 − 1a。

表 5 – 3   高管纵向兼任与公司创新

变量	（1）Patent_AP	（2）Patent_GR	（3）Dum_AP	（4）Dum_GR
Vertical	**– 0. 140 ******	**– 0. 100 *****	**– 0. 036 *******	**– 0. 029 ******
	（– 2. 53）	**（– 1. 93）**	**（– 2. 72）**	**（– 2. 08）**
Size	0. 231 ***	0. 215 ***	– 0. 021 **	– 0. 008
	（5. 75）	（5. 69）	（– 2. 37）	（– 0. 93）
Lev	0. 236	0. 155	– 0. 025	– 0. 049
	（1. 28）	（0. 90）	（– 0. 53）	（– 1. 02）
Top1	0. 432 *	0. 544 ***	0. 132 **	0. 138 **
	（1. 94）	（2. 59）	（2. 42）	（2. 45）
Top2_5	0. 074	0. 278	0. 132 **	0. 146 **
	（0. 27）	（1. 07）	（1. 98）	（2. 15）
Boardsize	0. 223	0. 157	0. 058	0. 062
	（1. 18）	（0. 90）	（1. 32）	（1. 33）
IB	0. 371	0. 292	– 0. 079	– 0. 069
	（0. 64）	（0. 54）	（– 0. 58）	（– 0. 48）
Growth	– 0. 211 ***	– 0. 214 ***	– 0. 061 ***	– 0. 067 ***
	（– 4. 02）	（– 4. 57）	（– 4. 14）	（– 4. 47）
Lnpay	0. 108 **	0. 077 *	– 0. 008	– 0. 012
	（2. 17）	（1. 65）	（– 0. 64）	（– 0. 99）
Roa	4. 905 ***	4. 319 ***	0. 636 ***	0. 647 ***
	（8. 16）	（7. 51）	（4. 37）	（4. 11）
RD	5. 373 ***	2. 981 ***	1. 015 ***	0. 687 ***
	（7. 29）	（4. 53）	（6. 06）	（3. 79）
PPE	0. 308	0. 308	0. 134 **	0. 125 **
	（1. 35）	（1. 44）	（2. 45）	（2. 22）
Invt	0. 882 ***	0. 702 **	0. 247 ***	0. 285 ***
	（2. 69）	（2. 25）	（3. 28）	（3. 47）
Constant	– 3. 433 ***	– 2. 715 ***	1. 015 ***	0. 908 ***
	（– 4. 27）	（– 3. 56）	（5. 61）	（4. 61）
Year & Ind	Yes	Yes	Yes	Yes
N	9 267	9 267	9 267	9 267
Adj-R^2	0. 1866	0. 2100	0. 1418	0. 1556

注：均值为 T 检验，中值是 Wilcoxon 秩和检验；*、**、*** 分别表示 10%、5%、1% 水平下显著。

（2）纵向兼任高管类型、制度环境与企业创新。

研究假设 H5 – 2 旨在考察制度环境对高管纵向兼任与企业创新关系的影

响。通过根据上市公司所在省份的市场化指数，将全样本分为制度环境较好组和制度环境较差组，本书采用模型（5－1）进行分组检验。具体的回归结果在表5－4的Panel A 和 Panel B 中展示。在表5－4 Panel A 中，第（1）列和第（3）列是针对所处制度环境较好的公司组进行的回归分析。结果表明，在这些公司组中，高管纵向兼任（Vertical）的系数为负，但并不显著。这意味着在相对较好的制度环境下，高管纵向兼任对企业创新并没有显著的抑制作用。然而，第（2）列和第（4）列是针对所处制度环境较差的公司组进行的回归分析。结果显示，高管纵向兼任（Vertical）的系数为负，并在5%的显著性水平下具有统计显著性。这意味着在较差的制度环境下，高管纵向兼任对企业创新具有显著的抑制作用。这一发现支持了研究假设H5－2b。在表5－4 Panel B 中，本书以公司是否申请专利（Dum_AP）和是否具有专利授权（Dum_GR）来衡量企业创新，并根据制度环境进行分组回归。结果显示，在制度环境较好的组中，高管纵向兼任（Vertical）的系数为负，但并不显著，见第（1）列和第（3）列。而在制度环境较差的组中，高管纵向兼任（Vertical）的系数为负，并在1%或5%的显著性水平下具有统计显著性，见第（2）列和第（4）列。这意味着与制度环境较好的组相比，高管纵向兼任对企业创新的抑制作用在制度环境较差时更加显著，这与研究假设H5－2b的结论一致。

表5－4　　　　　　　　　高管纵向兼任、制度环境与公司创新

Panel A：Patent_AP & Patent_GR

变量	Patent_AP		Patent_GR	
	（1）制度环境好	（2）制度环境差	（3）制度环境好	（4）制度环境差
Vertical	**－0.071**	**－0.215****	**－0.020**	**－0.196****
	（－1.02）	**（－2.57）**	**（－0.30）**	**（－2.51）**
Size	0.177***	0.307***	0.154***	0.304***
	(3.34)	(5.29)	(3.12)	(5.60)
Lev	0.251	0.243	0.157	0.163
	(1.03)	(0.87)	(0.69)	(0.63)
Top1	0.424	0.575*	0.582**	0.634**
	(1.45)	(1.77)	(2.10)	(2.10)
Top2_5	0.276	－0.249	0.485	－0.063
	(0.78)	(－0.60)	(1.45)	(－0.16)
Boardsize	0.132	0.376	0.040	0.304
	(0.51)	(1.43)	(0.17)	(1.24)

变量	Patent_AP		Patent_GR	
	（1）制度环境好	（2）制度环境差	（3）制度环境好	（4）制度环境差
IB	-0.187	1.070	-0.441	1.148
	(-0.24)	(1.32)	(-0.61)	(1.52)
Growth	-0.179**	-0.266***	-0.193***	-0.246***
	(-2.47)	(-3.65)	(-2.99)	(-3.75)
Lnpay	0.162**	0.056	0.095	0.073
	(2.40)	(0.76)	(1.50)	(1.08)
Roa	5.516***	4.333***	5.041***	3.608***
	(7.08)	(4.92)	(6.77)	(4.31)
RD	5.429***	5.249***	2.462***	3.852***
	(6.27)	(4.31)	(3.16)	(3.53)
PPE	0.444	0.118	0.480*	0.085
	(1.44)	(0.37)	(1.66)	(0.28)
Invt	1.069**	0.483	0.708*	0.529
	(2.40)	(1.04)	(1.69)	(1.18)
Constant	-3.347***	-3.991***	-1.905*	-4.192***
	(-3.04)	(-3.46)	(-1.82)	(-3.89)
Year & Ind	Yes	Yes	Yes	Yes
N	5 244	3 959	5 244	3 959
Adj-R^2	0.2001	0.1895	0.2151	0.2274

Panel B：Dum_AP & Dum_GR

变量	Dum_AP		Dum_GR	
	（1）制度环境好	（2）制度环境差	（3）制度环境好	（4）制度环境差
Vertical	**-0.018**	**-0.057*****	**-0.007**	**-0.053****
	(-1.06)	**(-2.73)**	**(-0.39)**	**(-2.53)**
Constant	-0.035***	-0.003	-0.025**	0.017
	(-3.01)	(-0.25)	(-2.12)	(1.25)
Size	0.025	-0.086	0.014	-0.137*
	(0.40)	(-1.22)	(0.22)	(-1.92)
Lev	0.103	0.180**	0.108	0.192**
	(1.43)	(2.26)	(1.42)	(2.39)
Top1	0.174**	0.071	0.185**	0.084
	(1.99)	(0.71)	(2.07)	(0.82)
Top2_5	0.042	0.098	0.037	0.111*
	(0.69)	(1.57)	(0.57)	(1.73)

变量	Dum_AP		Dum_GR	
	（1）制度环境好	（2）制度环境差	（3）制度环境好	（4）制度环境差
Boardsize	−0.175	0.067	−0.232	0.151
	（−0.96）	（0.35）	（−1.19）	（0.77）
IB	−0.046**	−0.088***	−0.062***	−0.078***
	（−2.36）	（−4.05）	（−3.04）	（−3.65）
Growth	0.021	−0.044**	0.001	−0.033*
	（1.33）	（−2.50）	（0.08）	（−1.80）
Lnpay	0.745***	0.557**	0.843***	0.448*
	（4.16）	（2.46）	（4.33）	（1.89）
Roa	1.134***	0.783***	0.686***	0.682**
	（5.53）	（2.83）	（3.11）	（2.34）
RD	0.073	0.218***	0.085	0.174**
	（0.95）	（2.86）	（1.10）	（2.22）
PPE	0.259**	0.189*	0.288**	0.233**
	（2.53）	（1.77）	（2.54）	（2.02）
Invt	0.859***	1.190***	1.041***	0.719**
	（3.65）	（4.36）	（4.11）	（2.53）
Constant	−0.018	−0.057***	−0.007	−0.053**
	（−1.06）	（−2.73）	（−0.39）	（−2.53）
Year & Ind	Yes	Yes	Yes	Yes
N	5 244	3 959	5 244	3 959
Adj-R²	0.1748	0.1273	0.1774	0.1510

注：均值为 T 检验，中值是 Wilcoxon 秩和检验；*、**、***分别表示 10%、5%、1% 水平下显著。

5.5　稳健性检验

5.5.1　PSM 内生性问题处理

尽管本书已对影响企业投资支出的常见变量进行了控制，但仍然可能存在遗漏变量的内生性问题。因此，为了解决这一问题，本书采用了 PSM 配对方法进行缓解。根据高管是否存在纵向兼任（Vertical）情况，本书将存在纵向兼任的样本划分为处理组，没有纵向兼任的样本划分为控制组。在进行配对时，本书利用公司规模（Size）、董事会规模（Boardsize）、资产负债率（Lev）、第一大股东持股比例（Top1）、第二至第五大股东持股比例之和（Top2_5）、独立董事比例（IB）、公司成长性（Growth）、高管薪酬激励（Lnpay）、研发投入（RD）、固定资产比例（PPE）、资本支出额（Invt）作为匹配变量①，运用最近邻匹配法筛选出配对样本。由于 PSM 方法的使用前提是满足平衡性检验，因此，在确定控制组和实验组后，本书首先对所有相关变量进行了平衡性检验，这些结果在表 5 - 5 的 Panel A 中展示。平衡性检验结果表明，经过匹配后，控制组和实验组之间的各变量没有出现显著性偏差，这表明 PSM 的匹配效果良好。接着，本书利用匹配后的控制组和实验组数据进行了回归分析，结果展示在表 5 - 5 的 Panel B 中②。这些结果显示，各类中高管纵向兼任（Vertical）的系数仍然显著为负，进一步增强了本书结果的可靠性。

表 5 - 5　　　　　　　　　　　PSM 内生性问题检验

Panel A：平衡性检验

变量		Mean		t-value	Reduct（%）｜bias｜
		Vertical = 1	Vertical = 0		
Size	Umatched	13. 1100	12. 4750	25. 93 ***	
	Matched	13. 1080	13. 0740	1. 23	94. 6
Lev	Umatched	0. 4429	0. 3561	21. 14 ***	
	Matched	0. 4429	0. 4460	− 0. 71	96. 4
Top1	Umatched	0. 3924	0. 3142	26. 83 ***	
	Matched	0. 3922	0. 3927	− 0. 16	99. 3
Top2_5	Umatched	0. 1626	0. 2102	− 20. 95 ***	
	Matched	0. 1626	0. 1601	1. 07	94. 8
Boardsize	Umatched	2. 1686	2. 1172	12. 93 ***	
	Matched	2. 1685	2. 1627	1. 37	88. 7
IB	Umatched	0. 3714	0. 3754	− 3. 59 ***	
	Matched	0. 3713	0. 3732	− 1. 6	52. 8
Growth	Umatched	0. 1426	0. 1930	− 6. 65 ***	
	Matched	0. 1426	0. 1409	0. 22	96. 6

① 选取这些变量作为匹配变量的原因是其能够更好地满足 PSM 的平衡性假设。

② 根据制度环境进行分组回归得到了与结论一致的结果。

续表

变量		Mean		t-value	Reduct（%）｜bias｜
		Vertical = 1	Vertical = 0		
Lnpay	Umatched	14.3550	14.2460	8.17***	
	Matched	14.3550	14.3530	0.11	98.5
Roa	Umatched	0.0388	0.0454	−6.51***	
	Matched	0.0388	0.0385	0.31	95
RD	Umatched	0.0370	0.0503	−15.11***	
	Matched	0.0370	0.0359	1.45	91.4
PPE	Umatched	0.2401	0.2039	12.17***	
	Matched	0.2399	0.2404	−0.15	98.6
Invt	Umatched	0.0650	0.0737	−6.20***	
	Matched	0.0651	0.0643	0.59	90.8

Panel B：PSM 后回归结果

变量	（1）Patent_AP	（2）Patent_GR	（3）Dum_AP	（4）Dum_GR
Vertical	**−0.150****	**−0.116***	**−0.038****	**−0.029***
	（−2.39）	**（−1.96）**	**（−2.42）**	**（−1.80）**
Constant	−3.907***	−3.187***	1.102***	0.932***
	（−4.04）	（−3.46）	（4.83）	（3.86）
Controls	Yes	Yes	Yes	Yes
Year & Ind	Yes	Yes	Yes	Yes
N	4 265	4 265	4 265	4 265
Adj-R^2	0.2074	0.2307	0.1511	0.1653

注：均值为 T 检验，中值是 Wilcoxon 秩和检验；*、**、***分别表示 10%、5%、1% 水平下显著。

5.5.2 改变因变量的测试

考虑到创新活动具有一定的时滞效应，参考了何和田（He and Tian，2013）以及田等（Tian et al.，2015）的方法，本书选择使用滞后两个期间的专利数量来衡量公司的创新能力，以便评估高管纵向兼任对创新活动的影响以及制度环境的调节作用。表 5-6 中展示了相应的检验结果。在该表的第（1）~（2）列中，本书将被解释变量分别设置为滞后两期的专利申请数量的自然对数（Patent_AP2）和专利授权数量的自然对数（Patent_GR2）。而在第（3）~（6）列中，本书根据制度环境进行了分组回归。结果显示，在表 5 - 6 的第（1）～（2）列中，高管纵向兼任（Vertical）的系数均为负，并且在 1% 的显著水平下，这与研究假设 H5 - 1b 一致。而第（3）～（6）列中的结果表明，高管纵向兼任对创新的抑制作用在制度环境较差的情况下表现得更加显著，见第（4）列、第（6）列，这与研究假设 H5 - 2b 相一致。

表 5 - 6 因变量滞后两期

变量	（1）Patent_AP2	（2）Patent_GR2	Patent_AP2		Patent_GR2	
			（3）制度环境好	（4）制度环境差	（5）制度环境好	（6）制度环境差
Vertical	**− 0. 151 *****	**− 0. 112 *****	**− 0. 118 ****	**− 0. 202 *****	**− 0. 062**	**− 0. 189 *****
	（− 4. 07）	**（− 3. 22）**	**（− 2. 18）**	**（− 3. 26）**	**（− 1. 19）**	**（− 3. 25）**
Constant	− 3. 986 ***	− 3. 012 ***	− 5. 490 ***	− 4. 486 ***	− 4. 088 ***	− 4. 266 ***
	（− 7. 62）	（− 6. 07）	（− 6. 67）	（− 5. 46）	（− 5. 17）	（− 5. 49）
Controls	Yes	Yes	Yes	Yes	Yes	Yes
Year & Ind	Yes	Yes	Yes	Yes	Yes	Yes
N	7 316	7 316	3 209	2 682	3 209	2 682
Adj-R^2	0. 1918	0. 2158	0. 2329	0. 1974	0. 2432	0. 2256

注：均值为 T 检验，中值是 Wilcoxon 秩和检验；** 、*** 分别表示 5% 、1% 水平下显著。

5.5.3 改变自变量的测试

为了应对高管纵向兼任可能的内生性问题，本书采用了将高管是否纵向兼任（Vertical）在一期内滞后，以考察其对企业创新能力的影响。考虑到集团或公司对创新的投资决策不太可能直接受到前一期高管纵向兼任的影响，本书选择对高管是否纵向兼任进行一期滞后，以进行内生性检验。主要的检验结果在表 5 - 7 中呈现，因变量分别为未来一期的专利申请数量、专利授权数量以及是否具有专利申请和专利授权。结果显示，一期滞后的高管纵向兼任（Vertical）系数均为负，并且在 1% 、5% 或 10% 的显著水平下。这一结果再次强化了本书的逻辑①。

①　根据制度环境进行分组的结果与主结论保持一致。

表 5 - 7	高管纵向兼任与企业创新：自变量滞后一期			
变量	（1）Patent_AP	（2）Patent_GR	（3）Dum_AP	（4）Dum_GR
Vertical	**- 0. 138 ** **	**- 0. 095 * **	**- 0. 036 *** **	**- 0. 029 ** **
	（- 2. 49）	**（- 1. 81）**	**（- 2. 72）**	**（- 2. 11）**
Constant	- 3. 438 ***	- 2. 712 ***	1. 014 ***	0. 907 ***
	（- 4. 27）	（- 3. 56）	（5. 59）	（4. 59）
Controls	Yes	Yes	Yes	Yes
Year & Ind	Yes	Yes	Yes	Yes
N	9 267	9 267	9 267	9 267
Adj-R^2	0. 1864	0. 2097	0. 1414	0. 1553

注：均值为 T 检验，中值是 Wilcoxon 秩和检验；＊、＊＊、＊＊＊分别表示 10%、5%、1% 水平下显著。

5.5.4　改变估计方法

本书运用自然对数来度量企业创新的专利申请及授权数量。在考虑到因变量为非负整数值的情况下，根据现有文献，本书还采用了泊松回归和负二项回归方法进行分析。表 5 - 8 的 Panel A 和 Panel B 呈现了采用这两种方法回归的结果。研究结果表明，无论是采用泊松回归还是负二项回归，高管纵向兼任（Vertical）的系数始终为负，并且在 1% 的显著水平下。这说明高管纵向兼任对企业创新的影响在不同的估计方法下保持稳定，不受方法选择的影响。

表 5 - 8　　　　　　　　　　　改变估计方法

Panel A：Patent_AP & Patent_GR

变量	Poisson		Nbreg	
	（1）Patent_AP	（2）Patent_GR	（3）Patent_AP	（4）Patent_GR
Vertical	**- 0. 071 *** **	**- 0. 062 *** **	**- 0. 071 *** **	**- 0. 062 *** **
	（- 4. 73）	**（- 3. 63）**	**（- 4. 73）**	**（- 3. 63）**
Constant	- 2. 384 ***	- 2. 536 ***	- 2. 384 ***	- 2. 536 ***
	（- 10. 15）	（- 9. 26）	（- 10. 15）	（- 9. 26）
Controls	Yes	Yes	Yes	Yes
Year & Ind	Yes	Yes	Yes	Yes
N	9 267	9 267	9 267	9 267
Adj-R^2	0. 0622	0. 0720	0. 0650	0. 0828

Panel B: Dum_AP & Dum_GR

变量	Poisson		Nbreg	
	(1) Dum_AP	(2) Dum_GR	(3) Dum_AP	(4) Dum_GR
Vertical	− 0. 047 ***	− 0. 041 ***	− 0. 047 ***	− 0. 041 ***
	(− 4. 19)	(− 3. 09)	(− 4. 19)	(− 3. 09)
Constant	− 0. 258	− 0. 571 ***	− 0. 258	− 0. 571 ***
	(− 1. 49)	(− 2. 72)	(− 1. 49)	(− 2. 72)
Controls	Yes	Yes	Yes	Yes
Year & Ind	Yes	Yes	Yes	Yes
N	9 267	9 267	9 267	9 267
Adj-R^2	0. 0180	0. 0255	0. 0180	0. 0255

注: 均值为 T 检验, 中值是 Wilcoxon 秩和检验; * 、 ** 、 *** 分别表示 10% 、 5% 、 1% 水平下显著。

5.6　进一步分析

5.6.1　区分纵向兼任高管类型的异质性分析

中国的企业通常由实际控制人或大股东来指定董事长, 这导致董事长与大股东之间存在明显或隐性的社会联系。因此, 大股东在不同程度上对董事长的权力加以制约, 并在公司决策方面产生重大影响。这种集中的股权结构以及缺乏有效的公司治理机制使大股东在诸如投资、融资等方面拥有绝对的主导地位。总经理则具备独立管理企业的权力, 与董事长之间存在被监督和监督的关系。此外, 从权力层面来看, 作为公司的法定代表人, 董事长拥有法律赋予的最高权力, 掌握着制定公司战略和运营方向的决策权。经理人则直接管理公司的日常运营, 负责具体事务的执行和决策。因此, 与总经理相比, 董事长的权力更大, 对公司经营、投资等活动的影响更加明显。综合上述分析, 董事长与大股东的利益通常保持一致, 而且有可能按照大股东的意愿行事, 并对企业活动产生实质性的影响。基于这一观点, 本书认为当董事长兼任其他职务时, 其对企业创新的抑制作用可能更加显著。

表 5 - 9 呈现了具体的回归结果。在该表中, 变量 Vertical_Chair 表示董事长纵向兼任, 而变量 Vertical_CEO 代表总经理纵向兼任。研究发现, 这两个变

量的系数均为负，然而，只有董事长纵向兼任（Vertical_Chair）的系数达到了显著水平，且回归系数明显小于总经理纵向兼任（Vertical_CEO）的系数。具体而言，与总经理纵向兼任相比，董事长纵向兼任对企业创新的抑制效应更为突出。这一结果与先前相关研究的发现一致。

表 5-9　　　　　　　　　　纵向兼任高管类型与企业创新

变量	(1) Patent_AP		(2) Patent_GR		(3) Dum_AP		(4) Dum_GR	
Vertical_Chair	-0.131**		-0.093*		-0.035***		-0.027**	
	(-2.38)		(-1.79)		(-2.62)		(-1.97)	
Vertical_CEO		-0.068		-0.035		-0.025		-0.020
		(-0.99)		(-0.54)		(-1.55)		(-1.22)
Constant	-3.417***	-3.333***	-2.702***	-2.638***	1.019***	1.039***	0.912***	0.927***
	(-4.25)	(-4.15)	(-3.54)	(-3.46)	(5.63)	(5.78)	(4.63)	(4.73)
Controls	Yes	Yes	Yes	Yes	Yes	Yes	Yes	Yes
Year & Ind	Yes	Yes	Yes	Yes	Yes	Yes	Yes	Yes
N	9 267	9 267	9 267	9 267	9 267	9 267	9 267	9 267
Adj-R^2	0.1864	0.1852	0.2098	0.2091	0.1416	0.1406	0.1555	0.1550

注：均值为 T 检验，中值是 Wilcoxon 秩和检验；*、**、***分别表示 10%、5%、1% 水平下显著。

5.6.2　区分专利类型的异质性分析

专利类型涵盖了发明专利、实用新型专利和外观设计专利等不同类型。通常来说，与发明专利相比，实用新型专利和外观设计专利的创新程度逐渐降低。为了深入研究高管纵向兼任对企业创新的影响，本书将专利申请和授权的类型进行了区分，分别检验了高管纵向兼任对发明专利申请（I_AP）和授权（I_GR）、实用新型专利申请（U_AP）和授权（U_GR）以及外观设计专利申请（D_AP）和授权（D_GR）三种不同类型专利数量的影响。研究结果详细列于表 5-10 中。在各列中，高管纵向兼任（Vertical）的系数均为负。具体而言，在第（1）列、第（3）列和第（4）列中，高管纵向兼任（Vertical）的系数分别为 -0.099、-0.084 和 -0.084，并且在至少 10% 的显著水平下验证了这一影响，表明高管的纵向兼任显著地抑制了企业的发明专利申请和实用新型专利的申请与授权。而在第（5）列和第（6）列中，虽然高管纵向兼任（Vertical）的系数为负，但并不显著。这表明随着专利创新程度的降低，高管纵向兼任对企业创新的抑制作用逐渐减弱，特别是在发明专利申请和实用新型专利的申请与授权方面①。

表 5 - 10　　　　　　　　高管纵向兼任与不同类型的企业创新

变量	(1) I_AP	(2) I_GR	(3) U_AP	(4) U_GR	(5) D_AP	(6) D_GR
Vertical	-0.099 **	-0.027	-0.084 *	-0.084 *	-0.040	-0.040
	(-2.09)	(-0.84)	(-1.74)	(-1.74)	(-1.04)	(-1.04)
Constant	-5.072 ***	-3.269 ***	-2.361 ***	-2.366 ***	-2.118 ***	-2.123 ***
	(-7.24)	(-7.09)	(-3.37)	(-3.38)	(-3.38)	(-3.39)
Controls	Yes	Yes	Yes	Yes	Yes	Yes
Year & Ind	Yes	Yes	Yes	Yes	Yes	Yes
N	9 267	9 267	9 267	9 267	9 267	9 267
Adj-R^2	0.1871	0.2906	0.2308	0.2308	0.0810	0.0809

注：均值为 T 检验，中值是 Wilcoxon 秩和检验；*、**、*** 分别表示 10%、5%、1% 水平下显著。

5.6.3　区分企业产权性质的异质性分析

两种产权性质下的公司治理机制存在诸多差异。产权性质不同，高管纵向兼任对企业创新的影响作用及机理也显著不同。首先，不同产权形式下存在的代理问题存在明显差异（王甄和胡军，2016）。国有企业主要表现为一类代理问题，即"所有者缺位"，并且国企的纵向兼任高管往往受到国有资产管理部门和地方组织人事部门的严格监管，因而纵向兼任高管协助大股东侵占上市公司利益的可能性较低。相比之下，非国有企业主要表现为大股东对中小股东利益侵占的第二类代理问题。其次，中国金融市场存在严重的"信贷歧视"（Firth et al.，2009），这使非国有企业面临较为严重的融资约束，非国有企业的大股东有较强动机以上市公司为核心构建内部资本市场，并把上市公司作为外部融资的窗口和平台，通过内部资本市场进行利益输送，"掏空"上市公司。上述现象造成的直接后果是企业进行创新活动的意愿降低及可用于企业创新的资源减少。本书推断，如果高管的纵向兼任通过加剧大股东对上市公司的掏空行为抑制企业创新，那么这种抑制作用在非国有企业表现更为明显。

表 5 - 11 呈现了详细的回归结果。在按照企业产权性质进行分组后的分析

① 对因变量企业创新的度量采用剔除外观设计的专利总申请数、授权数，即采用发明专利、实用新型专利申请和授权数量之和作为因变量时，高管纵向兼任（Vertical）的系数分别为 -0.125、-0.084，并至少在 10% 水平下显著。

中，本书观察到，非国有企业，也就是第（2）列、第（4）列、第（6）列和第（8）列中，高管纵向兼任（Vertical）的系数显著为负。这表明高管纵向兼任对于非国有企业的创新抑制作用更加显著。

表 5 - 11　　　　　　高管纵向兼任、产权性质与企业创新

变量	Patent_AP		Patent_GR		Dum_AP		Dum_GR	
	（1）国有企业	（2）非国有企业	（3）国有企业	（4）非国有企业	（5）国有企业	（6）非国有企业	（7）国有企业	（8）非国有企业
Vertical	**− 0. 078**	**− 0. 192 *****	**− 0. 074**	**− 0. 122 ***	**− 0. 011**	**− 0. 047 *****	**− 0. 003**	**− 0. 038 ****
	（− 0. 82）	（− 2. 85）	（− 0. 83）	（− 1. 89）	（− 0. 43）	（− 2. 98）	（− 0. 13）	（− 2. 30）
Constant	− 4. 471 ***	− 3. 803 ***	− 4. 476 ***	− 2. 850 ***	0. 786 **	0. 941 ***	0. 394	0. 879 ***
	（− 2. 82）	（− 3. 99）	（− 3. 09）	（− 3. 10）	（2. 22）	（4. 38）	（1. 08）	（3. 74）
Controls	Yes	Yes	Yes	Yes	Yes	Yes	Yes	Yes
Year & Ind	Yes	Yes	Yes	Yes	Yes	Yes	Yes	Yes
N	2 992	6 132	2 992	6 132	2 992	6 132	2 992	6 132
Adj-R^2	0. 2451	0. 1682	0. 2497	0. 2071	0. 1793	0. 1125	0. 1729	0. 1514

注：均值为 T 检验，中值是 Wilcoxon 秩和检验；*、**、*** 分别表示 10%、5%、1% 水平下显著。

5.6.4　影响机制检验

先前的研究已经揭示，拥有较高持股比例的控股股东承担了上市公司非多样化创新投资的较高风险。这是因为，一旦创新失败，控股股东可能面临巨大的损失。因此，控制股东对企业创新的风险容忍度较低容易导致对创新投资不足（李姝等，2018）。而高管的纵向兼任增加了大股东的控制权，降低了企业所有权与控制权的分离程度。从这个角度看，存在高管纵向兼任的公司可能对企业创新的风险容忍度更低。此外，创新投资常常伴随着长周期、高风险和缓慢的成果显现。在这一过程中，控股股东拥有较高的自由裁量权和较大的操纵空间。当控股股东受到机会主义驱动时，他们有可能利用其权力和信息优势，通过企业创新活动牟取个人私利，而不是真正从事有利于企业长期价值增长的创新活动。因此，高管的纵向兼任很可能抑制了企业的创新活动。同时，中国较为集中的股权结构以及相对不完善的资本市场环境也可能使得控股股东对企业创新产生不利影响。股权集中化的制度背景使得中国上市公司的代理冲突主要体现为第二类代理问题。大量研究已经发现，增强的大股东掏空动机会减少企业对研发和创新活动的资金投入，甚至可能恶化公司盈余的持续性（窦欢

和陆正飞，2017）。此外，大股东的机会主义行为还可能引发资本市场股价波动（张晓宇和徐龙炳，2017），导致企业外部融资成本上升，进一步减少用于创新活动的资金，使企业创新雪上加霜。

基于这些观点，本书推测，高管的纵向兼任通过加剧大股东的掏空行为来抑制企业创新。为验证这一影响机制，本书借鉴了温忠麟（2014）的中介效应检验程序，具体模型如下：

$$Patent_{i,t+1} = \alpha_0 + \alpha_1 Vertical_{i,t} + \sum Control_{i,t} + \sum Year_{i,t} + \sum Ind_{i,t} + \varepsilon_{i,t}$$
$$(5-2)$$

$$Tunnel_{i,t+1} = \beta_0 + \beta_1 Vertical_{i,t} + \sum Control_{i,t} + \sum Year_{i,t} + \sum Ind_{i,t} + \varepsilon_{i,t}$$
$$(5-3)$$

$$Patent_{i,t+1} = \gamma_0 + \gamma_1 Vertical_{i,t} + \gamma_2 Tunnel_{i,t} + \sum Control_{i,t} + \sum Year_{i,t} + \sum Ind_{i,t} + \varepsilon_{i,t}$$
$$(5-4)$$

在模型（5-3）中，本书对大股东掏空现象进行了度量，使用了其他应收款占总资产比例（OREC）（Liu et al.，2015；Xu et al.，2015）以及关联交易相关指标，包括关联交易次数（NRPT）和关联交易额占总资产比例（RPT）（Peng et al.，2011；Liu et al.，2015）。平均而言，OREC 和 RPT 分别为1.30% 和 30.80%，而 NRPT 的平均次数为 2.77。这说明中国上市公司中大股东侵占中小股东利益的情况相当严重。此外，模型除了常见变量，如公司规模（Size）和资产负债率（Lev）之外，还进一步纳入了资产收益率（Roa）、总资产的账面市值比（BM）、公司年龄的自然对数（Lnage）以及第一大股东持股比例（Top1）等公司特征变量，同时还考虑了行业和年度固定效应（姜付秀等，2017）。按照温忠麟等（2014）的方法，本书首先检验了模型（5-2）中高管纵向兼任与企业创新系数 α_1 的显著性。如果 α_1 显著，那么本书会进一步检验模型（5-3）中系数 β_1 以及模型（5-4）中系数 γ_2 的显著性。在 β_1 和 γ_2 都显著的情况下，如果 γ_1 也显著，那么可以得出控股股东掏空现象部分中介了高管纵向兼任对企业创新的负面影响的结论。如果 γ_1 不显著，那么则意味着控股股东掏空完全中介了高管纵向兼任对企业创新的负面影响。然而，当 β_1 和 γ_2 中只有一个显著或者两者都不显著时，本书将采用 Bootstrap 方法来检验中介效应的显著性。

在表 5 - 12 的 Panel A 中，首先看到模型（5 - 2）的回归结果，其中，第（1）列显示高管纵向兼任（Vertical）的系数呈显著负值。另外，在 Panel A 的第（2）列以及 Panel B 的第（1）列和第（4）列中展示了模型（5 - 3）的回归结果。这些结果表明，当将其他应收款占总资产的比例（OREC）、关联交易占总资产比例（RPT）以及关联交易次数（NRPT）作为因变量时，高管纵向兼任（Vertical）的系数均呈现显著正值。这意味着高管纵向兼任加剧了大股东的掏空行为。进一步观察表 5 - 12 Panel A 的第（3）列和第（4）列，以及 Panel B 的第（2）列、第（3）列、第（5）列、第（6）列，结果表明，在将中介变量加入模型（5 - 2）后，这些中介变量仍然保持显著，而高管纵向兼任（Vertical）的系数仍然呈现负值或者不显著。这进一步表明，大股东掏空部分或完全中介了高管纵向兼任对企业创新的抑制作用。

表 5 - 12　　　　　　　　大股东掏空行为的中介作用检验

Panel A：资金占用

变量	（1）Patent_AP	（2）OREC	（3）Patent_AP	（4）Patent_GR
Vertical	− 0. 144 *** （− 4. 18）	0. 001 * （1. 85）	− 0. 141 ** （− 2. 46）	− 0. 099 * （− 1. 84）
OREC			− 3. 429 ** （− 2. 28）	− 2. 756 ** （− 1. 98）
Constant	− 3. 702 *** （− 7. 65）	0. 014 *** （3. 33）	− 3. 613 *** （− 4. 35）	− 2. 842 *** （− 3. 59）
Controls	Yes	Yes	Yes	Yes
Year & Ind	Yes	Yes	Yes	Yes
N	8 212	8 212	8 212	8 212
Adj-R^2	0. 1944	0. 1539	0. 1955	0. 2190

Panel B：关联交易

变量	（1）RPT	（2）Patent_AP	（3）Patent_GR	（4）NRPT	（5）Patent_AP	（6）Patent_GR
Vertical	0. 039 *** （2. 94）	− 0. 134 ** （− 2. 33）	− 0. 093 * （− 1. 71）	0. 271 *** （7. 84）	− 0. 121 ** （− 2. 11）	− 0. 081 （− 1. 49）
RPT		− 0. 206 *** （− 2. 67）	− 0. 183 ** （− 2. 57）			
NRPT					− 0. 069 ** （− 2. 24）	− 0. 064 ** （− 2. 18）
Constant	0. 415 *** （3. 00）	− 3. 531 *** （− 4. 26）	− 2. 762 *** （− 3. 51）	− 2. 187 *** （− 6. 58）	− 3. 848 *** （− 4. 60）	− 3. 048 *** （− 3. 83）
Controls	Yes	Yes	Yes	Yes	Yes	Yes

变量	（1）RPT	（2）Patent_AP	（3）Patent_GR	（4）NRPT	（5）Patent_AP	（6）Patent_GR
Year & Ind	Yes	Yes	Yes	Yes	Yes	Yes
N	8 212	8 212	8 212	8 212	8 212	8 212
Adj-R^2	0.1808	0.1963	0.2199	0.5377	0.1957	0.2195

注：均值为 T 检验，中值是 Wilcoxon 秩和检验；*、**、***分别表示 10%、5%、1% 水平下显著。

5.7 结论及政策建议

5.7.1 研究结论

作为一种常见的企业治理结构，纵向兼任高管在影响公司的投资决策制定和治理水平方面备受瞩目。本书以 2009 ~ 2016 年中国非金融 A 股上市公司为样本，探究了纵向兼任高管对企业创新的影响。研究结果表明，高管纵向兼任对企业创新产生抑制作用，即存在纵向兼任高管的企业呈现较低的创新水平。此抑制作用主要在制度环境较差时显现，而在制度环境较好时不具备显著性。进一步的研究关注了纵向兼任高管的不同类型以及不同专利类型对创新的影响，结果表明，董事长纵向兼任以及与发明专利申请和实用新型专利申请及授权相关时，更显著地抑制了企业创新。同时，结合对企业产权性质的考虑发现，非国有企业中高管纵向兼任对企业创新的抑制效应更加显著。对影响机制的探究揭示，高管纵向兼任通过强化大股东的掏空行为（包括关联交易和资金占用）来抑制企业创新。这些研究发现，在中国特有的制度环境下，纵向兼任高管很可能成为大股东掏空上市公司的手段之一。在强调投资者保护和科技创新驱动经济发展的背景下，本书的结果对于塑造公司治理和相关监管政策具有重要的启示价值。

5.7.2 政策建议

本书的政策建议主要包括以下三个方面：

首先，针对国有企业和非国有企业，应制定差异化的高管纵向兼任的法律法规以进行规范。国有企业和非国有企业在代理问题和公司治理特征等方面存在显著的差异。本书揭示了高管纵向兼任对企业创新的抑制作用在非国有企业中更加显著，目前我国的政策法规仅限制非国有企业上市公司的经营管理层在大股东单位担任董事以外的职务，但仍然存在许多上市公司董事长同时在大股东单位任职的情况。因此，有必要加强对非国有企业高管纵向兼任的监管。

其次，应基于纵向兼任高管的不同类型，制定相应的制度规范来实施限制。本书发现，董事长纵向兼任对企业创新的抑制作用更为明显。有关的监管机构和政策制定部门应当结合我国纵向兼任高管的不同类型制定不同的纵向兼任高管职务的规定。这可能包括强化对上市公司董事长纵向兼任的规定和监管措施等方面。

再次，有必要制定相应的处罚措施。尽管证监会一直没有对我国高管的纵向兼任政策有所松动，但由于缺乏明确、具体的惩罚机制，政策的实施效果受限。监管机构除了可以根据企业的产权性质和纵向兼任高管的类型对上市公司高管纵向兼任中可能涉及的"利益输送"和损害小股东权益的问题进行分类监管外，还应制定适当的惩罚措施作为辅助性的治理手段。

最后，作为当前会计、经济等领域研究的热点，高管纵向兼任引发了许多有趣的问题，需要进一步深入研究。例如，从公司治理的角度来看，高管的纵向兼任可能会影响企业的会计信息质量和高管的风险承担能力。而这引发了一系列问题，如高管的纵向兼任是否会影响上市公司的并购决策和并购绩效。此外，本书的研究结果表明，高管的纵向兼任降低了企业的创新能力，其机制导致更多大股东占款和关联交易。由于大股东掏空上市公司的方式多种多样，未来可以进一步探讨大股东是否通过纵向兼任的高管来配合其减持的策略以实现掏空目的。

另外，本书也存在一些不足之处：首先，高管的纵向兼任可能更关注上市公司的经营是否服从于集团或大股东的安排，这个问题解决与否对于理解纵向兼任高管的利益焦点以及其对上市公司经营结果的影响有着重要意义。然而，在实践中回答这个问题相当困难。其次，高管纵向兼任的主要目的在于增强对上市公司的控制，但实际上大股东通过何种机制来实现对上市公司的控制，目前还不是十分清晰。克莱森斯等（Claessens et al.，2000）提到了大股东通常通过金字塔结构、交叉持股、同股不同权和高管纵向兼任等四种方式来控制上市公司。本书探讨了高管纵向兼任对企业创新的影响及其机制，从某种程度上填补了克莱森斯等（2000）研究的空白，但并没有深入讨论不同大股东控制机制之间的相互关系。

第 6 章
高管纵向兼任对企业投资效率的影响

6.1 引言

大股东对上市公司行为的影响一直是学术研究的焦点之一，其手段之一就是通过安排关键职位人员参与上市公司的管理。已有研究对高管纵向兼任的经济后果展开了广泛探讨，涉及公司绩效、企业价值、会计信息质量、纳税筹划、风险承担等多个方面。在这些研究的基础上，本章进一步探究了高管纵向兼任对企业投资效率的影响。首先，高管纵向兼任可能在多个方面影响企业的投资效率，但现有文献尚未深入探讨其影响机制；其次，企业投资活动是拉动 GDP 增长的三大要素之一，对企业和整个国家经济的迅速发展至关重要。因此，从高管纵向兼任的新视角研究投资效率的影响因素，不仅在理论上具有重要意义，同时也对于上市公司自身和监管机构制定相关政策都有现实的重要影响。本章研究的问题主要包括：高管纵向兼任是否会影响企业的投资效率？在不同的约束条件下（如高管纵向兼任的类型、企业产权性质），这种影响是否会有所差异？高管纵向兼任是如何影响企业投资效率的具体路径？

本书通过大规模样本实证研究，深入探究了上述问题。研究结果显示，高管纵向兼任对企业的投资效率产生了显著的抑制作用，即相对于没有纵向兼任的公司，存在高管纵向兼任的公司在投资决策中对投资机会的敏感度较低。进一步针对不同类型的纵向兼任高管、企业产权性质和大股东掏空动机进行研究后发现，特别是在董事长纵向兼任、非国有企业高管纵向兼任以及企业两权分离程度较高的情况下，高管纵向兼任对企业投资效率的抑制作用更加显著。对于其影响机制的验证结果表明，高管纵向兼任影响企业投资效率的原因主要是纵向兼任的高管导致大股东占款数量、关联交易次数以及金额增加。这意味着高管纵向兼任对企业投资效率的影响更多地反映了大股东掏空行为的动机。

本书的价值在于以下几个方面：

首先，本书拓展了对于高管纵向兼任的经济后果的认知。虽然已有文献从公司价值、会计信息质量等角度加深了人们对高管纵向兼任影响的理解，然而，来自中国资本市场的研究结果却呈现出不一致的趋势。更值得注意的是，以往研究较少关注高管纵向兼任与企业投资效率之间的关系。本书从企业投资效率的新视角对高管纵向兼任的经济后果进行了探索，结果表明，两者存在显著的负相关关系。这一发现在一定程度上支持了在中国情境下高管纵向兼任有利于大股东牟取私利的观点，同时也为人们深入理解高管纵向兼任对公司绩效和企业价值的影响提供了清晰的路径。

其次，本书从微观层面探究了高管纵向兼任对企业投资效率的影响，进一步扩展了公司投资效率的动因研究。现有文献很少探讨公司治理机制中高管纵向兼任对企业投资效率的影响。关于上市公司高管是否能够通过在大股东单位兼职来更好地利用集团优势，还是仅仅是为了满足大股东个人私利，目前尚未有明确的解答。本书填补了现有企业投资效率影响因素这一研究领域的空白，并对这一议题进行了进一步的深入探讨。

最后，本书具有显著的现实意义。随着我国不断推进供给侧结构性改革，提升企业资金利用效率成为关键，从高管纵向兼任的视角探究其对企业投资效率的影响，在提高企业投资效率、促进经济增长方面具有重要的指导价值。本书的结论有助于相关监管机构和政策制定机构针对不同产权形式和纵向兼任高管类型制定差异化的规定，以更好地提升企业投资效率。

6.2　理论分析与研究假设

高管纵向兼任可能对企业投资效率产生积极影响。高管纵向兼任具备监督效应，可以减少股东与管理层之间的信息不对称和代理问题。纵向兼任高管在其中充当着大股东单位与上市公司之间信息沟通的桥梁，促进信息的共享和交流。此外，他们还可以利用在大股东单位积累的丰富经验，为上市公司的投资活动提供建议,有助于优化投资决策,将资金更有针对性地投入未来回报较高的项目中,从而提高投资效率。高管的纵向兼任还有助于强化对上市公司管理层的监督,从而减轻股东与管理层之间的代理问题。首先,它可以减少管理层对会计信息的操纵,提升会计信息的质量,而高质量的会计信息在提升企业投资资源配置效率方面具有重要作用。其次,它可以抑制管理层的机会主义投资行为。当公司内部管理层与外部投资者之间的信息不对称程度较大时,外部投资者往往难以有效监督管理层,这可能导致管理层采取自我利益驱动的过度投资行为。然而,当高管同时在大股东单位担任职务时,大股东可以通过纵向兼任的高管更有效地监督管理层的投资决策,从而抑制过度投资现象的发生。

高管的纵向兼任还能够为上市公司提供资源支持,有助于缓解融资约束并优化资源配置。现有研究表明,企业集团内部形成的资本市场具有融资功能,从而提高集团内成员公司的资金使用效率。然而,集团内可能存在代理问题或信息不对称,这可能削弱了企业集团内部融资的优势。成员企业的经理可能会从自身公司的角度出发,影响集团公司的决策,以获取更多的资源支持,从而导致资源在企业之间的分配变得过于平均。在这种情况下,纵向兼任的高管作为连接上市公司与大股东单位的纽带,可能对大股东单位的资金配置决策产生影响。这种影响有助于上市公司能够及时获得集团公司的资金支持,并抓住有利的投资机会。这一机制在优化资源配置、降低融资约束方面具有重要作用。

纵向兼任的高管反过来也可能对大股东单位的决策制定产生影响,如说服大股东不对上市公司进行掏空等。阿诺尔迪等(2013)的研究指出,国有企业高管的纵向兼任减轻了政府干预的程度和降低了企业面临的政治成本,从而抑制了大股东对上市公司的掏空行为,提升了公司的绩效。由此可以推测,高管的纵向兼任在降低代理问题和信息不对称、优化集团资源配置等方面有望提高企业的投资效率。

高管纵向兼任可能是大股东追求集团目标、占用上市公司资源的一种手段。大股东天然的控制权和信息优势使其有强烈动机支配公司资源配置,以获取控制权私利,可能通过关联交易、资金占用等方式掏空上市公司,导致过度投资。高管纵向兼任可能进一步加剧大股东的"利益攫取"问题:在高管没有纵向兼任的情况下，大股东为实施自私行为可能需要管理层的合作，甚至会付出一定代价，如降低管理层薪酬的业绩敏感性、提供更多的在职福利等。实施机会主义行为的难度和成本都相对较高。而公司高管在大股东单位兼任职务增强了大股东对上市公司的控制权，大股东可以更直接地介入企业决策的制定与执行；高管纵向兼任还加强了大股东对高管的控制，大股东可以直接对纵向兼任的高管施加压力，促使其接受集团公司的决策，这降低了经理人合谋成本，迫使上市公司的财务决策首要服务于大股东的目标，使高管成为获取控制权收益的工具。高管纵向兼任同时也缩短了大股东获取上市公司信息的组织距离，降低了信息获取成本，有助于其获得更多的内部信息，甚至可能掩盖大股东的掏空行为。进一步来说，大股东强烈的掏空动机及行为可能导致其更倾向于选择整体收益较低但个人收益较高的投资项目，其还可能从上市公司中调用资源以服务于大股东的需求，降低资源配置效率，导致非效率投资的出现。帕里诺和维斯巴赫（Parrino and Weisbac，1999）的研究表明，大股东倾向于放弃净现值为正的投资项目，却更愿意接受净现值为负的投资项目，以牟取控制权的私人利益，从而导致投资效率的下降。基于以上分析，本书预测，在存在高管纵向兼任的情况下，上市公司的投资效率可能会较低。综上所述，本书提出了假设：

假设 H6 - 1a：高管纵向兼任会促进企业投资效率。

假设 H6 - 1b：高管纵向兼任会抑制企业投资效率。

6.3　研究设计及描述性统计

6.3.1　数据来源

本书以 2009 ~ 2016 年 A 股非金融上市公司作为研究样本。在进行分析之前，排除了 ST、PT 异常公司的观测，以及净资产小于 0 的异常公司观测。为了减少极端值对结果的影响，本书对所有连续变量进行了 1% 水平的缩尾处理，并删除了其他变量数据缺失的观测，最终获得了 15 255 个可用观测用于进行实证分析。此外，本书还使用了来自 CSMAR 和 WIND 数据库的其他数据，并借助 STATA 软件进行了数据处理和结果呈现。

6.3.2 变量定义与模型设计

（1）变量定义。

①企业投资效率。本书借鉴过去的研究，运用投资—投资机会敏感度模型来探究高管纵向兼任与企业投资效率之间的关系。在模型中，本书使用了以下指标来度量企业投资效率：Inv 表示企业的投资，其计算方式为（购建固定资产、无形资产和其他长期资产支付的现金 + 取得子公司及其他营业单位支付的净现金额 − 处置固定资产、无形资产和其他长期资产所收回的净现金额 − 处置子公司及其他营业单位所收到的净现金额）除以年初总资产。而 TobinQ 代表投资机会，计算方式为（股票总市值 + 总负债账面价值）除以总资产账面价值。

②高管纵向兼任。解释变量为 Vertical，表示高管是否存在纵向兼任情况。如果上市公司的董事长或总经理在大股东单位同时担任职务，则 Vertical 变量取值为 1；反之，如果不存在这种情况，则取值为 0。

表 6 − 1 中显示了样本的分布情况。在表 6 − 1 中可以看到 Panel A 和 Panel B 分别呈现了高管纵向兼任在不同年度和行业的分布情况。在本书的研究样本中存在高管纵向兼任（Vertical = 1）的比例为 50.01%，这表明我国上市公司中普遍存在高管纵向兼任的情况。具体而言，董事长纵向兼任（Vertical_chair）和总经理纵向兼任（Vertical_CEO）的比例分别为 48.80% 和 19.97%，这表明在高管纵向兼任的情况下，更有可能是董事长同时担任高管职务。从年度分布来看，高管纵向兼任的比例在各个年度基本维持在 50% 左右，在 2013 年达到最高的 52.01%，而在 2012 年最低的为 46.51%。在行业分布方面，由于制造业样本数量远超过其他行业，为了避免样本分布的显著偏差，本书进一步根据证监会的行业代码进行了细分。从表 6 − 1 的 Panel B 可以看出，高管纵向兼任在各行业中的分布并不均衡。例如，在交通运输、综合类以及其他制造业领域，有超过 60% 的样本存在高管纵向兼任现象，而在信息技术行业中，这一比例仅为 33.51%。这也凸显了本书在实证分析中需要控制样本行业差异的必要性。

表 6-1　　　　　　　　　　　　　　　样本分布

Panel A：高管纵向兼任的年度分布

年度	总样本	高管非纵向兼任		纵向兼任		董事长纵向兼任		总经理纵向兼任	
	N	N	%	N	%	N	%	N	%
2009	1 328	647	48.72	681	51.28	665	50.08	237	17.85
2010	1 396	677	48.50	719	51.50	700	50.14	250	17.91
2011	1 545	771	49.90	774	50.10	752	48.67	285	18.45
2012	1 903	1 018	53.49	885	46.51	863	45.35	351	18.44
2013	2 142	1 028	47.99	1 114	52.01	1 085	50.65	450	21.01
2014	2 257	1 128	49.98	1 129	50.02	1 103	48.87	482	21.36
2015	2 292	1 144	49.91	1148	50.09	1 123	49.00	479	20.90
2016	2 392	1 213	50.71	1 179	49.29	1 154	48.24	513	21.45
合计	15 255	7 626	49.99	7 629	50.01	7 445	48.80	3 047	19.97

Panel B：高管纵向兼任的行业分布

行业	总样本	高管非纵向兼任		纵向兼任	
	N	N	%	N	%
农林牧渔业	237	131	52.27	106	44.73
采掘业	439	191	43.51	248	56.49
食品、饮料	629	296	47.06	333	52.94
纺织、服装、皮毛	364	162	44.51	202	55.49
木材、家具	68	34	50.00	34	50.00
造纸、印刷	240	110	45.83	130	54.17
石油、化学、塑胶、塑料	1 333	681	51.09	652	48.91
电子	1 261	756	59.95	505	40.05
金属、非金属	1 209	544	45.00	665	55.00
机械、设备、仪表	2 877	1 526	53.04	1 351	46.96
医药、生物制品	956	524	54.81	432	45.19
其他制造业	96	38	39.58	58	60.42
电力、煤气及水的生产和供应业	682	302	44.28	380	55.72
建筑业	426	200	46.95	226	53.05
交通运输、仓储业	574	199	34.67	375	65.33
信息技术业	949	631	66.49	318	33.51

续表

行业	总样本	高管非纵向兼任		纵向兼任	
	N	N	%	N	%
批发和零售贸易	986	431	43.71	555	56.29
房地产业	905	392	43.31	513	56.69
社会服务业	583	304	52.14	279	47.86
传播与文化产业	286	118	41.26	168	58.74
综合类	155	56	36.13	99	63.87
合计	15 255	7 626	49.99	7 629	50.01

③控制变量。具体包括以下因素：经过总资产调整的经营性现金净额（Cfo）、资产负债率（Lev）、总资产的自然对数（Size）、企业上市年龄的自然对数（Lnage）、所有权性质（Controller）、是否亏损（Loss）、股票年度回报率的标准差（Std_ret）、现金持有量（Cash）、前三名高管薪酬总额的自然对数（Lnpay）、第一大股东持股比例（Top1）。此外，为了排除行业和年度可能对结果产生的影响，本书还引入了行业（Ind）和年度（Year）的虚拟变量。具体变量的定义如表6-1所示。

（2）模型设计。

为检验高管纵向兼任对公司投资效率的影响，本书建立如下的回归模型：

$$Inv_{i,t} = \alpha_0 + \alpha_1 Tq_{i,t-1} + \alpha_2 Vertical_{i,t-1} + \alpha_3 Tq_{i,t-1} \times Vertical_{i,t-1} + \sum Control + \varepsilon_{i,t-1}$$

$$(6-1)$$

其中，$Control_{i,t-1}$表示控制变量，其他变量定义见表6-2。为了应对可能的内生性问题，本书对所有自变量进行了一期滞后处理。同时，本书采用了两种方法进行回归分析，分别是控制行业与年度效应以及控制年度与公司固定效应。

表6-2 　　　　　　　　　　　　主要变量的定义和说明

变量类型	变量名称	变量符号	变量说明
被解释变量	投资支出	Inv	企业投资，（购建固定资产、无形资产和其他长期资产支付的现金－处置固定资产、无形资产和其他长期资产收回的现金净额）/总资产
解释变量	高管纵向兼任	Vertical	若上市公司董事长或总经理同时在大股东单位任职，则Vertical取1，否则取0

续表

变量类型	变量名称	变量符号	变量说明
控制变量	投资机会	TobinQ	（股票总市值 + 总负债账面净值）/总资产账面价值
	公司规模	Size	总资产的自然对数
	资产负债率	Lev	公司期末负债与总资产的比值
	现金持有量	Cash	现金及现金等价物与期末总资产的比值
	企业年龄	Lnage	企业上市年龄的自然对数
	企业亏损情况	Loss	当净利润为负，则取1，否则为0
	自由现金流量	Cfo	企业经营现金净流量，除以总资产
	股票收益率	Std_ret	股票年度回报率的标准差
	高管薪酬	LnPay	公司前三名高管薪酬总额的自然对数
	企业的产权性质	Controller	国有企业取1，否则为0
	大股东持股比例	Top1	第一大股东持股比例
	年度虚拟变量	Year	控制年度宏观经济影响
	行业虚拟变量	Ind	控制行业经济影响

6.3.3　描述性统计

表 6 - 3 的 Panel A 部分呈现了本书主要变量的描述性统计结果。投资水平（Inv）的平均值为 0.069，表明企业的平均投资率为 6.9%。高管纵向兼任（Vertical）的平均值（以及中位数）为 0.5（1.0），这表明高管纵向兼任的现象在企业中普遍存在。

表 6 - 3 的 Panel B 部分呈现了相关变量的 Pearson 相关系数矩阵。可以观察到，高管纵向兼任（Vertical）、企业投资水平（Inv）以及投资机会（To-binQ）之间存在着明显的相关关系。其余变量（包括未报告的其他控制变量）之间的相关系数的绝对值均在 0.5 以内，这表明多重共线性不会对本书的回归结果产生严重的干扰。

表 6 - 3　　　　　　　　　　**描述性统计与相关性分析**

Panel A：变量的描述性统计

变量	观测数	均值	标准差	最小值	P25	中位数	P75	最大值
Inv	15 255	0.069	0.093	- 0.099	0.015	0.044	0.094	0.544

变量	观测数	均值	标准差	最小值	P25	中位数	P75	最大值
Vertical	15 255	0.500	0.500	0.000	0.000	1.000	1.000	1.000
TobinQ	15 255	2.172	1.507	0.924	1.271	1.668	2.451	10.066
Size	15 255	12.704	1.269	10.106	11.788	12.540	13.428	16.585
Cash	15 255	0.192	0.141	0.012	0.093	0.152	0.252	0.679
Lev	15 255	0.453	0.215	0.048	0.284	0.454	0.620	0.926
Lnage	15 255	2.021	0.833	−0.071	1.429	2.282	2.714	3.098
Loss	15 255	0.096	0.295	0.000	0.000	0.000	0.000	1.000
Cfo	15 255	0.043	0.076	−0.197	0.001	0.042	0.087	0.251
Std_ret	15 255	0.144	0.065	0.055	0.099	0.128	0.170	0.413
Lnpay	15 255	14.126	0.706	12.301	13.684	14.123	14.564	16.047
Controller	15 255	0.472	0.499	0.000	0.000	0.000	1.000	1.000
Top1	15 255	0.363	0.152	0.093	0.240	0.345	0.473	0.755

Panel B：主要变量的相关系数矩阵

变量	A	B	C	D	E	F	G
（A）Inv	1						
（B）Vertical	−0.045***	1					
（C）TobinQ	0.098***	−0.073***	1.000				
（D）Size	−0.072***	0.209***	−0.407***	1.000			
（E）Cash	0.068***	−0.116***	0.113***	−0.236***	1.000		
（F）Lev	−0.127***	0.168***	−0.208***	0.441***	−0.438***	1.000	
（G）Lnage	−0.213***	0.204***	0.077***	0.275***	−0.355***	0.421***	1.000
（H）Loss	−0.095***	0.005	0.073***	−0.078***	−0.131***	0.190***	0.120***

注：***表示1%水平下显著。

6.4 实证回归结果分析

6.4.1 研究假设检验

表6-4提供了对假设H6-1a和假设H6-1b进行检验的回归结果。在模型回归时，第（1）列考虑了年度（Year）与行业固定效应（Ind），而第（2）

列考虑了年度（Year）与公司固定效应（Firm）。回归结果报告了经过稳健标准误调整的 Robust t 值，以增强结果的稳健性。从表 6 - 4 中可以得知，高管纵向兼任（Vertical）与企业投资机会（TobinQ）的交叉项系数（Vertical × To-binQ）分别为 - 0. 003 和 - 0. 004，且在 5% 的显著水平下都表现出显著性。这意味着，如果在 t - 1 期内公司存在高管纵向兼任，那么 t 期的投资效率将更低。这一发现支持了研究假设 H6 - 1a，然而研究假设 H6 - 1b 并未得到支持。

表 6 - 4　　　　　　　　高管纵向兼任与投资效率的回归结果

变量	Inv	Inv
Vertical	0. 009 **	0. 011 ***
	(2. 53)	(2. 79)
Vertical × TobinQ	**- 0. 003 ****	**- 0. 004 ****
	(- 2. 15)	**(- 2. 28)**
TobinQ	0. 009 ***	0. 014 ***
	(7. 18)	(9. 18)
Size	0. 003 ***	- 0. 023 ***
	(3. 59)	(- 6. 67)
Cash	- 0. 021 ***	0. 096 ***
	(- 2. 98)	(7. 71)
Lev	0. 005	- 0. 047 ***
	(0. 89)	(- 3. 83)
Lnage	- 0. 023 ***	- 0. 010 ***
	(- 19. 25)	(- 2. 68)
Loss	- 0. 021 ***	- 0. 020 ***
	(- 7. 36)	(- 6. 45)
Cfo	0. 121 ***	- 0. 012
	(10. 50)	(- 0. 99)
Std_ret	0. 080 ***	0. 070 ***
	(4. 22)	(3. 58)
Lnpay	0. 001	0. 005
	(0. 94)	(1. 60)
Controller	- 0. 009 ***	- 0. 024 ***
	(- 4. 88)	(- 2. 96)
Top1	- 0. 003	0. 065 ***
	(- 0. 58)	(3. 47)
Constant	0. 030 *	0. 266 ***
	(1. 76)	(4. 92)

续表

变量	Inv	Inv
Year & Ind	Yes	Yes
Firm FE	Yes	Yes
N	15 255	15 255
Adj_R^2	0.1059	0.3166

注：*、**、***分别表示10%、5%、1%水平下显著。

6.4.2 稳健性检验

（1）改变投资效率的度量方式。本书还使用 Richardson 投资模型来计算企业的投资效率。结果显示，高管纵向兼任对企业投资效率的抑制作用在非国有企业中更加显著，尤其是加剧了非国有企业的过度投资问题。这与本书后续基于企业产权性质进行的区分检验结果一致。具体的模型如下所示，Invest 代表投资支出，计算方法为（购建固定资产、无形资产和其他长期资产支付的现金 – 处置固定资产、无形资产和其他长期资产收回的现金净额）/总资产。而投资效率（Absinv）则采用 Richardson 投资模型中的残差的绝对值来衡量，较大的值意味着企业的投资效率较低。在分析中，本书同时控制了自由现金流量（Cfo）、大股东占款（Orec）、管理费用率（Mfee）、公司规模（Size）、高管薪酬激励（LnPay）、资产负债率（Lev）、第一大股东持股比例（Top1）、第二至第五大股东持股比例之和（Top25）以及年度和行业的虚拟变量。

Richardson 的资本投资支出模型和高管纵向兼任与投资效率检验的回归模型分别为：

$$INV_t = \alpha_0 + \alpha_1 Tq_{i,t-1} + \alpha_2 Size_{i,t-1} + \alpha_3 Cash_{i,t-1} + \alpha_4 Lev_{i,t-1} + \alpha_5 Lnage_{i,t-1} +$$

$$\alpha_6 Ret_{i,t-1} + \alpha_7 INV_{i,t-1} + \sum Year_{i,t} + \sum Ind_{i,t} + \varepsilon_{i,t} \tag{6-2}$$

$$Absinv_{i,t} = \beta_0 + \beta_1 Vertical_{i,t} + \sum Control_{i,t} + \sum Year_{i,t} + \sum Ind_{i,t} + \varepsilon_{i,t} \tag{6-3}$$

表 6 – 5 是高管纵向兼任与企业投资效率以及两者在不同产权性质下的回归结果。从表 6 – 5 可知，非国有企业中，高管纵向兼任（Vertical）与无效投资效率（Absinv）显著正相关，表明高管纵向兼任抑制企业投资效率。具体地，第（2）列中，因变量为企业过度投资（Overinv），Vertical 的系数显著为

正，表明高管纵向兼任加剧了非国有企业的过度投资，从而降低了投资效率。

表 6 - 5　　　　　　　　高管纵向兼任、产权性质与投资效率

变量	Absinv	Overinv	Underinv	Absinv	Overinv	Underinv
	Controller = 0	Controller = 0	Controller = 0	Controller = 1	Controller = 1	Controller = 1
Vertical	**0.001***	**0.001****	**−0.000**	**−0.001**	**−0.000**	**−0.000**
	(1.67)	**(2.23)**	**(−1.01)**	**(−0.85)**	**(−0.34)**	**(−0.66)**
Constant	0.054***	0.019***	0.033***	0.042***	0.014**	0.028***
	(9.07)	(3.20)	(8.15)	(7.47)	(2.49)	(7.21)
Controls	Yes	Yes	Yes	Yes	Yes	Yes
Year & Ind	Yes	Yes	Yes	Yes	Yes	Yes
N	8 862	8 862	8 862	6 959	6 959	6 959
Adj_R^2	0.0606	0.0178	0.0415	0.0733	0.0311	0.0382

注：*、**、***分别表示10%、5%、1%水平下显著。

（2）PSM 检验。虽然本书已经尽力控制了影响企业投资支出的常见变量，但仍然可能存在遗漏变量引起的内生性问题。为了解决这个问题，本书采用了 PSM（propensity score matching）配对方法来进行缓解。本书根据高管是否存在纵向兼任（Vertical）将样本分为处理组和控制组。在进行配对时，本书利用模型（6-1）中的控制变量按照最近邻匹配法进行配对，以得到配对样本。表 6 - 6 呈现了基于匹配后的控制组和处理组数据进行回归分析的结果。由此发现，高管纵向兼任与托宾 Q 的交叉项系数（Vertical × TobinQ）仍然显著为负，且在至少5%的显著水平下，这进一步证实了本书估计结果的可靠性。图 6 - 1 和图 6 - 2 展示了控制组和处理组的 P - Score 密度函数拟合图。值得注意的是，匹配后的图形明显优于匹配前的情况，这意味着经过匹配后，控制组与处理组的相似性得到了显著提高，从而满足了共同支撑假设。

表 6 - 6　　　　　　　　PSM 内生性问题检验

变量	Inv	Inv
Vertical	0.012**	0.013**
	(2.35)	(2.01)
Vertical × TobinQ	**−0.006****	**−0.006****
	(−2.53)	**(−1.96)**
TobinQ	0.011***	0.015***
	(5.19)	(4.97)

续表

变量	Inv	Inv
Constant	0. 011	0. 247 ***
	(0. 43)	(2. 92)
Controls	Yes	Yes
Year & Ind	Yes	Yes
Firm FE		Yes
N	7 359	7 359
Adj_R^2	0. 1034	0. 3259

注: **、***分别表示5%、1%水平下显著。

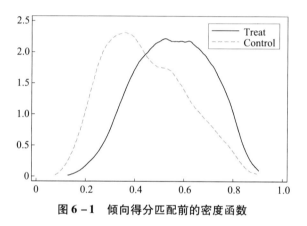

图6-1　倾向得分匹配前的密度函数

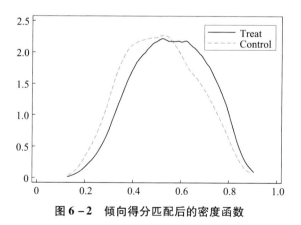

图6-2　倾向得分匹配后的密度函数

6.5　进一步检验

6.5.1　区分纵向兼任高管类型的异质性分析

在中国企业集团中，董事长通常由实际控制人或大股东任命，与大股东之间存在明确或隐含的社会联系。这使得大股东在不同程度上能够对董事长的权力施加制约，并对公司决策产生重大影响。集中的股权结构以及相对不完善的公司治理机制进一步增强了大股东在各个领域，包括投资和融资方面的主导地位。总经理拥有自主管理企业的权力，与董事长形成一种受监督与监督的关系。从权力角度来看，董事长作为公司的法定代表人，拥有法律赋予的最高权力，掌握着公司的战略规划和运营方向。与之相比，总经理直接负责管理公司的运营以及具体事务的执行和决策。因此，董事长相对于总经理拥有更大的权力，对企业的经营和投资等活动产生会更显著的影响。考虑到上述因素，董事长与大股东的利益通常是一致的，因此更可能按照大股东的意图行事，并且更有能力对企业的各项活动产生实质性影响。鉴于这些观点，本书认为，当董事长兼任其他职务时，其对企业投资效率的抑制作用可能会更加显著。

表 6-7 呈现了具体的回归结果。在这里，Vertical_Chair 代表董事长纵向兼任，Vertical_CEO 代表总经理纵向兼任，Ver_Chair_TQ 表示董事长纵向兼任与 TobinQ 之间的交乘项，Ver_CEO_TQ 则代表总经理纵向兼任与 TobinQ 之间的交乘项。研究发现，不论是在同时考虑行业与年度固定效应还是公司与年度固定效应的情况下，Ver_Chair_TQ 的系数均显著为负。这意味着相较于总经理纵向兼任，董事长纵向兼任对企业投资效率的抑制作用更为显著。

表 6-7　　　　　　　　纵向兼任高管类型与企业投资效率

变量	Inv	Inv	Inv	Inv
Vertical_Chair	0. 008 **	0. 011 ***		
	(2. 29)	(2. 75)		
Ver_Chair_TQ	**-0. 003 ***	**-0. 004 ***		
	(-1. 92)	**(-2. 13)**		
Vertical_CEO			0. 009 **	0. 009 *
			(2. 29)	(1. 92)

续表

变量	Inv	Inv	Inv	Inv
– Ver_CEO_TQ			−0. 003	−0. 004 *
			（−1. 56）	（−1. 74）
TobinQ	0. 009 ***	0. 014 ***	0. 008 ***	0. 013 ***
	（7. 13）	（9. 19）	（7. 56）	（9. 75）
Constant	0. 030 *	0. 265 ***	0. 032 *	0. 265 ***
	（1. 77）	（4. 91）	（1. 86）	（4. 91）
Controls	Yes	Yes	Yes	Yes
Year & Ind	Yes	Yes	Yes	Yes
Firm FE		Yes		Yes
N	15 255	15 255	15 255	15 255
Adj_R^2	0. 1058	0. 3165	0. 1056	0. 3161

注：* 、** 、***分别表示10% 、5% 、1% 水平下显著。

6.5.2　区分企业产权性质的异质性分析

不同的产权性质导致了公司治理机制的多样性。随之而来的是高管纵向兼任对投资效率的影响机制也呈现明显的差异。

首先，不同产权形式下的代理问题存在显著的差异。国有企业通常面临"所有者缺位"等一类代理问题，其中，控制者并未拥有国有上市公司或控股股东的收益权。此外，国有企业中纵向兼任的高管往往受到国有资产管理机构和地方人事部门的严格监管，因此降低了其协助大股东侵占上市公司利益的可能性，减轻了第二类代理问题。相比之下，非国有企业的第一类代理问题较轻，主要体现为大股东对中小股东利益的侵占，这是一种较轻的第二类代理问题。

其次，中国金融市场中普遍存在的"信贷歧视"导致非国有企业面临更为严重的融资约束。在这种背景下，非国有企业的大股东更有动机以上市公司为核心建立内部资本市场，将上市公司作为外部融资的渠道和平台。这种动机可能导致通过内部资本市场进行利益输送，进而出现"掏空"上市公司的情况。这种掏空行为使得非国有企业在支持净现值为正的投资项目时面临资源匮乏。相比之下，国有企业的融资渠道相对畅通，而且由于融资约束较小，掏空上市公司的动机较为有限。

综合以上分析，如果高管纵向兼任加剧了大股东的掏空行为，从而降低了企业的投资效率，这种影响在非国有企业中可能表现得更为显著。

表6-8呈现了具体的回归结果。本书将样本按企业的产权性质进行分组后发现，在非国有企业，见第（2）列和第（4）列，也就是私营企业中，高管纵向兼任（Vertical）与投资机会（TobinQ）的交叉项系数（Vertical × TobinQ）呈现显著的负值。这意味着高管纵向兼任对非国有企业的投资效率抑制作用更为明显。

表6-8　　　　　　　　高管纵向兼任、产权性质与企业投资效率

变量	Inv	Inv	Inv	Inv
	（1）国有企业	（2）非国有企业	（3）国有企业	（4）非国有企业
Vertical	0.004	0.012 **	0.005	0.013 *
	(0.93)	(2.46)	(1.08)	(1.93)
Vertical × TobinQ	**−0.002**	**−0.004 ***	**−0.001**	**−0.005 ***
	(−1.00)	**(−1.84)**	**(−0.46)**	**(−1.88)**
TobinQ	0.006 ***	0.011 ***	0.007 ***	0.016 ***
	(2.98)	(6.77)	(3.32)	(7.63)
Constant	0.073 **	0.027	0.478 ***	0.310 ***
	(2.43)	(1.01)	(6.86)	(3.67)
Controls	Yes	Yes	Yes	Yes
Year & Ind	Yes	Yes	Yes	Yes
Firm			Yes	Yes
N	7 129	8 057	7 129	8 057
Adj_R²	0.1317	0.0900	0.3632	0.2987

注：*、**、***分别表示10%、5%、1%水平下显著。

6.5.3　区分大股东掏空动机的异质性分析

如果高管的纵向兼任有助于大股东实施自私的掏空行为，本书假设这种负面影响在两权分离程度较大的情况下会更加明显。这是因为当公司内部权力分配不平衡时，大股东可以用较少的现金流权来获得更大的控制权收益，从而增强了其自私动机。基于这一理念，本书将公司分成两类：大股东掏空动机较高组和掏空动机较低组。根据现金流权和控制权之间的分离程度来划分，本书以现金流权与控制权分离程度的前30%分位数为界，将其位于该分位数之上的

公司划分为掏空动机较高组（H_Sep），而位于分位数之下的公司划分为掏空动机较低组（L_Sep）。从表6-9中可以看出，在掏空动机较高，即两权分离程度较大的公司组（H_Sep = 1）中，高管纵向兼任（Vertical）与投资机会（Tobin）的交叉项系数（Vertical × TobinQ）呈现显著的负值。这表明在两权分离程度较高、大股东掏空动机更为严重的情况下，高管纵向兼任对企业投资效率的抑制作用更加显著。

表6-9   大股东控制权动机与企业投资效率

变量	Inv	Inv	Inv	Inv
	L_Sep = 1	H_Sep = 1	L_Sep = 1	H_Sep = 1
Vertical	0.002	0.016***	0.004	0.018***
	(0.51)	(2.80)	(0.69)	(2.63)
Vertical × TobinQ	**−0.002**	**−0.006****	**−0.002**	**−0.009*****
	(−0.82)	**(−2.19)**	**(−0.97)**	**(−2.77)**
TobinQ	0.008***	0.010***	0.013***	0.016***
	(5.11)	(3.93)	(6.97)	(4.88)
Constant	0.047**	−0.021	0.475***	0.203**
	(2.20)	(−0.66)	(6.41)	(2.16)
Controls	Yes	Yes	Yes	Yes
Year & Ind	Yes	Yes	Yes	Yes
Firm			Yes	Yes
N	7 999	5 173	7 999	5 173
Adj_R^2	0.1296	0.1041	0.3769	0.3616

注：**、***分别表示5%、1%水平下显著。

6.5.4 影响机制检验

正如前面所述，纵向兼任的高管有可能被大股东用来实现私利，例如占用上市公司的资金等。如果是这样的情况，那么相较于没有纵向兼任高管的公司，存在纵向兼任高管的公司可能会更频繁地进行资金占用、涉及更多的关联交易以及交易金额更大。基于这个思路，本书认为，高管的纵向兼任可能加剧大股东的掏空行为，从而对投资效率产生负面影响。具体模型为：

$$\text{Tunnel}_{i,t+1} = \beta_0 + \beta_1 \text{Vertical}_{i,t} + \sum \text{Control}_{i,t} + \sum \text{Year}_{i,t} + \sum \text{Ind}_{i,t} + \varepsilon_{i,t}$$

$$(6-4)$$

在模型（6-4）中运用变量 Tunnel 来反映大股东的掏空行为，这一度量是通过其他应收款占总资产的比例（OREC）以及涉及的关联交易（关联交易次数 NRPT，关联交易额占总资产比例 RPT）来进行的。此外，该模型还以公司特征变量为控制因素，其中包括了常见的因素如公司规模（Size）、资产负债率（Lev）。同时，本书还进一步调整了资产收益率（Roa）、总资产的账面市值比（BM）、公司年龄的自然对数（Lnage）、第一大股东持股比例（Top1）等因素，以及考虑了行业和年度的固定效应，如表 6-10 所示。

表 6-10　　　　　　高管纵向兼任与资金占用、关联交易

变量	(1) OREC	(2) RPT	(3) NRPT
Vertical	**0. 001 *****	**0. 031 *****	**0. 269 *****
	(2. 84)	**(4. 40)**	**(18. 18)**
Constant	0. 026 ***	0. 508 ***	-2. 533 ***
	(7. 46)	(7. 45)	(-18. 51)
Controls	Yes	Yes	Yes
Year & Ind	Yes	Yes	Yes
FirmFE	Yes	Yes	Yes
N	15 607	15 607	15 607
Adj_R^2	0. 1466	0. 1437	0. 4827

注：***分别表示1%水平下显著。

6.6　研究结论

作为一种普遍存在于企业组织结构中的公司治理方式，纵向兼任高管对于公司的投资决策产生着重要影响。本书利用 2009~2016 年非金融 A 股上市公司的数据探究了纵向兼任高管对企业投资效率的影响。研究结果表明，高管的纵向兼任对企业的投资效率产生了抑制作用，也就是说，在存在高管纵向兼任的企业中，投资效率较低。分析不同类型的纵向兼任高管、不同产权性质以及大股东掏空动机的情况后发现，当董事长兼任、非国有企业高管纵向兼任以及企业两权分离度较高时，纵向兼任对企业投资效率的抑制作用更为显著。进一步的影响机制检验显示，纵向兼任高管抑制企业投资效率的主要机制是通过加剧大股东的掏空行为（体现在关联交易增多和资金占用增加）。这一研究结果

揭示出在我国独特的制度背景下，高管纵向兼任可能成为大股东掏空上市公司的一种策略。鉴于当前倡导的投资者保护和提升投资效率以促进经济发展的大环境，本书的发现为公司治理和相关监管政策的制定提供了有益的启示。

本书的结果为抑制大股东的自利行为、提升企业的投资效率提供了有益的借鉴视角。同时，本书丰富了有关高管纵向兼任对经济后果和投资效率影响因素等领域的文献，并通过证据揭示了高管纵向兼任与企业投资效率之间微观机制的关系。此外，本书的发现对于完善公司治理机制和监管政策的制定也具有重要的参考价值。

首先，需要针对国有企业和非国有企业制定有针对性的高管纵向兼任法律法规。由于国有企业与非国有企业在代理问题和公司治理特征等方面存在显著差异，本书发现，高管纵向兼任对非国有企业的投资效率具有更为显著的抑制作用。然而，我国的相关政策法规仅对非国有上市公司的经营管理层在大股东单位的职务担任作出了限制，但上市公司董事长在大股东单位任职的情况仍存在。因此，有必要加强对非国有企业高管纵向兼任的监管措施。

其次，有必要根据不同类型的纵向兼任高管制定相应的制度规范加以限制。研究表明，董事长纵向兼任对企业投资效率的抑制作用更为显著。相关的监管机构和政策制定机构应该根据我国不同类型的纵向兼任高管情况制定相应的任职规定。例如，加强对上市公司董事长纵向兼任的监管和规范，以保障企业投资效率的提升。

最后，有必要建立相应的处罚机制。尽管证监会一直对我国高管的纵向兼任保持严格要求，但是由于缺乏明确的惩罚措施，政策的实施效果受到限制。监管机构不仅应该根据企业的产权性质和纵向兼任高管的类型分类监管上市公司高管纵向兼任可能引发的"利益输送"和损害小股东利益的问题，还应制定相应的惩罚机制作为一种辅助性的治理手段。

第 7 章
高管纵向兼任对企业多元化投资的影响

7.1 引言

已有研究指出，大股东可以将关键职位人员纳入上市公司管理层（严若森和叶云龙，2014；蔡地等，2016）。针对高管纵向兼任的经济后果，已有文献从公司绩效（Arnoldi et al.，2019）、企业价值（郑呆娉等，2014）、会计信息质量（潘红波和韩芳芳，2016）以及企业风险承担（佟爱琴和李孟洁，2018）等多个角度探索了高管纵向兼任可能产生的经济后果。在此基础上，本书进一步深入探讨了高管纵向兼任对企业多元化的影响。具体而言，现有研究中有关纵向兼任高管对公司战略决策的影响探究相对较少；同时，多元化战略能够更好地体现不同外部环境下企业的策略选择。公司的多元化决策不仅可能反映了价值最大化的追求，也可能受到管理层代理问题的影响。因此，考察高管纵向兼任对公司战略决策的作用具有重要的理论和实践意义。本书提出并尝试解答以下问题：高管纵向兼任是否会影响公司的多元化战略选择？在不同的产权性质约束下，多元化战略的表现是否存在差异？对于不同类型的纵向兼任高管，董事长与总经理的纵向兼任是否对多元化经营产生相似的影响？

本书选取了 2009~2016 年中国 A 股市场上的非金融上市公司作为研究样本，对前述研究问题进行了大规模实证研究。研究结果显示，高管纵向兼任对公司多元化的影响受到企业产权性质的差异而显现出多样性。具体而言，在国有企业中，高管纵向兼任抑制了企业的多元化程度；而在非国有企业中，高管纵向兼任则有助于促进企业的多元化战略。当分析不同类型的纵向兼任，即董事长和总经理的纵向兼任时发现，总经理的纵向兼任对企业多元化的影响更加显著。进一步的研究发现，多元化经营降低了公司的绩效，且这种影响在非国有企业中表现得更为显著。此外，针对非国有企业，高管在大股东单位内担任更高级别职位与促进企业多元化战略有着正向关联。本书的研究结果在不同的多元化度量标准下保持了稳定性。

本书的研究意义主要体现在：

首先，拓展高管纵向兼任经济后果的认知。高管纵向兼任作为一种普遍存在的公司治理形式，在国有企业与民营企业十分常见。但目前关于纵向兼任高管的经济后果不一，一些研究发现，纵向兼任有助于降低代理成本（潘红波和韩芳芳，2016），提高公司业绩（Arnoldi et al.，2019）。而另一些研究发现，高管纵向兼任有损企业价值（郑杲娉等，2014）。本书选择了多元化作为研究视角，并针对我国独特的制度背景，考虑了产权性质的制约条件。研究结果揭示，在不同的产权性质下，高管纵向兼任对企业多元化的影响呈现出差异。这一发现在一定程度上支持了中国企业多元化过程中关于资产组合、政府政策以及制度环境等因素的作用（贾良定等，2005）的观点。

其次，本书进一步加深了对于不同约束条件和纵向兼任高管类型影响的理解。之前的研究往往仅在单一情境下讨论高管纵向兼任对某个特定因素的影响，而对于不同约束条件和纵向兼任高管类型作用的探究较为有限。通过选择中国特有的产权性质作为研究背景，并区分总经理和董事长的纵向兼任情况，本书进行了更为细致深入的探讨。这种探索不仅有助于更准确地理解中国制度下纵向兼任高管的影响，也有助于解释以往关于纵向兼任高管作用不一致性的研究结果。

最后，从高管垂直方向兼任的角度扩展了对企业多元化动因的研究。多元化的重要动因包括"价值最大化"和"代理问题"（Jensen et al.，1976；周建等，2017）。以前的研究主要从产业政策、政治关联和政府干预等角度进行了探讨（杨兴全等，2018；郑建明等，2014；陈信元和黄俊，2007）。然而，基于高管兼任影响的微观层面讨论仍相对不足。本书通过纵向兼任高管的视角有益地弥补了这一空白，同时也为多元化动因的探索增添了来自新兴转型经济体的实证证据。

7.2 理论分析与假设发展

从信息传递和委托代理理论的角度来说，既可能是控股股东提高控制权私有收益的需要（郑杲娉等，2014），也可能是控股股东加强对上市公司管理者监督，减轻股东与管理者代理冲突的手段（潘红波和韩芳芳，2016），并且这种效应在不同的产权形式下表现不同。

首先，所有者缺位导致国有企业对经理人的监督缺乏效率，经理人会通过建造个人帝国、在职消费等牟取个人私利。高管纵向兼任通过加强对管理层监督，减弱其多元化自利动机抑制企业多元化。潘红波和韩芳芳（2016）发现，纵向兼任高管可以作为大股东加强对上市公司的监督机制，从而减轻股东与管理者之间的信息不对称，缓解管理层代理问题，提升会计信息质量，而且这种效应主要体现在国有企业。

其次，在非国有企业，高管的纵向兼任通过缓解融资约束及提高大股东私利动机促进企业多元化。由于非国有企业很难获得正规金融体系的资金支持，普遍面临着信贷歧视、融资约束等问题（康永辉和张琳，2015）。而多元化经营能够形成有效的内部资本市场，有助于降低融资成本、缓解企业融资约束。与此同时，高管的纵向兼任地位容易为大股东的自利行为提供便利，进一步助长大股东的机会主义动机：（1）在高管不存在纵向兼任的情况下，企业的两权分离度较高，大股东为了顺利实施自利行为可能需要管理层的合作，甚至需要为此付出一定的代价，例如减少管理层薪酬与绩效的关联性、承诺更多的职权使用权益，实施机会主义行为的难度和成本都较高。然而，一旦公司的高管在大股东所在单位担任职务，就增强了大股东对上市公司的控制权，使大股东能够更直接地介入企业决策的制定与执行过程。（2）高管纵向兼任也加强了大股东对高管的操控能力，使大股东能够直接对纵向兼任的高管施加压力，推动其服从集团公司的决策，而这种合作成本可能更低，甚至可以是零。这迫使上市公司的财务决策首要考虑满足大股东的利益，将高管变成实现控制权收益的手段。（3）高管纵向兼任还减少了大股东获取上市公司信息的组织成本，缩短了信息获取的距离，使其更轻易地获取更多企业内部信息。这有助于掩盖大股东的掏空行为，让企业更难以察觉（潘红波和韩芳芳，2016）。而企业的多元化经营可以增加企业经营的复杂程度，提高大股东与中小股东及外部监管者之间的信息不对称，降低其利益输送被发现的可能性；多元化经营下的企业业务经营范围扩大，大股东更易通过关联交易与其他控制公司进行利益输送。此时，高管纵向兼任可通过缓解融资约束及提高大股东私利动机促进企业多元化，但两种路径下对企业价值的影响相反。综上所述，在不同的产权性质下，高管纵向兼任对企业多元化的影响存在差异。基于此，本书提出研究假设 H7-1：

假设 H7-1a：在国有企业，高管纵向兼任抑制企业多元化。

假设 H7-1b：在非国有企业，高管纵向兼任促进企业多元化。

综合薪酬激励理论与代理理论的视角，董事长和总经理在激励机制和职责分配上存在差异，进而对企业多元化产生不同的影响。从公司治理角度而言，董事长作为董事会核心人物，经由股东大会选出，在一定程度上代表整体股东利益，更加注重提升企业价值。而总经理则享有自主管理企业的权力，作为职业经理人，受到薪酬激励以及经理人市场声誉的影响，他们更渴望在短期内提升公司绩效，多元化经营有助于实现这一经营目标。此外，企业的多元化发展通常还会为企业和经理人带来非经济方面的益处，例如社会知名度和公众信任度的提升。企业实施多元化战略后，经理人通常会获得更广泛的决策权、财务支配权以及人事任免权，从而增强其在企业内的控制地位。由于经理人直接管理企业运营，掌握有关企业运作和财务的第一手信息，因此，其在提出和实施多元化行动方面更加便利，并具备更强的执行力。综上所述，总经理进行多元化的动机及多元化经营的能力均较强，同董事长纵向兼任相比，总经理的纵向兼任对企业多元化的影响更大。基于此，本书提出研究假设 H7-2：

假设 H7-2a：在国有企业，同董事长纵向兼任相比，总经理纵向兼任对多元化经营的影响更大。

假设 H7-2b：在非国有企业，同董事长纵向兼任相比，总经理纵向兼任对多元化经营的影响更大。

7.3 模型构建、变量定义与数据来源

7.3.1 模型构建与变量定义

为检验本书的研究假设，借鉴陈信元和黄俊（2007）、杨兴全等（2018）

以往文献，构建多元回归模型如下：

$$Div_{i,t} = \alpha_0 + \alpha_1 Vertical_{i,t} + \sum Control + \varepsilon_{i,t} \qquad (7-1)$$

模型（7-1）具体包含以下变量。

（1）因变量。变量 Div 用于表示企业的多元化程度，借鉴了陈信元和黄俊（2007）的做法，主要通过如下方式来分别定义：经营行业个数（Divnum），企业实际跨行业经营个数；赫芬德尔指数（Herf），$Herf = \sum p_i^2$，其中，P_i 表示企业第 i 类主营业务收入占总业务收入的比例，Herf 越小表示多元化程度越高；收入熵（Diventro），$Diventro = \sum P_i \times \ln(1/P_i)$，其中，$P_i$ 定义与前相同，Diventro 越大，表示多元化程度越高。

（2）自变量。变量 Vertical 用于表示高管是否同时在上市公司及其大股东单位担任职务。当上市公司的董事长或总经理在大股东单位也有职务时，该变量取值为 1；若不存在这种情况，则取值为 0。

（3）控制变量。模型中的控制变量参考陈信元和黄俊（2007）、杨兴全等（2018）的研究，具体包含企业规模（Size）、资产负债率（Lev）、资产可转移程度（PPE）、盈利状况（Roa）、成长机会（Growth）、经营现金流（Cfo）、第一大股东持股（Top1）、创新投入（Intangible）、企业年龄（Lnage）、市场竞争（HHI）、行业利润率（IndRoa）、市场前景（IndTobinq）及是否垄断（Monopoly）。

表 7-1 是本书主要变量的定义和说明。为减轻极端值影响，本书对所有连续变量进行了上下 1% 的缩尾（Winsorize）处理。

表 7-1　　　　　　　　　　主要变量的定义和说明

变量类型	变量名称	变量符号	变量说明
因变量	企业多元化	Divnum	经营行业个数，企业实际跨行业经营个数
		Herf	赫芬德尔指数，Herf 越小，多元化程度越高
		Diventro	收入熵，Diventro 越大，多元化程度越高
自变量	高管纵向兼任	Vertical	当公司的高管在大股东所属单位担任职位时将该值设为 1，否则设为 0
		Vertical_chair	当公司的董事长在大股东所属单位担任职位时取 1，否则取 0
		Vertical_CEO	当公司的总经理在大股东所属单位担任职位时取 1，否则取 0

变量类型	变量名称	变量符号	变量说明
控制变量	盈利能力	Roa	公司年末净利润与年末资产总额比值
	资产可转移程度	PPE	公司年末固定资产净额与年末资产总额的比值
	创新投入	Intangible	公司年末无形资产净额与年末资产总额的比值
	自由现金流量	Cfo	经营活动产生的现金净流量/年末总资产
	公司成长性	Growth	主营业务收入增长率
	企业年龄	Lnage	企业上市年限的自然对数
	第一大股东持股	Top1	公司年末第一大股东持股数与公司总股数的比值
	公司规模	Size	公司年末总资产的自然对数
	财务杠杆	Lev	公司年末负债总额与资产总额的比值
	行业利润率	IndRoa	企业 Roa 的年度行业中值
	市场前景	IndTobin	企业 TobinQ 的年度行业中值
	市场竞争	HHI	公司主业销售收入/年度行业上市企业主业销售总收入的比值的平方和
	是否垄断行业	Monopoly	企业处于垄断行业为 1，否则为 0
	年度虚拟变量	Year	控制年度宏观经济影响
	行业虚拟变量	Ind	控制行业经济影响
	区域虚拟变量	pro	公司总部所属区域

模型（7-1）中，Vertical 为高管纵向兼任，若研究假设 H7-1 成立，按产权性质分组回归后，在非国有公司组，当因变量是 Divnum 和 Diventro，α_1 应该显著为正；当因变量是 Herf 时，α_1 应该显著为负。在国有公司组，当因变量是 Divnum 和 Diventro，α_1 应该显著为负。当因变量是 Herf 时，α_1 应该显著为正。为检验研究假设 H7-2，本书将 Vertical 替换为 Vertical_chair 和 Vertical_CEO。若研究假设 H7-2 成立，则在非国有公司组，Vertical_CEO 的回归系数应显著为正，Vertical_chair 的回归系数应该为负，或者为正但不显著，或者为正显著但绝对值显著更小；在国有公司组，Vertical_CEO 的回归系数应显著为负，Vertical_chair 的回归系数应该为正，或为负但不显著，或为负显著但绝对值显著更小。

7.3.2 数据来源与样本选取

本书以 2009~2016 年的 A 股非金融上市公司为样本。在样本筛选过程中，本书排除了 ST、PT 异常公司观测以及净资产为负的异常公司观测。为了独立地研究董事长和总经理的纵向兼任对经济后果的影响，本书剔除了总经理与董事长职位合并的观测。为减少极端值的影响，本书对所有连续变量在 1% 水平上进行了缩尾处理。同时，本书排除了存在其他变量数据缺失的观测。最终，获得了 12 082 个可用的样本观测用于实证分析。本书还借助 CSMAR 和 WIND 数据库，并使用 STATA 软件进行数据处理和结果呈现。

7.4　实证结果分析

7.4.1　描述性统计与相关性分析

表 7 - 2 是本章主要变量的描述性统计情况，可以发现，Divnum 的均值为 2.593，最大值为 8，表明上市公司平均跨行业个数接近 3 个，最多 8 个，与杨兴全（2018）的研究结果一致。上述结果验证了我国上市公司整体倾向于多元化经营。由 Vertical 的结果可知，高管纵向兼任存在于超过一半的样本观测中，表明我们所研究问题在现实中存在的普遍性。此外，样本中其他控制变量的描述性统计结果与以往文献较为吻合，不再赘述。

表 7 - 2　　　　　　　　　　　　主要变量的描述性统计

变量	观测数	均值	标准差	最小值	P25	中位数	P75	最大值
Divnum	12 082	2.593	1.724	1.000	1.000	2.000	4.000	8.000
Herf	12 082	0.752	0.243	0.174	0.535	0.843	0.973	1.000
Diventro	12 082	0.394	0.416	0.000	0.018	0.235	0.689	1.439
Vertical	12 082	0.537	0.499	0.000	0.000	1.000	1.000	1.000
Roa	12 082	0.038	0.050	-0.145	0.013	0.034	0.062	0.195
PPE	12 082	0.238	0.177	0.002	0.099	0.201	0.346	0.750
Intangible	12 082	0.049	0.056	0.000	0.015	0.034	0.060	0.358
Cfo	12 082	0.044	0.075	-0.188	0.004	0.043	0.088	0.257
Growth	12 082	0.214	0.626	-0.554	-0.037	0.103	0.274	4.666
Lnage	12 082	2.155	0.788	0.000	1.633	2.429	2.795	3.142
Top1	12 082	0.364	0.154	0.093	0.240	0.343	0.476	0.765
Size	12 082	12.916	1.301	10.325	11.975	12.753	13.672	16.881

续表

变量	观测数	均值	标准差	最小值	P25	中位数	P75	最大值
Lev	12 082	0.460	0.212	0.055	0.292	0.461	0.627	0.902
IndRoa	12 082	0.037	0.011	0.012	0.030	0.037	0.046	0.064
IndTobin	12 082	1.776	0.455	1.093	1.420	1.687	2.082	3.253
Hhi	12 082	0.063	0.093	0.008	0.014	0.024	0.063	0.403
Monopoly	12 082	0.100	0.299	0.000	0.000	0.000	0.000	1.000

表7-3 Panel A 的数据表明，国有企业存在高管纵向兼任的跨行业个数（Divnum）、收入熵（Diventro）的均值和中位数都小于不存在高管纵向兼任的公司，赫芬德尔指数（Herf）的均值和中位数都大于不存在高管纵向兼任的公司，并且 Divnum 和 Herf 的均值与中位数差异检验均显著，表明在国有企业，高管纵向兼任能够显著抑制企业多元化。

表7-3 Panel B 对非国有企业的统计结果表明，在非国有企业中，存在高管纵向兼任的跨行业个数（Divnum）及收入熵（Diventro）均值和中位数同不存在高管纵向兼任的企业相比，均显著较高。而赫芬德尔指数（Herf）的均值和中位数同不存在高管纵向兼任的企业相比较小，揭示了在非国有企业中，高管纵向兼任的企业趋向多元化经营的现象。

表7-3   单变量检验

Panel A	Controller = 1	Vertical = 0	Vertical = 1	Diff	Z 值
Divnum	均值	2.922	2.833	0.089 *	1.935 *
	中位数	3.000	2.000		
Herf	均值	0.719	0.732	-0.013 *	-2.042 **
	中位数	0.786	0.813		
Diventro	均值	0.451	0.436	0.015	1.472
	中位数	0.360	0.306		
Panel B	Controller = 0				
Divnum	均值	2.202	2.445	-0.243 ***	-5.860 ***
	中位数	2.000	2.000		
Herf	均值	0.789	0.762	0.026 ***	5.609 ***
	中位数	0.896	0.863		
Diventro	均值	0.324	0.370	-0.046 ***	-5.967 ***
	中位数	0.123	0.207		

注：*、**、***分别表示10%、5%、1%水平下显著。

表7-4展示了各主要变量之间的 Pearson 相关系数矩阵。可以观察到，企业多元化程度（Divnum/Herf/Diventro）的三种度量之间存在较高的相关关系，相关系数均超过0.6，表明三种度量方法存在内在一致性。高管纵向兼任与企业多元化程度之间显著相关。其他变量之间的相关系数绝对值都在0.5以下，这意味着多重共线性不太可能严重影响本书的回归结果。

表7-4　　　　　　　　　　主要变量的相关系数矩阵

变量	A	B	C	D	E	F	G
（A）Divnum	1						
（B）Herf	-0.674***	1					
（C）Diventro	0.804***	-0.933***	1				
（D）Vertical	0.055***	-0.035***	0.042***	1			
（E）Vertical_CEO	0.0120	0.004	-0.002	0.418***	1		
（F）Vertical_Chair	0.054***	-0.035***	0.043***	0.973***	0.355***	1	
（G）Roa	-0.032***	0.065***	-0.042***	-0.029***	-0.0140	-0.020**	1
（H）PPE	-0.047***	0.049***	-0.050***	0.051***	0.030***	0.060***	-0.145***

注：**、***分别表示在5%、1%水平下显著。

7.4.2　研究假设检验

（1）研究假设 H7-1 检验：产权性质、高管纵向兼任与企业多元化。

研究假设 H7-1 考察了高管纵向兼任对公司多元化的影响在不同产权性质下的差异。基于上市公司的产权性质，本书将样本分成国有公司组和非国有公司组，并运用模型（7-1）进行分组检验。表7-5中 Panel A 呈现了假设 H7-1a 的回归结果。第（1）~（3）列结果显示，与不存在高管纵向兼任的企业相比，高管纵向兼任企业的多元化跨行业个数更少，第（1）列的 Vertical 的系数为-0.165且在1%水平下显著，多元化程度亦更低，第（2）列和第（3）列 Vertical 的系数分别为0.011和-0.021，且均显著。说明国有企业的多元化经营受高管纵向兼任的显著影响，这一发现支持了研究假设 H7-1a。表7-5 Panel B 是本书研究假设 H7-1b 的回归结果。第（1）~（3）列的结果显示，在非国有企业，高管纵向兼任（Vertical）同经营行业个数（Divnum）的系数为正，且在10%水平下显著；赫芬德尔指数（Herf）的回归系数为负，且在5%水平下显著；收入熵（Diventro）的回归系数显著为正，表明在非国有企业，高管的纵向兼任促进了企业的多元化。这一发现支持了研究假设 H7 – 1b。

表 7 – 5　　　　　　　　　　高管纵向兼任与企业多元化

Panel A：国有企业

变量	Divnum	Herf	Diventro
Vertical	**− 0. 165** ***	**0. 011** *	**− 0. 021** *
	（− 3. 57）	**（1. 69）**	**（− 1. 83）**
Roa	− 0. 667	0. 046	− 0. 077
	（− 1. 22）	（0. 57）	（− 0. 58）
PPE	− 1. 363 ***	0. 155 ***	− 0. 284 ***
	（− 8. 83）	（7. 51）	（− 7. 96）
Intangible	1. 427 ***	− 0. 391 ***	0. 493 ***
	（3. 34）	（− 7. 09）	（5. 12）
Cfo	− 0. 589 *	0. 214 ***	− 0. 302 ***
	（− 1. 75）	（4. 49）	（− 3. 76）
Growth	− 0. 043	0. 003	− 0. 003
	（− 1. 25）	（0. 55）	（− 0. 39）
Lnage	0. 274 ***	− 0. 031 ***	0. 048 ***
	（6. 46）	（− 4. 99）	（4. 51）
Top1	− 0. 054	0. 006	− 0. 007
	（− 0. 34）	（0. 27）	（− 0. 19）
Size	0. 310 ***	− 0. 009 ***	0. 035 ***
	（14. 64）	（− 2. 96）	（7. 04）
Lev	− 0. 178	0. 016	− 0. 082 **
	（− 1. 28）	（0. 78）	（− 2. 36）
IndRoa	3. 037	− 0. 097	0. 112
	（0. 84）	（− 0. 19）	（0. 13）
IndTobin	0. 010	− 0. 003	0. 012
	（0. 08）	（− 0. 18）	（0. 40）
HHI	0. 377	0. 114	− 0. 187
	（0. 35）	（0. 75）	（− 0. 70）
Monopoly	0. 082	− 0. 035 **	0. 061 **
	（0. 85）	（− 2. 48）	（2. 52）
Constant	− 0. 775 *	0. 680 ***	0. 277 ***
	（− 1. 83）	（11. 06）	（2. 59）
Pro/Ind/Year	Yes	Yes	Yes
N	6 192	6 192	6 192
Adj_R^2	0. 198	0. 113	0. 138

Panel B：非国有企业

变量	Divnum	Herf	Diventro
Vertical	**0.085 ****	**− 0.013 ***	**0.027 ****
	(2.06)	**(− 1.95)**	**(2.53)**
Roa	− 0.642	0.272 ***	− 0.405 ***
	(− 1.44)	(3.77)	(− 3.47)
PPE	− 0.261 *	0.092 ***	− 0.145 ***
	(− 1.77)	(3.78)	(− 3.57)
Intangible	− 0.296	− 0.033	0.011
	(− 0.75)	(− 0.51)	(0.11)
Cfo	− 0.657 **	0.193 ***	− 0.257 ***
	(− 2.40)	(4.27)	(− 3.65)
Growth	− 0.015	0.002	− 0.001
	(− 0.55)	(0.38)	(− 0.18)
Lnage	0.287 ***	− 0.058 ***	0.081 ***
	(10.82)	(− 13.63)	(11.57)
Top1	− 0.533 ***	0.064 ***	− 0.127 ***
	(− 3.63)	(2.83)	(− 3.34)
Size	0.295 ***	− 0.018 ***	0.046 ***
	(12.80)	(− 4.97)	(7.99)
Lev	0.284 **	− 0.013	0.015
	(2.43)	(− 0.69)	(0.47)
IndRoa	− 4.126	0.498	− 0.378
	(− 1.00)	(0.71)	(− 0.33)
IndTobin	0.131	− 0.021	0.032
	(1.01)	(− 0.99)	(0.93)
Hhi	0.600	0.035	− 0.003
	(0.79)	(0.29)	(− 0.01)
Monopoly	− 0.056	0.018	− 0.026
	(− 0.57)	(1.10)	(− 0.94)
Constant	− 0.973 **	0.969 ***	− 0.176
	(− 2.11)	(13.16)	(− 1.46)
Year/Ind/Pro	Yes	Yes	Yes
N	5 890	5 890	5 890
Adj_R^2	0.145	0.115	0.112

注：*、**、***分别表示10%、5%、1%水平下显著。

（2）研究假设 H7 - 2 检验：纵向兼任高管类型、产权性质与公司多元化。

研究假设 H7 - 2 旨在研究不同产权性质下不同类型的纵向兼任高管对公司多元化的影响。本书根据纵向兼任高管的类型将其分为董事长的纵向兼任和总经理的纵向兼任，然后根据上市公司的产权性质，将样本划分为国有公司组和非国有公司组，并利用模型（7 - 1）进行分组检验。具体结果如表 7 - 6 所示。Panel A 显示，在国有企业，与董事长纵向兼任相比，总经理纵向兼任企业的多元化跨行业个数更少，第（1）列的 Vertical_CEO 的系数为 - 0.182，在 1% 水平下显著且明显大于 Vertical_chair 的系数为 - 0.088，多元化程度亦更低，第（2）列和第（3）列 Vertical_CEO 的系数分别为 0.029 和 - 0.055 且均在 1% 水平下显著，而 Vertical_chair 的系数均不显著。表 7 - 6 Panel B 显示，在非国有企业，与董事长纵向兼任相比，总经理纵向兼任企业的多元化程度亦更高，第（2）列和第（3）列 Vertical_CEO 的系数分别为 - 0.028 和 0.040 且均在 5% 水平下显著，而 Vertical_chair 的系数不显著或系数相对较小。以上结果表明，纵向兼任的高管类型在不同的产权性质下对公司多元化程度具有不同的影响，就企业多元化水平来说，相比董事长纵向兼任，总经理纵向兼任对企业多元化水平的影响更大，这一发现支持了研究假设 H7 - 2a 和假设 H7 - 2b。

表 7 - 6　　　　　　　　　纵向兼任高管类型与企业多元化

Panel A：国有企业

变量	Divnum	Herf	Diventro
Vertical_CEO	**- 0.182 *****	**0.029 *****	**- 0.055 *****
	（- 3.12）	**（3.64）**	**（- 3.96）**
Vertical_chair	**- 0.115 ****	**0.002**	**- 0.006**
	（- 2.40）	**（0.37）**	**（- 0.50）**
Constant	- 0.889 **	0.699 ***	0.241 **
	（- 2.08）	（11.28）	（2.24）
Controls	Yes	Yes	Yes
Year/Ind/Pro	Yes	Yes	Yes
N	6 192	6 192	6 192
Adj_R^2	0.199	0.114	0.139

Panel B：非国有企业

变量	Divnum	Herf	Diventro
Vertical_CEO	**0.054**	**−0.028 *****	**0.040 ****
	(0.90)	**(−2.97)**	**(2.54)**
Vertical_chairman	**0.073**	**−0.005**	**0.017**
	(1.61)	**(−0.75)**	**(1.48)**
Constant	−0.970 **	0.965 ***	−0.170
	(−2.10)	(13.11)	(−1.41)
Controls	Yes	Yes	Yes
Pro/Ind/Year	Yes	Yes	Yes
N	5 890	5 890	5 890
Adj_R^2	0.145	0.117	0.113

注：**、***分别表示 5%、1% 水平下显著。

7.5　稳健性检验

7.5.1　大股东私利动机 VS 融资约束

通过以上分析，在民营企业，高管纵向兼任促进企业多元化的原因有两个：一是从代理问题角度，多元化易加剧大股东代理问题，而高管的纵向兼任会进一步缩小大股东掏空的成本及被发现的可能性，从而加剧大股东的掏空动机，促进多元化经营；二是高管的纵向兼任缩短组织距离、降低信息不对称、提高内部资本市场资金配置效率。在第一个思路逻辑下，两权分离度增大会提高纵向兼任高管对企业多元的促进作用；而在第二个思路逻辑下，则在融资约束程度较高时，高管纵向兼任对企业多元化的影响更加明显。表 7-7Panel A 是大股东私利动机的回归结果。本书在模型（7-1）的基础上加上两权分离程度（Sep）、两权分离程度与高管纵向兼任（Vertical）的交乘项（Ver_sep），重新进行回归。结果显示，两权分离度与高管纵向兼任的交乘项（Ver_sep）系数均显著，支持了大股东基于私利动机通过纵向兼任的高管促进企业多元化的推断。

表 7 - 7   **大股东私利动机 VS 融资约束**

Panel A：高管纵向兼任、两权分离度与公司多元化

变量	Divnum	Herf	Diventro
Vertical	0.067	0.002	0.008
	(1.05)	(0.20)	(0.47)
Ver_sep	**0.847 ***	**- 0.219 *****	**0.352 *****
	(1.76)	**(- 2.88)**	**(2.74)**
Sep	- 1.182 ***	0.140 **	- 0.295 ***
	(- 3.50)	(2.45)	(- 3.13)
Constant	- 1.019 **	0.956 ***	- 0.159
	(- 2.16)	(12.92)	(- 1.31)
Controls	Yes	Yes	Yes
Pro/Ind/Year	Yes	Yes	Yes
N	5 799	5 799	5 799
Adj_R^2	0.1393	0.1162	0.1121

Panel B：高管纵向兼任、融资约束与公司多元化

变量	Divnum		Herf		Diventro	
	FC = 1	FC = 0	FC = 1	FC = 0	FC = 1	FC = 0
Vertical	**0.136 ****	**0.020**	**- 0.018 ***	**- 0.005**	**0.034 ****	**0.020**
	(2.22)	**(0.36)**	**(- 1.94)**	**(- 0.59)**	**(2.19)**	**(1.31)**
Constant	- 0.615	- 1.353 **	1.023 ***	0.975 ***	- 0.157	- 0.256
	(- 0.81)	(- 2.29)	(8.60)	(9.98)	(- 0.80)	(- 1.60)
Controls	Yes	Yes	Yes	Yes	Yes	Yes
Pro/Ind/Year	Yes	Yes	Yes	Yes	Yes	Yes
N	3 098	2 792	3 098	2 792	3 098	2 792
Adj_R^2	0.156	0.152	0.135	0.110	0.123	0.115

注：*、**、***分别表示10%、5%、1%水平下显著。

为检验融资约束对高管纵向兼任与企业多元化关系的影响，本书采用了连玉君等（2008）的方法，以股利支付率作为反映企业融资约束程度的指标 FC。股利支付率较低通常暗示着企业面临较强的融资约束。将 FC 中位数分成两组，若 FC 大于样本中位数，则取 1，否则为 0。进行分组回归后，由表 6 - 7 Panel B 可以发现，只有在 FC 等于 1，股利支付率较高，即企业融资约束程度较低时，高管纵向兼任企业的多元化跨行业个数更多，第（1）列的 Vertical

的系数为 0.136 且在 5% 水平下显著，多元化程度亦更高，第（3）列和第（5）列 Vertical 的系数分别为 −0.018 和 0.034，且均显著。综上所述，高管纵向兼任对企业多元化的影响程度受大股东私利动机的影响，而通过纵向兼任高管构建有效的内部资本市场的效应并未在企业多元化上面得到充分反映。

7.5.2　股权分置改革及新准则的实施对公司治理具有重大影响

本书将 2007 年，即新准则开始实施年份，股权分置改革完成时作为样本研究起始年，2016 年为样本结束年，重新对假设 H7 −1 和假设 H7 −2 进行检验。结果显示，在变更样本区间后，以上的研究结论依然成立。

7.6　进一步检验

7.6.1　多元化与公司绩效

前面发现，国有企业与非国有企业高管的纵向兼任对多元化经营具有相反影响，那么，多元化经营是否有助于企业绩效提升？一方面，在国有企业，高管的纵向兼任能够加强管理层监督、抑制管理层机会主义多元化投资行为、减轻管理层代理问题，从而提高公司绩效；另一方面，高管纵向兼任更有利于大股东通过多元化经营进行利益攫取。在这种情况下，纵向兼任促进多元化经营并降低公司绩效。基于此，本书构建如下模型来检验多元化后的企业绩效，即：

$$ROS_{i,t} = \alpha_0 + \alpha_1 EI_{i,t} + \sum Control + \varepsilon_{i,t} \qquad (7-2)$$

其中，ROS 为企业绩效（净利润/营业收入）[①]；EI 指企业多元化水平，具体包括经营行业个数（Divnum）、赫芬德尔指数（Herf）、收入熵（Diventro）。控制变量参考杨兴全等（2018），包括公司规模、管理层薪酬、独董比例、资产负债率、经营现金流、公司成长机会、第一大股东持股比例与董事会人数等。

表 7 −8 Panel A 的结果表明，当使用经营行业个数（Divnum）、赫芬德尔

[①]　同 ROE 和 ROA 相比，销售净利率 ROS 不易被操纵及粉饰，能够更客观地反映企业利润率。并且，销售净利率在一定程度上还能准确反映企业多元化经营对账面价值的直接影响。

指数（Herf）及收入熵（Diventro）度量企业多元化水平时，多元化程度均与企业绩效显著负相关。第（1）列和第（3）列 EI 的系数分别为 −0.002（5% 水平下显著）和 −0.001（1% 水平下显著），第（2）列 EI 的系数为 0.013（10% 水平下显著）。这些结果表明，高管的纵向兼任有助于大股东通过企业的多元化经营进行利益攫取，并损害企业价值。

上述结果表明，高管纵向兼任对企业多元化程度的影响因企业产权性质而异，具体表现为，国有企业高管纵向兼任抑制企业多元化，而非国有企业纵向兼任促进企业多元化。继而本书进一步分析在国有企业与非国有企业，高管纵向兼任对企业绩效的影响是否相同。表 7 - 8 Panel B 的结果显示，在非国有企业，见第（1）列、第（3）列、第（5）列，多元化程度（EI）与公司绩效显著负相关，第（1）列和第（5）列 EI 的系数分别为 −0.003（10% 水平下显著）和 −0.009（5% 水平下显著）。整体结果表明，非国有企业的多元化经营是大股东攫取私人收益的手段，而高管的纵向兼任促进了非国有企业的多元化经营程度，从而降低了公司绩效。

表 7 - 8　　　　　　　　　企业多元化经营与公司绩效

Panel A：全样本

变量	Divnum	Herf	Diventro
EI	**−0.002 **** **(−2.40)**	**0.013 *** **(1.89)**	**−0.011 ***** **(−2.66)**
Constant	−0.231 *** (−4.56)	−0.246 *** (−4.88)	−0.226 *** (−4.45)
Controls	Yes	Yes	Yes
Pro/Ind/Year	Yes	Yes	Yes
N	12 164	12 763	12 164
Adj_R^2	0.251	0.254	0.251

Panel B：产权性质的影响

变量	Divnum 非国有	国有	Herf 非国有	国有	Diventro 非国有	国有
EI	**−0.003 *** **(−1.91)**	**−0.002** **(−1.29)**	**0.012** **(1.22)**	**0.008** **(0.82)**	**−0.009 *** **(−1.68)**	**−0.010 *** **(−1.67)**
Constant	−0.259 *** (−3.67)	−0.299 *** (−4.07)	−0.273 *** (−3.85)	−0.326 *** (−4.55)	−0.255 *** (−3.60)	−0.293 *** (−3.97)

变量	Divnum		Herf		Diventro	
	非国有	国有	非国有	国有	非国有	国有
Controls	Yes	Yes	Yes	Yes	Yes	Yes
Ind/Year/Pro	Yes	Yes	Yes	Yes	Yes	Yes
N	5 861	6 152	6 087	6 523	5 861	6 152
Adj-R^2	0.236	0.299	0.239	0.300	0.236	0.299

注：*、**、***分别表示10%、5%、1%水平下显著。

7.6.2　纵向兼任高管在大股东单位职务层级的影响

本部分考察纵向兼任高管在大股东单位担任的职位层级对企业多元化的作用。在大股东单位任职级别越高，纵向兼任高管越能影响集团公司有关上市公司的决策。另外，在大股东单位任职级别越高，其经验与能力也往往较高，有助于个人资本转为社会资本。如果高管纵向兼任的最高职位为董事长，则 Chairlk 等于 4；若高管纵向兼任的最高职位为总经理时，则 Chairlk 等于 3；同理，高管纵向兼任的最高职位为董事、副总经理、副董事长等副职时，Chairlk 等于 2；若纵向兼任的高管担任的最高职务为其他时，Chairlk 等于 1；不存在纵向兼任时 Chairlk 为 0。表 7 – 9 Panel A 和 Panel B 是具体的回归结果。不难发现，在非国有企业，纵向兼任高管在大股东单位任职级别与企业多元化程度显著相关。纵向兼任高管在大股东单位任职级别越高，高管纵向兼任企业的多元化跨行业个数越多，第（1）列的 Vertical 的系数为 0.033 且在 1% 水平下显著，第（2）列和第（3）列 Vertical 的系数分别为 – 0.008 和 0.015 且在 1% 水平下显著。这表明在非国有企业，纵向兼任高管的职务级别影响企业的多元化程度。在国有企业，也发现了类似效应。即纵向兼任高管的职务级别与企业多元化程度显著负相关。

表 7 – 9　　　　　　　纵向兼任高管职务层级与企业多元化

Panel A：非国有企业

变量	Divnum	Herf	Diventro
Chairlk	**0.033** ***	**– 0.008** ***	**0.015** ***
	(2.74)	**（– 4.22）**	**(4.72)**

续表

变量	Divnum	Herf	Diventro
Constant	−0. 948 ** (−2. 06)	0. 958 *** (13. 05)	−0. 157 (−1. 30)
Controls	Yes	Yes	Yes
Pro/Ind/Year	Yes	Yes	Yes
N	5 890	5 890	5 890
Adj_R^2	0. 145	0. 117	0. 115

Panel B：国有企业

变量	Divnum	Herf	Diventro
Chairlk	**−0. 021** **(−1. 61)**	**0. 001** **(0. 34)**	**−0. 001** **(−0. 28)**
Constant	−0. 821 * (−1. 93)	0. 682 *** (11. 07)	0. 274 ** (2. 56)
Controls	Yes	Yes	Yes
Pro/Ind/Year	Yes	Yes	Yes
N	6 192	6 192	6 192
Adj_R^2	0. 197	0. 112	0. 137

注： * 、 ** 、 *** 分别表示10% 、5% 、1% 水平下显著。

7.7 研究结论

作为一种普遍存在于企业组织结构中的公司治理安排，纵向兼任高管对于公司战略制定和治理水平的影响不容忽视。本书选取了 2009 ~ 2016 年中国非金融类 A 股上市公司作为研究样本，着眼于研究纵向兼任高管对企业多元化的影响。研究发现，不同的产权性质下，高管纵向兼任对企业多元化的影响存在差异，具体来说，在国有企业，高管纵向兼任通过加强对管理层监督抑制企业多元化；而在非国有企业，由于大股东私利动机的驱使，高管纵向兼任促进企业多元化。针对纵向兼任高管的类型展开的研究显示，不同类型的纵向兼任高管对多元化影响存在差异，总经理纵向兼任对企业多元化促进（抑制）的作用更大。此外，高管纵向兼任对企业多元化影响的经济后果则是降低了公司绩效，支持了大股东攫取私人收益的结论。在非国有企业，纵向兼任高管在大股东单位担任级别越高，越有助于促进企业多元化。本书结合我国特殊的制度背景，从企业产权性质的角度研究发现，只有将我国制度环境纳入多元化研究体系中，才能更好地解释我国企业的多元化现象。

　　本书的发现通过提供一种有益的视角用于遏制大股东的私利行为。本书对高管纵向兼任的经济影响以及多元化经营的影响因素等相关领域的文献作出了一定的贡献。此外，本书的结果对于完善公司治理机制和监管政策的制定具有重要的参考价值。国有企业和非国有企业有必要根据其代理问题和公司治理特点的差异，分别制定高管纵向兼任的法律法规。这两种类型的企业存在显著的区别，因此，需要有针对性地规范高管纵向兼任现象。本书发现，高管纵向兼任有助于抑制国有企业管理层的机会主义行为，进而抑制企业多元化，而在非国有企业，高管的纵向兼任则更多地体现了大股东掏空动机，提高了企业多元化程度。本书得到的结论提示监管部门及政策制定机构，在制定高管纵向兼任的相关约束规范时应考虑产权性质的差异，对两类企业高管的纵向兼任进行分类管理，比如在国有企业，应该通过高管纵向兼任更好地监督上市公司，而在非国有企业，投资者应对存在高管纵向兼任的企业保持关注，而制度监督者则应加强对这类公司的监管。

第 8 章
高管纵向兼任与银行贷款

8.1 引言

长期以来，银行是我国金融体系的主导，银行融资也成为我国企业最主要的融资方式。已有研究发现，银行融资（表内融资与表外融资之和）始终在我国全部社会融资中占有主导地位。从 2007 年以来，直接融资增长缓慢，但表内融资一路攀升。银行贷款成为全球债务融资的主要来源，但我国对公司债务结构影响因素的理解仍然十分有限。部分原因是缺乏有关公司债务结构的详细数据（Colla et al.，2013）。已有研究发现，会计信息质量、所有权结构和产品市场相关的因素会影响企业对于银行债务的选择（Boubaker et al.，2017；Bharath and Hertzel，2019；Boubakri and Saffar，2019）。

连锁董事现象吸引了实务界与学术界的广泛关注，但关于高管纵向兼任的文献相对较少。少数学者从会计信息质量、企业价值、企业社会责任披露及资产剥离战略等多种角度研究了高管纵向兼任的经济后果（潘红波和韩芳芳，2016；郑杲娉等，2014；董晓洁等，2017；薛有志等，2022）。然而，现有文献较少关注高管纵向兼任这一公司治理安排是否会影响到上市公司的银行贷款能力。

高管纵向兼任可能对企业银行贷款的获取产生两方面影响：一方面，由于银企借贷信息不对称的存在，借款企业对项目信息和抵押品价值有更充分的认知，而高管的纵向兼任进一步为上市公司借款提供了大股东的担保和背书，此时银行面临的违约风险和损失减少，向企业发放贷款的意愿增加；另一方面，高管纵向兼任可以通过更强的控制、更短的组织距离加剧大股东对上市公司的掏空，并导致公司业绩或企业价值等公司基本面信息的损害，从而降低企业的偿债能力，这将提高银行面临的债务违约风险。因此，银行在面对存在高管纵向兼任的公司时往往会采取更为保守的态度。这意味着他们可能不太愿意向这些上市公司提供贷款，或者会以更高的贷款利率和更严格的贷款条款来控制贷款风险，从而使得这些存在高管纵向兼任的公司面临更严格的银行贷款限制。本书的目标是在理论层面对高管纵向兼任对企业获得银行贷款的影响进行深入分析，并通过实证检验来填补现有文献在这方面的空白。具体而言，本书试图回答以下问题：高管纵向兼任是否会对企业的银行贷款产生影响？如果有影响，其具体的影响机制是什么？

本书以 2009～2019 年在我国沪深两市上市的 A 股公司作为研究样本，旨在探讨高管纵向兼任对企业银行贷款的影响。研究结果揭示，高管纵向兼任会使企业获得银行贷款变得更加困难，具体表现为企业当年更不可能获得银行贷款，年度新增的银行贷款数额更少。进一步的研究表明，高管纵向兼任对企业银行贷款的负面影响仅在纵向兼任的高管类型为董事长时成立。并且，存在高管纵向兼任公司的贷款成本及银行贷款利率显著高于不存在高管纵向兼任的企业。机制检验的结果表明，高管纵向兼任主要通过加剧大股东代理问题进而抑制上市公司银行贷款可得性。

本书在理论层面提供了多方面的贡献。首先，通过探究高管纵向兼任现象，本书丰富了有关企业银行贷款影响因素的研究。企业获得银行贷款受到众多宏观和微观因素的共同影响，现有文献在宏观层面从货币政策（叶康涛和祝继高，2009）、产业政策（陈冬华等，2010）、社会责任（张敦力和李四海，2012），在微观层面从企业会计信息质量（孙铮等，2006）、股权结构（Boubakri and Saffar，2019）、高管股权风险承担激励（Chen et al.，2021）、政治关系（余明桂和潘红波，2008）及银行关联（Lin et al.，2012）等角度探究了企业对于银行债务的选择，并得到了丰富的研究成果。然而，这些研究未充分考虑我国特殊的制度背景，尤其是高管纵向兼任对企业银行贷款的影响。因此，本书从高管纵向兼任的视角出发，进一步探究了企业银行贷款的影响因素，以填补以往文献的研究空白。其次，本书也为高管纵向兼任可能带来的经济后果提供了更多的实证支持。以往文献主要从会计信息质量、公司业绩和企业价值、审计师决策、现金持有、股价崩盘风险等角度考察高管纵向兼任的经济后果（潘红波和韩芳芳，2016；郑杲娉等，2014；宋衍蘅等，2020；Chen and Yang，2019；Yang et al.，2021），在一定程度上忽略了高管纵向兼任对企业银行贷款的影响。本书将高管纵向兼任与银行贷款决策关系的研究进行了拓展。最后，通过进一步探究大股东掏空、大股东担保质押对高管纵向兼任与企业银行贷款两者关系的作用机制，为高管纵向兼任影响企业银行贷款的具体机理，以及我国制度背景下的特殊产物——高管纵向兼任如何影响信贷市场资源配置提供了证据。

8.2　理论分析与研究假设

一方面，高管纵向兼任将加剧大股东掏空行为并进一步损害企业价值，从而降低企业的还款能力。存在高管纵向兼任的公司，大股东可以通过纵向兼任的高管对上市公司实施更强的控制，侵占其他股东利益、进行机会主义隧道行为的成本更低，因此，高管纵向兼任将显著提高大股东自利动机。已有研究也证实了这一结论，例如，郑杲娉等（2014）指出，高管纵向兼任会增加企业与担保相关的关联交易次数及规模，强化控股股东侵占效应，从而降低企业价值。陈和杨（Chen and Yang，2019）发现，高管纵向兼任会损害上市公司的现金持有价值。杨等（Yang et al.，2021）发现，存在纵向兼任的公司，控股股东更可能隐藏坏消息的披露，从而加剧公司股价崩盘的风险。高管纵向兼任导致的大股东"掏空"动机与"侵占"效应将通过损害企业价值、影响发展可持续性等渠道降低企业的还款能力，导致债权人面临更高的债务违约风险。基本面信息的变化也会引发银行对于上市公司贷款的关注，对于此类公司，不予以贷款或缩小贷款规模是银行的理性选择。因此，对于存在高管纵向兼任的上市公司，债权人会采取更保守的态度，更不可能给予企业贷款，或给予更少的贷款金额以控制违约风险，这也使存在高管纵向兼任公司的银行贷款约束更强。

另一方面，纵向兼任会带来大股东更高程度背书或者担保，从而降低债务风险。存在高管纵向兼任的企业能够获得更高程度的外部融资担保，如集团成员之间通过相互担保使对方获取资金支持（Shin and Park，1999）。控股股东与单个上市公司面临的融资约束水平存在结构性差异。控股股东的融资约束程度与整个集团的违约风险水平相关。然而，在没有控股股东担保的情况下，上市公司面临的融资约束将与其个体违约风险水平有关。高管纵向兼任为企业提供了大股东的隐性担保或信用支持，从而减少了经营风险。这种情况下，外部对企业债务违约的预期会降低，进而减少了银行信贷供应风险，有助于企业获得更多的贷款。除此之外，存在高管纵向兼任的公司更可能获得集团公司或母公司的直接借款担保，从而发挥显性保险效应。关联担保能够转移集团内部风险，正如王彦超和陈思琪（2017）所指出的，当上市公司在履约能力方面存在不足时，责任将进一步转移到控股股东身上。这种风险转移效应可以被描述为，当违约风险显现时，控股股东会承担更多的履约责任。这一效应将降低上市公司层面违约对外部控制者造成的损失，从而缓解融资约束。综上所述，高管纵向兼任能够减少债务风险，便于企业获取银行贷款，但也可能增大债务风险，不利于企业获取银行贷款。据此，本书提出两个竞争性假设：

假设 H8 - 1a：存在高管纵向兼任的企业，更可能获取银行贷款，且获取的银行贷款数额更多。

假设 H8 - 1b：存在高管纵向兼任的企业，更不可能获取银行贷款，且获取的银行贷款数额更少。

8.3　样本选择与研究设计

8.3.1　样本选择与数据来源

本书所用的样本数据来自 2009 ~ 2019 年的中国沪深 A 股上市公司，其中，高管纵向兼任和银行借款的数据源自国泰安数据库（CSMAR）。同时，上市公司的基本信息、财务数据以及公司治理数据也从 CSMAR 数据库获取。实证分析主要基于公司 - 年度层面的观测数据进行。在数据处理方面，本书采取了以下步骤：第一，排除了金融行业的公司；第二，剔除了存在相关财务数据缺失的公司；第三，为了减少异常值的影响，对所有连续变量进行了 1% 水平的 Winsorize 处理。最终，本书得到了 18 414 个公司 - 年度的观测数据。

8.3.2　变量与模型

为了验证本书的研究假设 H8 - 1，即高管纵向兼任是有助于企业获取银行贷款还是不利于企业获取银行贷款，本书采用的 OLS 回归模型为：

$$Outcome_{i,t+1} = \alpha_0 + \alpha_1 Vertical_{i,t} + \sum Control_{i,t} + \sum Year_{i,t} + \sum Ind_{i,t} + \varepsilon_{i,t}$$

$$(8-1)$$

模型（8-1）具体包含以下变量。

（1）因变量。本书以两种方式度量公司信贷资源的获取。Loan 是虚拟变量，若企业在当年获取至少一笔银行贷款则该值为1，否则为0。同时，企业在一年内可能获得多次贷款，本书构建了另一个指标来反映企业当年获取的银行贷款的平均数额。LogLoanAmt 用企业本年度新增银行贷款金额加 1 取自然对数表示，如果该年度企业未获取银行贷款 LogLoanAmt，则取值为 0。

（2）自变量。Vertical 表示高管是否纵向兼任。如果上市公司董事长或总经理同时在大股东单位任职则取值为 1，否则为 0。

（3）控制变量。根据以往文献影响银行贷款的因素，本书的控制变量如下：公司规模（Size），年末资产总额的自然对数；有形资产比例（FixAsset），固定资产占总资产的比重；董事会规模（Boardsize），公司年末董事会人数的自然对数；银行关联（D_bank），若上市公司管理层曾经或正在银行任职，则认为具备银行关联，D_bank 取 1，否则取 0；是否亏损（Loss），当年净利润小于 0，Loss 取 1，否则取 0；盈余波动性（EarnVol），前四年息税前利润的标准差；偿债能力（CurrentRatio），流动负债/流动资产；市账比（BM），股东权益的账面价值和市值之比；研发费用（RD），研发支出/总资产。此外，模型中还控制了行业和年度固定效应，并在公司层面进行了 Cluster 处理。

模型（8-1）中，若研究假设 H8-1a 成立，则 Vertical 的系数 α_1 应该显著为正，高管纵向兼任便于企业获取银行贷款，且获取的银行贷款数额更多。若研究假设 H8-1b 成立，Vertical 的系数 α_1 应该显著为负，即纵向兼任使企业更不可能获取银行贷款，且获取的银行贷款数额更少。模型（8-1）中的变量定义和说明如表 8-1 所示。

表 8-1 主要变量的定义与说明

变量类型	变量名称	变量符号	变量说明
被解释变量	是否获得银行贷款	Loan	虚拟变量，若企业在当年获取至少一笔银行贷款则为1，否则为0
	年度新增银行贷款	LogLoanAmt	用企业本期新增银行贷款金额加1取自然对数表示

变量类型	变量名称	变量符号	变量说明
解释变量	纵向兼任	Vertical	如果公司董事长或总经理在大股东单位任职取 1，否则取 0
控制变量	公司规模	Size	公司年末资产总额的自然对数
	有形资产比例	FixAsset	固定资产占总资产的比重
	董事会规模	Boardsize	公司年末董事会人数的自然对数
	银行关联	D_bank	若上市公司管理层曾经或正在银行任职，则认为具备银行关联，D_bank 取 1；否则认为不具备银行关联，D_bank 取 0
	是否亏损	Loss	当年净利润小于 0，Loss 取 1；否则取 0
	盈余波动性	EarnVol	前四年息税前利润的标准差
	偿债能力	CurrentRatio	流动负债/流动资产
	市账比	BM	股东权益的账面价值和市值之比
	研发费用	RD	研发支出/总资产

8.4　实证结果分析

8.4.1　样本分布与描述性统计

表 8-2 报告了高管纵向兼任的年度与行业分布。从年度分布上看，样本比例最高的是 2012 年，占比 55.86%；样本数最少的是 2019 年，占比 25.17%。以 2012 年为分界点可以发现，2009~2012 年存在高管纵向兼任的公司比例逐年上升，之后有一定下降，但仍高于 1/4。在样本的行业分布方面，制造业样本数量远超过其他行业，因此，为了避免样本分布的严重偏斜，本书进一步根据证监会的行业代码对制造业进行了细分。结果显示，高管纵向兼任在各个行业中的分布并不均衡。举例来说，在交通运输、住宿及餐饮等行业中，有超过 60% 的样本存在高管纵向兼任现象，而在信息技术行业，这一比例仅为 31.16%。这也说明了在实证分析中控制样本行业、年度的必要性。

表 8 - 2 样本分布

Panel A：年度分布

项目	2009年	2010年	2011年	2012年	2013年	2014年	2015年	2016年	2017年	2018年	2019年
纵向兼任（%）	51.97	50.41	49.07	55.86	54.70	53.68	50.35	42.84	38.85	37.26	25.17
非纵向兼任（%）	48.03	49.59	50.93	44.14	45.30	46.32	49.65	57.16	61.15	62.74	74.83

Panel B：行业分布

行业	百分比	行业	百分比
交通运输、仓储业	61.88	批发和零售贸易	46.55
传播与文化产业	48.13	木材、家具	35.48
住宿及餐饮业	61.02	机械、设备、仪表	40.92
信息技术业	31.16	电力、煤气及水的生产和供应业	49.18
其他制造业	46.43	电子	35.51
农林牧渔业	37.73	石油、化学、塑胶、塑料	44.12
医药、生物制品	39.10	社会服务业	40.11
建筑业	45.86	纺织、服装、皮毛	47.22
房地产业	55.99	综合类	50.00
造纸、印刷	44.59	采掘业	48.87
金属、非金属	49.91	食品、饮料	46.23
合计			44.24

表 8 - 3 报告了本书主要变量的描述性统计结果。表 8 - 3 显示，Loan 的均值为 0.601，表明 60% 的公司至少获得一笔银行贷款。高管纵向兼任（Vertical）的均值为 0.443，与潘红波和韩芳芳（2016）比较接近。此外，企业账面价值与市场价值的比值（BM）为 0.648，研发资产（RD）的均值为 0.015，表明资产中的 1.5% 是研发资产，企业是否亏损（Loss）的均值为 0.099，表明 10% 的公司在某一年度处于亏损状态（Loss）。其他变量的描述性统计结果与以往研究文献类似，不再赘述。

表 8 - 3　　　　　　　　　　　主要变量的描述性统计

变量	观测数	均值	标准差	最小值	P25	中位数	P75	最大值
Loan	18 414	0.601	0.490	0.000	0.000	1.000	1.000	1.000
LogLoanAmt	18 414	3.228	2.981	0.000	0.000	3.675	5.744	9.444
Vertical	18 414	0.443	0.497	0.000	0.000	0.000	1.000	1.000
Size	18 414	13.188	1.299	10.791	12.255	13.008	13.925	17.119
FixedAsset	18 414	0.235	0.174	0.002	0.096	0.201	0.340	0.733
BoardSize	18 414	8.765	1.758	5.000	8.000	9.000	9.000	15.000
D_bank	18 414	0.388	0.487	0.000	0.000	0.000	1.000	1.000
Loss	18 414	0.099	0.299	0.000	0.000	0.000	0.000	1.000
EarnVol	18 414	0.035	0.041	0.002	0.013	0.023	0.040	0.272
CurrentRatio	18 414	1.715	1.182	0.251	1.021	1.416	2.026	7.470
BM	18 414	0.648	0.239	0.144	0.464	0.651	0.832	1.151
RD	18 414	0.015	0.017	0.000	0.000	0.010	0.023	0.084

8.4.2　实证结果

表 8 - 4 报告了本书主要研究假设的实证检验结果，即高管纵向兼任对企业银行贷款的影响。其中，第（1）列和第（2）列的被解释变量分别为是否获得银行贷款（Loan）和年度新增银行贷款的数额（LogLoanAmt）。回归结果显示，因变量 Loan 及 LogLoanAmt 的估计系数均显著为负，说明同不存在高管纵向兼任企业相比，存在高管纵向兼任的企业更不可能获得银行贷款，且获取的银行贷款规模也更小。上述结果支持了本书的主要研究假设 H8 - 1b，即存在高管纵向兼任的企业更不可能获取银行贷款，且获取的银行贷款数额更少。这一结论支持高管纵向兼任加剧大股东掏空行为，从而提高企业债务风险，不利于信贷市场的债务融资。

表 8 - 4　　　　　　　　　　　纵向兼任与银行贷款

变量	(1) Loan	(2) LogLoanAmt
Vertical	- 0.017 **	- 0.118 **
	(- 2.18)	(- 2.48)
Size	0.010 **	0.646 ***
	(2.44)	(22.50)

变量	(1) Loan	(2) LogLoanAmt
FixedAsset	− 0.392 *** (− 13.53)	− 2.422 *** (− 13.47)
BoardSize	− 0.001 (− 0.53)	− 0.031 ** (− 2.05)
D_bank	0.015 * (1.92)	0.115 ** (2.48)
Loss	− 0.035 *** (− 2.68)	− 0.138 * (− 1.86)
EarnVol	− 0.764 *** (− 7.47)	− 2.392 *** (− 4.13)
CurrentRatio	− 0.057 *** (− 16.12)	− 0.409 *** (− 22.42)
BM	0.062 *** (2.64)	0.366 *** (2.58)
RD	0.705 ** (2.51)	2.278 (1.42)
Constant	0.655 *** (12.51)	− 3.749 *** (− 10.76)
N	18 336	18 336
Year & Ind	Yes	Yes
Adj_R^2	0.043	0.149

注：* 、 ** 、 ***分别表示10% 、5% 、1% 水平下显著。

控制变量方面，公司规模（Size）、银行关联（D_bank）、账面市值比（BM）与获得银行贷款的可能性及贷款金额显著正相关。账面价值占市场价值比值越高的企业越可能获得银行贷款，且获得的银行贷款金额越多。有形资产比例（FixedAsset）、是否亏损（Loss）、盈余波动性（EarnVol）、偿债能力（CurrentRatio）的系数显著为负，表明有形资产的比例越高、盈余波动越大、流动负债比例越高的企业越不可能获得银行贷款，且获得的银行贷款金额也越少。

8.5　稳健性检验

8.5.1　PSM-OLS

高管纵向兼任的存在与否可能会导致公司之间存在一些系统性差异，并影响公司的银行贷款能力。为了减轻这些系统性差异对研究结论的影响，本书采用倾向性评分匹配（PSM）的方法重新对样本进行实证检验，以解决这个问题。利用模型（8－1）中所有控制变量，具体包括公司规模（Size）、有形资产比例（FixAsset）、董事会规模（Boardsize）、银行关联（D_bank）、是否亏损（Loss）、盈余波动性（EarnVol）、盈利能力（ROE）、偿债能力（Current-Ratio）、资产负债率（Lev）、市账比（BM）、研发费用（RD）以及独立董事比例（Indep）、公司成长性（Growth）作为匹配变量，通过采用一对一最近邻匹配方法筛选出配对样本，并使用这些配对样本重新进行了回归分析。为了确保匹配效果和平衡性，本书在回归分析之前进行了平衡性检验，其结果在表 8－5 的 Panel A 中呈现。平衡性检验结果表明，在控制组和实验组之间，所有相关变量都没有呈现显著的偏差，表明 PSM 匹配效果良好。在使用匹配后的控制组和实验组数据进行回归分析后得到了表 8－5 的 Panel B 中的结果。这些结果显示，高管纵向兼任（Vertical）系数仍然显著为负，本书的主要实证结果依然稳健。

表 8－5　　　　　　　　　　　采用 PSM 方法的测试

Panel A：平衡性检验

变量		Mean		t-value	Reduct（%）|bias|
		Vertical = 1	Vertical = 0		
Size	Umatched	13.408	13.014	20.72***	
	Matched	13.407	13.378	1.410	92.5
FixedAsset	Umatched	0.251	0.222	11.34***	
	Matched	0.251	0.251	0.140	98.6
BoardSize	Umatched	8.950	8.619	12.76***	
	Matched	8.948	8.975	−0.930	92.0
D_bank	Umatched	0.381	0.394	−1.78*	
	Matched	0.381	0.379	0.230	86.7
Loss	Umatched	0.092	0.105	−2.91***	
	Matched	0.092	0.086	1.410	51.5
EarnVol	Umatched	0.034	0.036	−3.76***	
	Matched	0.034	0.035	−1.380	61.7
CurrentRatio	Umatched	1.599	1.808	−11.93***	
	Matched	1.600	1.575	1.440	88.1
BM	Umatched	0.668	0.633	9.95***	
	Matched	0.668	0.663	1.360	85.4

变量		Mean		t-value	Reduct（%）｜bias｜
		Vertical = 1	Vertical = 0		
RD	Umatched	0.012	0.016	− 15.18 ***	
	Matched	0.012	0.012	1.430	90.9

Panel B：PSM 后回归结果

变量	（1） Loan	（2） LogLoanAmt
Vertical	− 0.019 * （− 1.79）	− 0.126 ** （− 2.06）
Constant	0.709 *** （9.83）	− 3.574 *** （− 7.65）
Controls	Yes	Yes
N	9 586	9 586
Year & Ind	Yes	Yes
Adj_R^2	0.044	0.144

注：*、**、***分别表示10%、5%、1%水平下显著。

8.5.2　采用滞后的高管纵向兼任

本书将是否纵向兼任（Vertical）滞后一期缓解可能存在的内生性问题。公司本期是否获取银行贷款以及获取贷款金额的大小难以影响上一期高管是否纵向兼任（Lvertical）。主要检验结果如表 8 − 6 第（1）列和第（2）列所示，Lvertical 的系数均为负，且在 1% 水平下显著，再次支持了本书的结果。

8.5.3　变更因变量银行贷款的度量

本部分参考路等（Lu et al.，2012）及戴亦一等（2019）的度量方法，将因变量替换为企业当年是否获取短期借款或长期借款的虚拟变量（Loan_T）以及企业当年短期借款与长期借款之和的变化量加 1 的自然对数（Banklev_T）进行稳健性检验。表 8 − 6 第（3）列和第（4）列展示了变换银行贷款度量方式后稳健性检验的实证结果。回归结果显示，Vertical 的估计系数仍然显著为负，与主回归的结果保持一致。

因变量	自变量滞后一期		变更银行贷款的度量	
	（1） Loan	（2） LogLoanAmt	（3） Loan_T	（4） Banklev_T
Lvertical	**-0.022 *****	**-0.157 *****		
	（-2.79）	（-3.38）		
Vertical			**-0.014 ***	**-0.091 ****
			（-1.77）	（-2.01）
Constant	0.653 ***	-3.763 ***	0.679 ***	-3.279 ***
	(12.44)	(-10.79)	(13.09)	(-9.68)
Controls	Yes	Yes	Yes	Yes
N	18 302	18 302	18 662	18 662
Year & Ind	Yes	Yes	Yes	Yes
Adj_R^2	0.043	0.149	0.038	0.132

表 8-6　　　　　　　　　　采用滞后的高管纵向兼任的测试

注：*、**、***分别表示 10%、5%、1% 水平下显著。

8.5.4　增加公司特征变量及地区变量

本书在模型（8-1）的基础上添加更多控制变量以减少遗漏变量的影响，包括反映企业融资需求的变量（Fcfi），用经营现金净流量减去投资现金净流量后再除以期初总资产，年末净利润/总资产（Roa）、第一大股东持股比例（Top1）、地区人均 GDP（PerGDP）。结果如表 8-7 第（1）列和第（2）列所示，Vertical 的系数均为负，且至少在 10% 水平下显著。本书主要的回归结果保持不变。

8.5.5　控制省份固定效应

虽然前面基准模型中加入了一系列控制变量，依然可能存在遗漏变量导致的内生性问题。为此，本书变换模型固定效应以更好地控制某些不随时间变化的因素。具体地，在原来控制行业—年度固定效应的基础上同时控制省份固定效应。表 8-7 的第（3）列和第（4）列检验结果显示，改为控制行业—年份—省份固定效应后，Vertical 的回归系数均在 5% 水平下显著为负，本书主要结论未发生实质性变化。

8.5.6 采用双重聚类调整回归方法的测试

考虑到样本数据可能具有的集聚性特征，为使本书的结论更加稳健，本书对 t 值进行公司—年度层面的双 Cluster 调整。回归结果如表 8 - 7 第（5）列和第（6）列所示。Vertical 的系数均为负，且至少在 5% 水平下显著。本书的结论保持不变。

表 8 - 7 加入更多控制变量的测试

变量	控制公司特征变量及地区变量		控制省份固定效应		双重聚类调整	
	(1) Loan	(2) LogLoanAmt	(3) Loan	(4) LogLoanAmt	(5) Loan	(6) LogLoanAmt
Vertical	− 0. 015 * (− 1. 83)	− 0. 089 * (− 1. 87)	− 0. 017 ** (− 2. 18)	− 0. 118 ** (− 2. 70)	− 0. 017 ** (− 2. 33)	− 0. 118 *** (− 2. 76)
Fcfi	0. 243 *** (9. 10)	1. 921 *** (11. 14)				
Top1	− 0. 005 (− 0. 20)	− 0. 168 (− 0. 99)				
ROA	− 0. 310 *** (− 3. 06)	− 3. 285 *** (− 5. 76)				
PerGDP	− 0. 069 *** (− 3. 56)	− 0. 716 *** (− 6. 48)				
Constant	1. 371 *** (6. 50)	3. 592 *** (3. 02)	0. 655 *** (12. 51)	− 3. 749 *** (− 4. 41)	0. 655 *** (13. 50)	− 3. 749 *** (− 12. 41)
Controls	Yes	Yes	Yes	Yes	Yes	Yes
N	18 336	18 336	18 336	18 336	18 336	18 336
Year & Ind	Yes	Yes			Yes	Yes
Year & Ind & Pro			Yes	Yes		
Adj_R^2	0. 047	0. 158	0. 043	0. 149	0. 043	0. 149

注：*、**、***分别表示 10%、5%、1% 水平下显著。

8.6 影响机制及进一步分析

8.6.1 潜在影响机制检验

前面实证结果检验了高管纵向兼任能够加剧大股东掏空行为，增加企业的债务风险，使企业更不可能获得银行贷款并且获得的银行贷款数额更少。接下来，本书将基于前面的理论分析对潜在的影响机制进行探索检验。

正如前面所述，高管纵向兼任可能加剧上市公司两权分离，强化控股股东自利动机，导致"侵占"效应，进而损害公司价值，影响企业的还款能力，而提高债权人面临的债务违约风险。因此，银行对于存在高管纵向兼任的上市公司会采取更保守的态度，更不可能向企业提供贷款或提供贷款的金额更少。为检验上述推测，本书采用大股东占款、其他应收款占总资产比例（OREC）、关联交易（关联交易次数 NRPT，关联交易额占总资产比例 RPT）度量大股东掏空程度，并进一步检验高管纵向兼任与大股东掏空的关系。表 8-8 的第（1）~（3）列报告了检验结果，由此发现，当因变量是关联交易（包括关联交易次数 NRPT 和关联交易金额 RPT）时，Vertical 的系数显著为正，表明存在高管纵向兼任的公司，其关联交易次数和金额显著高于不存在兼任的公司，即加剧大股东掏空行为构成高管纵向兼任影响企业信贷资源获取的这一机制成立。

表 8-8　　　　　　　　　　　影响机制检验

变量	(1) OREC	(2) RPT	(3) NRPT
Vertical	**0. 000**	**0. 073 *****	**0. 306 *****
	(0. 39)	**(6. 36)**	**(11. 66)**
Constant	0. 029 ***	0. 637 ***	-2. 082 ***
	(6. 31)	(7. 57)	(-11. 16)
Controls	Yes	Yes	Yes
Year & Ind	Yes	Yes	Yes
N	18 333	18 333	18 333
Adj_R^2	0. 1278	0. 1297	0. 4093

注：*、**、***分别表示 10%、5%、1% 水平下显著。

8.6.2　进一步分析

（1）纵向兼任与银行贷款成本。本书进一步探究高管纵向兼任对贷款成本的影响。贷款合同本身是一系列非合同条款的组合，因此，本书将通过探究高管纵向兼任如何影响其他贷款条件，以为企业信贷资源获取的影响因素提供更深的理解。如果高管纵向兼任通过加剧大股东掏空，提高企业的债务违约风险进而影响银行贷款提供的意愿及金额，那么，可以预期，存在高管纵向兼任的公司即便取得银行贷款，贷款的成本也会更高，具体可表现为贷款利率越高，所支付的利息越多。

因此，本书进一步检验了高管纵向兼任与银行贷款成本、贷款定价的关系，以判断高管纵向兼任是否导致了更高的银行贷款成本及贷款定价。其中，银行贷款成本用两种方式度量，第一种方式利用上市公司财务费用或利息支出与贷款总额的比值，其中，FinCost1 = 利息支出/贷款总额，FinCost2 = 财务费用/贷款总额。然而，这种方法无法对贷款特征进行区分，例如贷款期限和担保方式。同时，因为一家上市公司通常会从多家银行获得贷款，通过这种方式无法分辨贷款成本是由银行自身决策还是由银行市场结构导致的信贷行为（Rice and Strahan，2010；林毅夫和李永军，2001；刘星和蒋水全，2015）。为了应对上述两个问题，本书还利用了某国有商业银行 2009~2018 年的贷款数据来测算贷款定价。这些贷款数据涵盖了全国 31 个省份 994 家上市公司与该银行的 52 075 个贷款样本。Loansp 贷款定价，表示公司实际贷款利率与同期基准利率的差值。

具体结果如表 8-9 所示，第（1）~（2）列为高管纵向兼任与银行贷款成本的回归结果，第（3）~（4）列为高管纵向兼任与贷款定价的回归结果。第（1）~（2）列，Vertical 的系数在 1% 水平下显著为正，表明高管纵向兼任提高企业贷款成本。第（3）~（4）列的结果表明银行贷款利率指标受高管纵向兼任的显著影响，即存在高管纵向兼任的公司的银行贷款利率更高。表 8-9 的结果表明，高管纵向兼任除了会降低企业获取银行贷款的可能性并减少获取的贷款金额外，还会提高银行贷款的成本。

表 8-9　　　　　　　　　　纵向兼任与贷款成本

变量	（1） FinCost1	（2） FinCost2	（3） Loansp	（4） Loansp
Vertical	0.000 *** （3.00）	0.035 *** （3.16）	**0.183 *** （2.57）**	**0.179 *** （2.42）**
Constant	-0.001 *** （-5.96）	0.734 *** （8.37）	-1.245 （-1.54）	1.228 （0.85）
Controls	Yes	Yes	Yes	Yes
N	9 941	9 941	57 185	57 216
Year & Ind	Yes	Yes		

续表

变量	（1） FinCost1	（2） FinCost2	（3） Loansp	（4） Loansp
Year & Ind & Pro			Yes	
Year & Code				Yes
Adj_R²	0.259	0.139	0.579	0.699

注：**、***分别表示5%、1%水平下显著。

（2）纵向兼任高管类型的异质性分析。在中国的企业集团中，通常情况下，董事长是由实际控制人或大股东指定的，这种安排带有明显或隐性的社会联系。因此，大股东在一定程度上对董事长的权力施加制约，并在公司决策方面产生重要影响。集中的股权结构以及缺乏有效的公司治理机制使得大股东在诸如投资和融资等方面拥有绝对的主导地位。总经理则具备自主管理企业的权利，与董事长之间存在监督与被监督的关系。此外，从权力角度来看，作为公司法定代表人，董事长拥有法律赋予的最高权力。而经理人则直接负责企业运营以及具体事务的执行和决策。因此，相对于总经理，董事长对企业经营决策产生更大的影响。综合上述分析，董事长更可能与大股东的利益保持一致，按照大股东的意图行事，并对企业活动产生实质性的影响。基于这一分析，本书预测，当董事长纵向兼任时对企业获取银行贷款的抑制作用更显著。

表 8 - 10 是具体的回归结果。Vertical_Chair 和 Vertical_CEO 分别代表董事长和总经理纵向兼任。结果表明，Vertical_chair 的系数显著为负，而 Vertical_CEO 的系数不显著，即高管纵向兼任之所以影响企业信贷资源获取主要源于董事长纵向兼任的作用。

表 8 - 10　　　　　　　　　纵向兼任高管类型与银行贷款

因变量	Loan		LogLoanAmt	
	（1）	（2）	（3）	（4）
Vertical_chair	− 0.015 * （− 1.92）		− 0.107 ** （− 2.25）	
Vertical_CEO		0.008 （0.76）		0.069 （1.12）
Constant	0.656 *** （12.52）	0.664 *** （12.60）	− 3.744 *** （− 10.74）	− 3.688 *** （− 10.54）

续表

因变量	Loan		LogLoanAmt	
	（1）	（2）	（3）	（4）
Controls	Yes	Yes	Yes	Yes
Year & Ind	Yes	Yes	Yes	Yes
N	18 336	18 304	18 336	18 304
Adj_R^2	0.042	0.042	0.149	0.149

注：＊、＊＊、＊＊＊分别表示10%、5%、1%水平下显著。

8.7　研究结论

　　银行融资在我国社会融资中占比较大，因此，银行也成为我国企业获取外部资金的最主要方式。我国政府也一直试图通过多种改革措施引导银行等金融机构扩大信贷投放、降低企业贷款成本，以缓解我国经济下行压力、推进经济结构调整和转型升级。因此，在微观层面探究如何降低企业获取银行贷款的难度、提高获取银行贷款的金额并降低贷款成本具有重要的理论价值和现实意义。以2009～2019年银行贷款数据作为样本，本书得出结论：高管纵向兼任会降低企业获得银行贷款的可能性，同时减少贷款的金额。此外，本书对内生性问题进行了考虑，并采用PSM等方法进行了检验，结论仍然具有稳健性。机制检验的结果表明，高管纵向兼任提高了企业关联交易的次数和金额，并进一步影响银行信贷资源获取。进一步研究发现，高管纵向兼任提高了企业获取银行贷款的成本及贷款利率，并且在董事长纵向兼任的企业中，高管纵向兼任对企业信贷资源获取的抑制作用更强。

　　本书的研究具有重要的理论与现实意义。本书从银行贷款的角度拓展了纵向兼任的经济后果。以往文献主要从会计信息质量、企业价值、审计师决策、现金持有、股价崩盘风险等角度考察高管纵向兼任的经济后果（潘红波和韩芳芳，2016；郑杲娉等，2014；宋衍蘅等，2020；Chen and Yang，2019；Yang et al.，2021），但是关于高管纵向兼任如何影响银行信贷资源获取，已有的证据较为有限且未深入探讨其作用机理。本书发现，高管纵向兼任通过强化大股东掏空动机影响企业银行贷款能力，并且董事长的纵向兼任对贷款能力的负向影响更大。这表明政府监管机构可以通过完善纵向兼任的相关政策约定，如限制董事长的纵向兼任以及通过加强市场监督水平等缓解高管纵向兼任所造成的企业银行贷款困难、金融机构资本配置效率低下的问题。

第9章
高管纵向兼任对会计稳健性的影响

9.1 引言

国内一些学者已经对高管纵向兼任的经济后果进行了深入研究，研究内容涵盖了多个方面，如公司绩效（Arnoldi et al.，2019）、企业价值（郑杲娉等，2014）、会计信息质量（潘红波和韩芳芳，2016）以及风险承担（佟爱琴和李孟洁，2018）等。但目前来看，高管纵向兼任在财务报告的稳健性中究竟扮演怎样的角色，还所知甚少。会计稳健性通过及时确认损失及谨慎确认收益的方式来反映经济活动，并成为债权人（刘运国等，2010）、机构投资者（Rama-lingegowda and Yong，2012；李争光等，2015）及至员工（沈永建等，2013）等利益相关者保护自身权益的有效手段。近年来，学者们分别从管理层判断与财务总监权力（周玮和吴联生，2015；刘永丽，2015）、事务所转制及审计师个人特征（陈小林等，2016）、公司战略类型与产业政策（刘行等，2016；黎文飞和巫岑，2019）、投资者情绪（Ge et al.，2019）、董事网络（梁上坤，2018）、CEO内部债务与股票回购（Wang et al.，2018；Lobo et al.，2020）等角度对会计稳健性的影响因素进行了丰富的探索。由此可见，会计稳健性的研究一直是会计理论与实践研究的热点问题。

高管的纵向兼任可能对公司财务报告的稳健性产生影响：一方面，融资需求是影响会计稳健性形成的重要来源（Watts，2003），高管纵向兼任有助于缓解公司的融资约束，因而可能会降低公司的会计稳健性水平；另一方面，较低的会计稳健性有助于提升当期业绩，为管理层获取超额薪酬的正当性和合理性进行辩护（罗宏，2014），高管纵向兼任能够减轻管理层代理问题引发的获取超额薪酬的动机，增强会计稳健性。

具体地，本书提出并尝试探索以下问题：高管纵向兼任是否以及如何影响会计稳健性？不同的纵向兼任高管类型及公司类型（产权性质、银企关联）下，上述影响是否存在差异？以沪深 A 股 2007～2018 年上市公司为样本，本书研究发现：相比不存在纵向兼任的公司，存在高管纵向兼任的公司会计稳健性更低；机制检验结果表明，高管纵向兼任通过缓解企业融资约束降低会计稳健性；同总经理纵向兼任相比，董事长的纵向兼任更能显著抑制会计稳健性；区分不同的公司类型，仅在非国有企业以及不具备银行关联的情况下，高管纵向兼任对会计稳健性具有显著影响。综上所述，纵向兼任高管类型的异质性影响其作用的发挥，并且这一作用受产权性质及银行关联的交互影响。

本书的贡献主要表现在：

第一，深化了高管纵向兼任如何影响会计信息质量的理解。首先，现有研究大部从代理问题的角度进行考虑，而少有学者探讨高管纵向兼任如何通过融资约束影响公司的会计稳健性水平。潘红波和韩芳芳（2016）发现，高管纵向兼任能够缓解管理层代理问题、提高会计信息质量。而本书从融资约束角度探究高管纵向兼任是否能够缓解融资约束降低会计稳健性。本书的研究与潘红波和韩芳芳（2016）研究的理论依据及经济后果存在差异。其次，潘红波和韩芳芳（2016）观察的变量本质上是盈余管理或会计信息透明度，而本书观察的会计稳健性则反映的是会计信息及时性的特点。会计稳健性与会计信息质量（盈余管理）并不完全等同。稳健性较高不等同于信息质量较高（盈余管理程度较低），盈余管理水平高并不必然导致会计稳健性下降（李宾和杨济华，2017）。企业的特定行为会对盈余管理和会计稳健性水平产生相反的影响（陈宋生和赖娇，2013），企业的盈余管理水平与会计稳健性水平也可能存在负相关关系（张子健，2014）。最后，会计稳健性与会计信息质量的来源也大不相同。债权人对稳健会计政策的需求是会计稳健性的形成主因之一，而会计信息质量的来源广泛。除潘红波和韩芳芳（2016）度量的盈余管理之外，会计信息质量的范畴还包括信息披露质量、盈余平滑与激进度、盈余波动性以及会计信息及时性等分类指标。所以，本书与潘红波和韩芳芳（2016）是从不同侧面探讨了纵向兼任对会计信息质量的影响，两者并无重叠，均有助于更加全面理解高管纵向兼任的作用。

第二，对会计稳健性影响因素的相关研究进行了拓展。已有的大量研究表明，政治关联（杜兴强等，2009）、机构投资者（李争光等，2015）、社会网络（梁上坤等，2018）、宏观政策（黎文飞和巫岑，2019）等因素会显著影响会计稳健性。然而，目前对于集团公司治理特征与会计稳健性间关系的研究较为缺乏，并且关于高管纵向兼任对会计稳健性的影响更是鲜有学者涉及。本书从高管纵向兼任的视角对这一问题进行检验，同时也在股权结构、高管特征的基础上拓展了集团公司治理结构对公司财务行为影响的研究（刘运国等，2010；孙光国和赵健宇，2014）。在中国这样高管纵向兼任普遍存在的社会（郑呆娉，2014），这一拓展具有重要的补充意义。本书的研究还具有一定的现实意义。会计稳健性作为一个关键的会计信息质量特征，在提升公司盈余质量、减少代理问题、维护投资者利益等方面扮演着重要角色。本书的发现为相关的监管机构和政策制定者提供了有益的指导。鉴于我国的产权结构和不同类型的纵向兼任高管，结合本书的研究结果，监管机构和政策制定部门可以制定相应的规定，以提升会计稳健性，为企业和投资者创造更加健康和稳定的环境。

9.2　理论分析与假说发展

已有研究发现，会计稳健性需求主要来自薪酬契约和债务契约，此外还受到法律风险和税收成本等因素的影响（Watts，2003a，2003b）。债权人、股东与管理层等利益相关者的会计稳健性需求是会计稳健性产生的动因。首先，债权人为保障财务不受损失会要求公司的会计信息相对稳健。在债务契约中，公司获取更高的利润并不能使债权人额外受益，债权人最终收回的只是最初的本金与利息，但是，一旦公司经营状况不佳，债权人则可能遭受损失。这种非对称性促使债权人要求公司的会计信息更加稳健，稳健性的会计信息要求不高估资产和收益、不低估负债和费用，以确保会计信息反映企业的最低价值，保障债权人利益。其次，股东与管理层之间存在代理问题也会影响会计稳健性。会计稳健性是监督管理层的投资决策及限制管理层的利润操纵的体现。在业绩—薪酬考核的体制下，管理层为获取超额薪酬，有很强的动机通过较低的稳健性以提升当期业绩，为超额薪酬的正当性和合理性辩护（黎文飞和巫岑，2019）。通过推迟确认收入、提前确认损失，会计稳健性可以限制管理层为增加自身薪酬支付而操纵利润的机会主义行为。

结合以上动因，高管纵向兼任因此可能对公司的会计稳健性产生正反两方面的影响：

一方面，从代理问题的角度来看。高管的纵向兼任有助于缓解管理层代理问题。第一，抑制管理层操纵会计信息的机会主义行为，提高会计信息质量（潘红波和韩芳芳，2016）。当股东与管理者代理冲突较严重时，管理层可能会借助构建个人帝国等手段来获得私人利益（Jensen and Meckling，1976）。为了掩盖和掩饰其机会主义行为，管理层很可能会进行会计信息操纵（Hope and Thomas，2008）。第二，抑制管理层的机会主义投资行为。当管理层与股东代理问题较严重、两者利益一致性较低时，投资于净现值为负的项目为管理层创造的私有收益可能超过公司价值下降给其造成的损失，这将会激励公司管理层进行自利性的投资。管理层信息操纵及机会主义投资的目的在于提升公司业绩，进而获取超额薪酬。因此，在这一过程中，管理层有很强的动机通过实施激进的会计稳健性政策提前确认收益或高估累计盈余。而当高管纵向兼任时，大股东与上市公司之间的联系更加便捷，大股东获取上市公司信息的成本及对公司的监管成本降低，高管通过隐藏负面信息、盈余操纵或机会主义投资等方式提升业绩以获取超额报酬的动机减小，从而促使公司及时确认已经发生的损失，公司的会计稳健性相应提高。因此，从代理问题的角度来说，高管纵向兼任将通过减轻管理层代理问题抑制其机会主义盈余操纵，进而提高会计稳健性。

另一方面，从融资约束的角度来看。债务契约是会计稳健性需求的重要来源之一（Watts，2003），而高管纵向兼任能够增强内部资本市场的功能，并为外部投资者提供更强的隐性和显性担保。更多的内部资源配给和降低的债务融资需求削弱了企业提供较高会计稳健性的动机。具体而言：第一，存在高管纵向兼任的企业能够增强内部资本市场活跃程度。内部资本市场成员企业通过现金流互补效应实现对资金需求的满足以降低融资约束程度。如通过集团公司内部资金调配的方式获得的短期借款和长期贷款（Jia et al.，2013；蔡卫星等，2019）、集团成员企业之间的内部关联交易等（Jia et al.，2013）。通过优胜者选择效应，集团总部可以将资金重新分配到有潜力的项目上，从而实现缓解融资约束的效果。然而现实中，在集团内部分配时，信息不对称、经理人的权力斗争以及投资机会的异质性和复杂性容易导致资源的无效配置（Shin and

Stulz，1998）。在一个集团内部，企业经理有可能会以自己公司的利益为出发点，影响集团整体决策，以获得更多的资源支持，导致资源分配的"平均主义"。而纵向兼任的高管作为上市公司与大股东的纵向联结，改善了两者之间的信息沟通，有助于大股东及时获取上市公司实际运营情况，尤其是难以量化和传递的"软信息"。这减少了信息不对称，进而减轻了对集团内部融资的负面影响。纵向兼任的高管能够及时为上市公司争取资金支持，从而促进了更有效的资金分配。同时，存在纵向兼任高管的公司一般在集团中占据着重要地位，集团公司也更倾向于为这类公司提供资源支持。第二，存在高管纵向兼任的企业能够获得更高程度的外部融资担保。在集团内部，成员企业之间可能会相互担保以获取资金（Shin and Park，1999）。控股股东与单个上市公司之间的融资约束水平存在结构性差异。控股股东的融资约束程度受到整个集团的违约风险水平影响，而无控股股东担保的上市公司面临个体违约风险水平的影响。高管纵向兼任通过内部资本市场的现金流互补效应降低了上市公司层面的经营和违约风险，为外部资本市场投资者提供了隐性保险效应。此外，存在高管纵向兼任的公司更有可能获得集团公司或母公司的直接借款担保，实现显性保险效应。集团内部的关联担保具有风险转移效应（王彦超和陈思琪，2017），即在上市公司履约能力不足时，将由控股股东承担更多履约责任。这种风险转移效应降低了上市公司层面违约对外部控制者的损失，从而减轻了融资约束。综上所述，从融资约束的角度来看，高管的纵向兼任有助于减轻公司的融资约束、减少公司提供高会计稳健性的动机，进而导致公司具有较低水平的会计稳健性。

综上所述，本书认为，高管纵向兼任会影响企业会计稳健性。根据代理问题的影响提出研究假设 H9－1a，根据融资约束的影响提出研究假设 H9－1b。

假设 H9－1a：其他条件相同，高管纵向兼任的上市公司会计稳健性更高。

假设 H9－1b：其他条件相同，高管纵向兼任的上市公司会计稳健性更低。

9.3　模型构建、变量定义与数据来源

9.3.1　模型构建与变量定义

本书参考梁上坤等（2018）的研究构建回归模型（9－1）用于研究假设

检验，即：

$$C\_score = \alpha_0 + \alpha_1 Vertical + \sum Control + \sum Year + \sum Ind + \varepsilon$$

$$(9-1)$$

（1）被解释变量：会计稳健性水平（C_score 和 GC_score）。分年度回归计算会计稳健性水平的 C_score 和 G_score。其中，G_score 表示对"好消息"的确认速度，而 C_score 表示"坏消息"相对于"好消息"的确认速度，（G_score + C_score）表示"坏消息"的确认速度。在会计稳健性研究中，对"坏消息"的确认速度也能反映公司的会计稳健程度（Garcia et al.，2016；钟宇翔等，2017）。因此，本书同时检验了高管纵向兼任对公司"坏消息"确认速度的影响。为便于分析，本书将公司对"坏消息"的确认速度（G_score + C_score）定义为 GC_score，作为衡量公司对"坏消息"确认速度的综合指标。

（2）解释变量：高管纵向兼任（Vertical）。如果上市公司董事长、CEO 到大股东单位任职，或大股东的董事或高管到上市公司兼职董事长或 CEO，则 Vertical 取值为 1，否则为 0。

（3）控制变量：参考饶品贵和姜国华（2011）、王等（Wang et al.，2018）的做法，本书在模型中控制公司规模（Size）、资产负债率（Lev）、市账比（MB）以及产权性质（Controller）、管理层薪酬（Lnpay）、高管持股（Gshare）、盈利水平（Roe）、公司成长性（Growth）等相关变量。

在实证分析中，为了降低极端值对结果的影响，对所有连续变量进行了上下 1% 的 Winsorize 处理。在进行模型回归时，考虑到公司间的聚类效应，同时控制了年度和行业固定效应。为了提高结果的稳健性，本书报告了经过标准误调整的 Robust t 值。若研究假设 H9-1a 成立，则高管纵向兼任（Vertical）的系数 α_1 应该为正，且显著；若研究假设 H9-1b 成立，则高管纵向兼任（Vertical）的系数 α_1 应该为负，且显著。表 9-1 报告了书中主要变量的定义和说明。

表 9-1　　　　　　　　主要变量的定义和说明

变量类型	变量名称	变量符号	变量说明
被解释变量	会计稳健性水平	C_score	根据 Khan and Watts（2009）计算的会计稳健性水平
		GC_score	根据 Khan and Watts（2009）计算的对"坏消息"的确认速度，等于 G_score + C_score

续表

变量类型	变量名称	变量符号	变量说明
解释变量	高管纵向兼任	Vertical	公司高管（董事长或总经理）在大股东单位担任职位时取1，否则取0
控制变量	财务杠杆	Lev	公司年末负债总额与资产总额的比值
	公司规模	Size	公司年末总资产的自然对数
	市账比	MB	股东权益的市值和账面价值之比
	产权性质	Controller	虚拟变量，国有企业取1，否则取0
	管理层薪酬	LnPay	董事、监事及高管前三名薪酬总额的自然对数
	公司成长性	Growth	营业收入增长率
	高管持股	Gshare	高管所持股数占总股数的比例
	盈利水平	Roe	净利润除以年末权益总额
	年度虚拟变量	Year	控制年度宏观经济影响
	行业虚拟变量	Ind	控制行业经济影响

9.3.2　样本选取与数据来源

自2007年起，我国开始实施新的会计准则，为了保持数据的可比性，本书的样本起始期设定为2007年。本书选择了2007～2018年的A股非金融上市公司作为研究样本。在样本选择过程中执行了以下步骤：第一，排除上市不满两年的公司观测；第二，剔除净资产小于0的异常公司观测；第三，排除ST、PT异常公司观测；第四，删除其他变量数据存在缺失的观测，最终得到了22 412个观测值。本书所用的全部原始数据均来源于CSMAR数据库和锐思数据库。

9.4　实证结果与分析

9.4.1　样本分布、描述性统计与相关性分析

表9-2报告了高管纵向兼任的年度与行业分布。从年度分布上看，2012年存在高管纵向兼任的公司比例最高，达到51.78%；而2018年该比例降至37.44%，为历年最低。以2012年为分界点可以发现，2007～2012年，存在高

管纵向兼任的公司比例逐年上升，之后有一定下降，但仍高于1/3。在样本的行业分布方面，制造业样本占据了总体样本的相当大比例，远超过其他行业。为了避免样本分布产生严重偏差，本书进一步根据证监会行业代码对制造业进行了更详细的细分。可以清楚地看出，高管纵向兼任在不同行业之间的分布并不均衡。例如，在交通运输、住宿及餐饮以及综合类公司中，超过60%的样本存在高管纵向兼任现象，而在信息技术行业中该比例仅为30.05%。这也说明了在实证分析中控制样本行业、年度的必要性。

表9-2 样本分布

Panel A：年度分布

项目	2007年	2008年	2009年	2010年	2011年	2012年	2013年	2014年	2015年	2016年	2017年	2018年
纵向兼任（%）	50.83	50.85	51.26	50.15	45.81	51.78	49.51	49.74	49.09	41.54	38.27	37.44
非纵向兼任（%）	49.17	49.15	48.74	49.85	54.19	48.22	50.49	50.26	50.91	58.46	61.73	62.56

Panel B：行业分布

行业	百分比	行业	百分比
交通运输、仓储业	65.81	批发和零售贸易	52.09
传播与文化产业	55.24	木材、家具	45.30
住宿及餐饮业	61.22	机械、设备、仪表	43.25
信息技术业	30.05	电力、煤气及水的生产和供应业	52.95
其他制造业	59.00	电子	38.13
农林牧渔业	39.43	石油、化学、塑胶、塑料	44.83
医药、生物制品	43.91	社会服务业	43.54
建筑业	45.81	纺织、服装、皮毛	48.79
房地产业	55.60	综合类	60.00
造纸、印刷	50.97	采掘业	50.00
金属、非金属	51.07	食品、饮料	48.44

表9-3中呈现了本书主要变量的描述性统计结果。从表9-3中可以看出，会计稳健性水平（C_score）的均值为0.042，中位数为0.031，呈现出一定的右偏分布趋势。GC_score的分布和C_score比较接近，但均值及中位均大

于 C_score。高管纵向兼任（Vertical）的均值为 0.464，这一比例与潘红波和韩芳芳（2016）比较接近。此外，盈利能力（Roe）的均值为 6.6%，财务杠杆（Lev）的平均值为 44.0%。在样本中，有 44.2% 的公司是国有上市公司。未报告的相关性分析结果表明，主要解释变量之间没有出现严重的相关性。

表 9 - 3　　　　　　　　　　主要变量的描述性统计

变量	观测数	均值	标准差	最小值	P25	中位数	P75	最大值
C_score	22 412	0.042	0.057	-0.070	0.007	0.031	0.070	0.221
GC_score	22 412	0.056	0.058	-0.037	0.015	0.039	0.090	0.226
Vertical	22 412	0.464	0.499	0.000	0.000	0.000	1.000	1.000
Size	22 412	22.043	1.273	19.547	21.128	21.875	22.776	25.969
Lev	22 412	0.440	0.208	0.051	0.274	0.438	0.601	0.886
MB	22 412	3.112	2.738	0.756	1.572	2.290	3.576	19.292
Controller	22 412	0.442	0.497	0.000	0.000	0.000	1.000	1.000
Lnpay	22 412	14.249	0.725	12.388	13.800	14.246	14.691	16.221
Gshare	22 412	0.057	0.128	0.000	0.000	0.000	0.027	0.586
Roe	22 412	0.066	0.111	-0.535	0.031	0.069	0.115	0.339
Growth	22 412	0.219	0.532	-0.558	-0.009	0.125	0.299	3.785

9.4.2　研究假设 H9 - 1 检验：高管纵向兼任与会计稳健性

表 9 - 4 为研究假设 H9 - 1 的回归结果，其中被解释变量为会计稳健性水平。前两列的解释变量分别是"坏消息"相对"好消息"的反应程度（C_score）和"坏消息"的反应程度（GC_score）。前两列中高管纵向兼任（Vertical）的系数均在 5% 水平下显著为负，表明高管纵向兼任能够显著抑制会计稳健性。在经济显著性方面，与不存在高管纵向兼任的企业相比，当企业高管存在纵向兼任时，会计稳健性水平将降低 2.38%（0.001/0.042），这一结果支持了研究假设 H9 - 1b，未支持研究假设 H9 - 1a。此外，公司规模（Size）的系数为正，且在 1% 水平下显著；资产负债率（Lev）的系数为正，且在 1% 水平下显著；公司成长性（Growth）的系数为负，且在 5% 水平下显著。这些结果与梁上坤等（2018）及孙光国和赵健宇（2014）的发现一致。

表 9 – 4　　　　　　　　　　高管纵向兼任与会计稳健性

变量	（1）C_score	（2）GC_score
Vertical	**– 0. 001**（– 2. 27）	**– 0. 001**（– 2. 97）
Size	0. 015***（52. 58）	0. 017***（69. 00）
Lev	0. 097***（66. 75）	0. 117***（91. 59）
MB	0. 002***（8. 19）	0. 002***（10. 95）
Controller	– 0. 000（– 0. 45）	– 0. 000（– 0. 24）
Lnpay	0. 000（0. 31）	0. 000（0. 15）
Gshare	0. 001（0. 33）	– 0. 001（– 0. 44）
Roe	– 0. 002（– 0. 47）	– 0. 001（– 0. 37）
Growth	– 0. 001**（– 2. 45）	– 0. 001**（– 2. 01）
Constant	– 0. 265***（– 43. 42）	– 0. 303***（– 57. 58）
Year & Ind	Yes	Yes
N	22 412	22 412
Adj_R^2	0. 651	0. 730

注：* 、**、***分别表示10% 、5% 、1% 水平下显著。

9.5　内生性问题及稳健性检验

　　为了尽可能缓解遗漏变量、反向因果等导致的内生性问题对研究结论的不利影响，本书还采用倾向得分匹配（PSM）法、PSM-DID 法、Heckman 两阶段法以及对高管纵向兼任指标滞后一期处理等一系列措施，旨在增强研究结论的可靠性。

9.5.1　PSM-OLS

为了减少选择偏差的影响，本书采用倾向得分匹配（PSM）方法进行检验。根据高管是否从事纵向兼任（Vertical），将存在纵向兼任的样本归为处理组，而不存在纵向兼任的样本则归为控制组。参考以往文献（Ong et al.，2003；Phan et al.，2003；Duan and Zhong，2008），公司规模（Size）、资产负债率（Lev）、产权性质（Controller）、独立董事比例（IB）、盈利能力（Roe）是影响高管是否纵向兼任的主要因素，因此，本书综合选取这五个变量以及其他可能影响会计稳健性的变量（梁上坤等，2018），如市账比（MB）、第一大股东持股比例（Top1）、公司成长性（Growth）、两职合一（Duality）、管理层薪酬（Lnpay）、高管持股（Gshare）、董事会人数（Boardsize）作为匹配变量，使用一对一最近邻匹配方法筛选出配对样本。考虑到倾向得分匹配的前提条件是满足平衡性检验，因此，在选定控制组与实验组后，本书首先对所有相关变量进行了平衡性检验，其结果呈现在表 9 - 5 的 Panel A 中。平衡性检验结果表明，在匹配后的对照组与处理组之间，所有变量均未出现显著的偏差，这证实了倾向得分匹配的有效性。Panel B 展示了使用匹配后的控制组与实验组数据进行回归分析的结果。这些结果显示，在不同类别的高管纵向兼任（Vertical）中，其系数仍然明显为负值，进一步强化了本书研究结果的可靠性。

表 9 - 5　　　　　　　　　　采用 PSM 方法的测试

Panel A：平衡性检验

变量		Mean		t-value	Reduct（%）｜bias｜
		Vertical = 1	Vertical = 0		
Size	Umatched	22. 289	21. 830	27. 12 ***	
	Matched	22. 288	22. 273	0. 81	96. 7
Lev	Umatched	0. 475	0. 408	24. 48 ***	
	Matched	0. 475	0. 476	- 0. 26	98. 9
MB	Umatched	3. 038	3. 167	- 3. 52 ***	
	Matched	3. 039	3. 090	- 1. 35	59. 9
Controller	Umatched	0. 561	0. 332	35. 01 ***	
	Matched	0. 561	0. 571	- 1. 47	95. 5
Lnpay	Umatched	14. 270	14. 239	3. 22 ***	
	Matched	14. 270	14. 267	0. 31	89. 8

变量		Mean		t-value	Reduct（%）|bias|
		Vertical = 1	Vertical = 0		
Gshare	Umatched	0.012	0.098	− 52.39 ***	
	Matched	0.012	0.012	0.43	99.7
Roe	Umatched	0.068	0.066	1.81 *	
	Matched	0.068	0.070	− 1.02	40.7
Growth	Umatched	0.214	0.224	− 1.46	
	Matched	0.214	0.221	− 0.89	34.9

Panel B：PSM 后回归结果

变量	(1) C_score	(2) GC_score
Vertical	**− 0.001 ** (− 2.05)	**− 0.002 ** (− 2.57)
Constant	− 0.268 *** (− 26.77)	− 0.307 *** (− 35.25)
Controls	Yes	Yes
Year & Ind	Yes	Yes
N	9 941	9 941
Adj_R²	0.656	0.732

注：*、**、***分别表示 10%、5%、1%水平下显著。

9.5.2 PSM-DID

采用多时期双重差分法模型（DID）来估计纵向兼任变化（由没有纵向兼任变为纵向兼任）前后上市公司会计稳健性的差异，即：

$$C\_score = \alpha_0 + \alpha_1 After \times Treat + \sum Control + \sum Firm + \sum Year + \varepsilon$$

$$(9-2)$$

首先，本书将从没有高管纵向兼任变更为具有纵向兼任的样本视为处理组，其中，Treat 取值为 1；同时，将一直没有高管纵向兼任的样本视为对照组，Treat 取值为 0。引入 After 作为虚拟变量，以刻画纵向兼任变更发生的年份前后情况，对于纵向兼任变更之后的年份，After 取值为 1；变更之前的年份，After 取值为 0。鉴于处理组与控制组之间的潜在差异可能引发选择性偏差会削弱模型估计的效力，本书要运用倾向得分匹配法进行一对一最近邻匹配，以缓解这一问题，并在随后的检验中进行验证。另外，在模型构建中，本书还考虑了个体固定效应的影响。检验结果见表 9 – 6（1）Panel A 第（1）~（2）列，交互项 After×Treat 的系数均显著为负，意味着上市公司从没有高管纵向兼任变更为有高管纵向兼任后，会计稳健性显著降低。

其次，将有高管纵向兼任变更为没有纵向兼任的样本重新视为处理组，其中，Treat 取值为 1，同时，将始终没有高管纵向兼任的样本视为对照组，Treat 取值为 0。引入 After 作为虚拟变量，以刻画纵向兼任变更发生的年份前后情况，对于纵向兼任变更之后的年份，After 取值为 1；而对于变更之前的年份，After 取值为 0。与此同时，先采用倾向得分匹配法进行一对一最近邻匹配，以消除处理组与控制组之间的潜在差异，进而减轻选择性偏差对模型估计效力的影响，然后进行进一步的检验。此外，在构建模型时还充分考虑了个体固定效应。检验结果见表 9 – 6（1）Panel A 第（3）~（4）列，交互项 After×Treat 的系数均显著为正，意味着上市公司从有高管纵向兼任变更为有高管纵向兼任后，会计稳健性显著提高，再次验证了本书的结论。

表 9 – 6（1）　　　　　高管纵向兼任与稳健性：PSM-DID

Panel A：PSM-DID 回归结果

变量	双重差分检验			
	无纵向兼任变更为纵向兼任作为处理组		有纵向兼任变更为无纵向兼任作为处理组	
	（1） C_score	（2） GC_score	（3） C_score	（4） GC_score
Treat_After	**−0.002*** （−1.73）	**−0.002**** （−2.28）	**0.003**** （2.00）	**0.003**** （2.22）
Constant	−0.290*** （−9.31）	−0.321*** （−12.34）	−0.332*** （−13.84）	−0.356*** （−16.58）
Controls	Yes	Yes	Yes	Yes
Year FE	Yes	Yes	Yes	Yes
Firm FE	Yes	Yes	Yes	Yes
N	10 851	10 851	10 494	10 494
Adj_R^2	0.568	0.617	0.578	0.627

注：*、**、***分别表示10%、5%、1%水平下显著。

再次，为了更深入地验证处理组在纵向兼任变化前后的会计稳健性变化是否确实由于纵向兼任的变化而非纯粹的时间效应引起，本书还进行了平行趋势假设检验。利用兼任变化前三年及后三年（包括兼任变化当年）的独立年份与控制组 Treat 的交乘项作为自变量进行平行趋势假定检验。表 9-6 Panel B 第（1）~（2）列为将无纵向兼任变更为纵向兼任作为处理组的平行趋势检验结果，Panel B 第（3）~（4）列为将有纵向兼任变更为无纵向兼任作为处理组的平行趋势检验结果。

第（1）~（2）列的结果显示，兼任变化之前的年份与 Treat 的交乘项（Pre_3，Pre_2 及 Pre_1）的回归系数不显著，说明在兼任变更之前，处理组与控制组对会计稳健性的影响呈现平行趋势；而兼任变更之后的年份与 Treat 的交乘项（Current 及 Post_1）的回归系数在 1% 的水平下显著为负，说明当从无高管纵向兼任变更为有纵向兼任后，Treat 组企业的会计稳健性显著降低，并且这种效应主要体现在变化当年及变化后的第一年。第（3）~（4）列的结果显示，兼任变化之前的年份与 Treat 的交乘项（Pre_3，Pre_2 及 Pre_1）的回归系数不显著，说明在兼任变更之前处理组与控制组对会计稳健性的影响呈现平行趋势；而兼任变更之后的年份与 Treat 的交乘项（Current，Post_1 及 Post_2）的回归系数基本显著为正，说明当从有高管纵向兼任变更为无纵向兼任后，Treat 组企业的会计稳健性显著提高。表 9-6（2）的检验结果表明，Treat 组在兼任变更前后的会计稳健性变化是由兼任引起的，而不是时间效应。

表 9-6（2）　　　　　　　高管纵向兼任与稳健性：PSM-DID

Panel B：平行趋势假定检验

变量	无纵向兼任变更为纵向兼任作为处理组		有纵向兼任变更为无纵向兼任作为处理组	
	（1） C_score	（2） GC_score	（3） C_score	（4） GC_score
Pre_3	-0.001 （-0.57）	-0.000 （-0.10）	-0.002 （-0.61）	0.000 （0.16）
Pre_2	-0.003 （-1.29）	-0.001 （-0.64）	0.001 （0.40）	0.001 （0.62）
Pre_1	-0.001 （-0.73）	0.000 （0.02）	0.002 （0.75）	0.002 （0.68）
Current	-0.004 *** （-3.75）	-0.002 ** （-2.30）	0.005 * （1.81）	0.004 （1.46）
Post_1	-0.004 *** （-3.10）	-0.003 *** （-2.83）	0.014 ** （2.48）	0.010 ** （2.02）

续表

变量	无纵向兼任变更为纵向兼任作为处理组		有纵向兼任变更为无纵向兼任作为处理组	
	（1） C_score	（2） GC_score	（3） C_score	（4） GC_score
Post_2	−0.002 （−1.00）	−0.001 （−0.73）	0.013* （1.84）	0.012* （1.93）
Constant	−0.299*** （−18.89）	−0.329*** （−22.87）	−0.337*** （−13.97）	−0.362*** （−16.75）
Controls	Yes	Yes	Yes	Yes
Year FE	Yes	Yes	Yes	Yes
Firm FE	Yes	Yes	Yes	Yes
N	10 836	10 836	10 494	10 494
Adj_R2	0.482	0.543	0.577	0.627

注：*、**、***分别表示10%、5%、1%水平下显著。

最后，本书也对 DID 进行了安慰剂检验，第一，将没有高管纵向兼任变更为拥有纵向兼任的观测随机分配给上市公司，对新生产的处理组和控制组进行重新回归。如果安慰剂效应确实存在，那么受未觉察到的其他变量因素的驱动，处理后的变量 Treat_After 应该依然与会计稳健性负相关。第二，将高管纵向兼任的时间提前一年或二年作为安慰剂重新检验纵向兼任对会计稳健性的影响。结果如表9-6（3）Panel C 所示。

表9-6（3）　　　　　　　**高管纵向兼任与稳健性：PSM-DID**

Panel C：DID 安慰剂检验

变量	C_score	GC_score	（1） 将纵向兼任时间提前一年		（2） 将纵向兼任时间提前二年	
			C_score	GC_score	C_score	GC_score
Treat_After	**−0.000** **（−0.15）**	**0.001** **（0.79）**	**−0.000** **（−0.40）**	**−0.001** **（−0.99）**	**0.002** **（1.43）**	**0.001** **（1.21）**
Constant	−0.292*** （−12.11）	−0.323*** （−14.92）	−0.206*** （−7.95）	−0.283*** （−11.68）	−0.261*** （−8.26）	−0.327*** （−11.33）
Controls	Yes	Yes	Yes	Yes	Yes	Yes
Year FE	Yes	Yes	Yes	Yes	Yes	Yes
Firm FE	Yes	Yes	Yes	Yes	Yes	Yes
N	10 851	10 851	9 819	9 819	8 508	8 508
Adj_R2	0.429	0.495	0.531	0.553	0.538	0.563

注：***表示1%水平下显著。

9.5.3 Heckman 两阶段检验

本书虽然尽可能地控制了会计稳健性的影响因素，并利用 PSM 弱化选择性偏误所带来的内生性问题，但仍可能存在一些不可观测的变量导致的样本自选择偏差问题，对高管纵向兼任与会计稳健性两者关系产生影响。为此，本书采用 Heckman 两阶段模型进行检验。在第一阶段，参考前面 PSM 中影响高管纵向兼任的主要因素，并利用同年度同行业的高管纵向兼任的平均值（Mean_ver）作为工具变量[①]。构建模型（9-2）作为第一阶段模型。因变量为虚拟变量高管纵向兼任（Vertical），即：

$$Vertical = \alpha_0 + \alpha_1 Mean\_ver + \alpha_2 Size + \alpha_3 Lev + \alpha_4 Controlelr + \alpha_5 IB + \alpha_6 Roe + \alpha_7 MB + \alpha_8 Top1 + \alpha_9 Growth + \alpha_{10} Boardsize + \alpha_{11} Duality + \alpha_{12} Lnpay + \alpha_{13} Gshare + \varepsilon \qquad (9-3)$$

模型（9-2）回归时控制行业和年度固定效应。将模型（9-2）回归计算出的 IMR 纳入模型（9-1）重新回归。结果如表 9-7 第（1）~（2）列所示。在控制 IMR 的基础上，高管纵向兼任（Vertical）的系数均显著为负，与之前结果一致。

9.5.4 重复随机抽样

为了更彻底地减轻样本选择性偏差的影响，本书使用 Bootstrap 方法进行了重复随机抽样，共进行了 500 次抽样。实证结果见表 9-7 第（3）~（4）列，Vertical 系数仍显著为负，重复随机抽样的结果与基准回归结果并无实质性差异，进一步证明了结论的稳健性。

9.5.5 采用滞后的高管纵向兼任的测试

为了解决可能存在的高管纵向兼任内生性问题，本书通过将高管是否纵向

---

① 变量 Mean_ver 满足工具变量的条件如下：一方面，同行业同年度的公司在经营环境和公司治理特征等方面较为相似，其他公司的高管纵向兼任情况会对本公司高管聘任决策产生影响，但是行业内其他公司的高管纵向兼任情况不会影响到本公司会计信息的稳健性，符合工具变量选取的相关性和外生性要求。另一方面，Heckman 第一阶段的检验结果也显示，高管纵向兼任与工具变量 Mean_ver 显著正相关，表明上市公司是否存在高管纵向兼任与同年度同行业其他公司的高管纵向兼任情况密切相关。

兼任（Vertical）的变量向后滞后一期来研究其对会计稳健性的影响。由于本期公司的会计稳健性不太可能受到上一期高管纵向兼任的影响，因此，本书使用上一期高管是否纵向兼任（Lvertical）作为检验变量。主要的检验结果见表 9 - 7 的第（5）～（6）列，Lvertical 的系数均呈现负值，且在 1% 水平下显著，再次支持了本书的结论。

表 9 - 7　　　　　　　　　　其他内生性问题检验结果

变量	Heckman 两阶段检验		重复随机抽样		改用滞后一期数字金融发展	
	(1) C_score	(2) GC_score	(3) C_score	(4) GC_score	(5) C_score	(6) GC_score
Vertical	- 0. 004 **	- 0. 006 ***	- 0. 001 **	- 0. 001 ***		
	(- 2. 36)	(- 3. 40)	(- 2. 20)	(- 2. 90)		
Lvertical					- 0. 001 **	- 0. 001 ***
`					(- 2. 46)	(- 2. 82)
IMR	0. 002 *	0. 003 ***				
	(1. 85)	(2. 75)				
Constant	- 0. 267 ***	- 0. 305 ***	- 0. 265 ***	- 0. 303 ***	- 0. 266 ***	- 0. 304 ***
	(- 43. 06)	(- 57. 33)	(- 43. 45)	(- 56. 79)	(- 43. 47)	(- 57. 62)
Controls	Yes	Yes	Yes	Yes	Yes	Yes
Year & Ind	Yes	Yes	Yes	Yes	Yes	Yes
N	22 010	22 010	22 412	22 412	22 406	22 406
Adj_R^2	0. 651	0. 730	0. 651	0. 730	0. 651	0. 730

注：* 、** 、*** 分别表示 10% 、5% 、1% 水平下显著。

9.5.6　其他稳健性检验

（1）采用应计现金流法度量会计稳健性。鲍尔等（Ball et al. , 2005）用经营活动现金流量作为"好消息"和"坏消息"的替代变量构建的计量模型为：

$$ACC_t = \beta_0 + \beta_1 DCFO_t + \beta_2 CFO_t + \beta_3 DCFO_t \times CFO_t + \varepsilon_t \qquad (9 - 4)$$

其中，ACC 表示本期应计利润除以期初总资产，应计利润是本期营业利润减去本期经营活动现金流；CFO 表示本期经营活动现金除以期初总资产，经营活动现金流包括本期营业利润加折旧减去本期营运资本增加额，而营运资本增加额等于本期流动资产增加额减去本期现金增加额，再减去本期流动负债增加额，然后再加上本期一年内到期的长期债务的增加额；DCFO 是一个哑变量，如果 CFO 小于 0，则 DCFO 为 1，否则为 0；DCFO 乘以 CFO 表示了好消息与坏消息的非对称确认，这用来衡量会计稳健性。β_2 衡量应计利润减去经营活动现金流的噪声程度，因此预期 β_2 为负。随着应计利润的减少抵消盈余，未实现损失的确认速度相对于未实现收益更快。这种及时确认的非对称性表明，有未实现损失的期间相对于有未实现收益的期间，应计利润和经营活动现金流之间的负相关性减弱。因此，预计 β_3 的符号为正，而且 β_3 越大，"坏消息"确认的速度越快，会计稳健性越高。为了检验假设 H9 - 1a 和假设 H9 - 1b，本书在模型（9 - 4）的基础上引入了测试变量高管纵向兼任（Vertical）及其交叉项，并考虑了控制变量，则有：

$$ACC_t = \beta_0 + \beta_1 DCFO_t + \beta_2 CFO_t + \beta_3 DCFO_t \times CFO_t + \beta_4 Vertical_t + \beta_5 DCFO_t \times Vertical_t + \beta_6 CFO_t \times Vertical_t + \beta_7 DCFO_t \times CFO_t \times Vertical_t + \sum Control \quad (9-5)$$

其中，Vertical 为高管是否纵向兼任，其余变量定义同模型（9 - 1）。根据假设 H9 - 1b，β_7 的系数代表高管纵向兼任对会计稳健性的影响。回归的结果见表 9 - 8 第（1）~（3）列。无论是否控制其他相关变量，β_7 的系数均显著为负，表明运用应计现金流与卡恩和沃特斯（Khan and Watts，2009）的方法得到的实证结果是一致的。

表 9 - 8　　　　　　　　　　　其他稳健性测试

变量	(1) ACC	(2) ACC	(3) ACC
DCFO	0. 235 *** (55. 45)	0. 194 *** (23. 42)	0. 203 *** (24. 06)
CFO	− 0. 024 * (− 1. 79)	− 0. 447 *** (− 7. 98)	− 0. 569 *** (− 8. 94)
CFO_DCFO	0. 024 * (1. 73)	0. 430 *** (7. 52)	0. 556 *** (8. 62)
Vertical		− 0. 047 *** (− 7. 50)	− 0. 049 *** (− 7. 20)
DCFO_Ver		0. 031 *** (3. 15)	0. 032 *** (3. 31)
CFO_Ver		0. 432 *** (7. 63)	0. 544 *** (8. 42)
DCFO_CFO_Ver		**− 0. 415 *** ** **(− 7. 19)**	**− 0. 531 *** ** **(− 8. 12)**

续表

变量	（1） ACC	（2） ACC	（3） ACC
Constant	− 0. 042 *** （− 7. 53）	0. 009 （1. 12）	− 0. 105 *** （− 3. 68）
Controls	Yes	Yes	Yes
Year & Ind	Yes	Yes	Yes
N	18 143	18 143	18 143
Adj_R^2	0. 339	0. 380	0. 507

注：＊、＊＊＊分别表示10%、1%水平下显著。

（2）控制其他高管纵向兼任的变量。本书区分了董事长与总经理的纵向兼任对会计稳健性的影响，但其他高管兼任的变量也可能影响会计稳健性，为进一步增强结论的稳健性，本书在主回归模型中加入其他高管兼任的变量：Ver_supver，虚拟变量，监事长或监事会主席纵向兼任取1，否则为0；Ver_vicechair，虚拟变量，副董事长纵向兼任取1，否则为0；Ver_viceman，虚拟变量，副总经理纵向兼任取1，否则为0。将上述三个变量加入主回归模型，回归结果见表9-9，由此发现，不论因变量是C_score还是GC_score，Vertical的系数仍显著为负，本书的结论依然成立。本书也尝试控制执行董事以及董事会秘书是否纵向兼任这一变量，分别将其加入主回归模型，而结论不变。

表 9 - 9　　　　　　　　　　控制其他高管兼任的变量

变量	（1）C_score			（2）GC_score		
Vertical	**− 0. 001 ** （− 2. 07）	**− 0. 001 *** （− 1. 88）	**− 0. 001 *** （− 1. 78）	**− 0. 001 **** （− 2. 67）	**− 0. 001 *** （− 2. 39）	**− 0. 001 *** （− 2. 25）
Ver_supver	− 0. 000 （− 0. 16）		− 0. 000 （− 0. 03）	− 0. 000 （− 0. 23）		− 0. 000 （− 0. 08）
Ver_vicechair		− 0. 001 （− 1. 29）	− 0. 001 （− 1. 27）		− 0. 001 （− 1. 17）	− 0. 001 （− 1. 14）
Ver_viceman		0. 000 （0. 57）	0. 000 （0. 57）		− 0. 000 （− 0. 15）	− 0. 000 （− 0. 15）
Constant	− 0. 265 *** （− 43. 43）	− 0. 266 *** （− 43. 34）	− 0. 266 *** （− 43. 34）	− 0. 303 *** （− 57. 61）	− 0. 304 *** （− 57. 48）	− 0. 304 *** （− 57. 47）
Controls	Yes	Yes	Yes	Yes	Yes	Yes

续表

变量	(1) C_score			(2) GC_score		
Year & Ind	Yes	Yes	Yes	Yes	Yes	Yes
N	22 412	22 412	22 412	22 412	22 412	22 412
Adj_R^2	0.651	0.651	0.651	0.730	0.730	0.730

注：*、**、***分别表示10%、5%、1%水平下显著。

（3）增加额外的控制变量。

首先，控制企业集团的影响。研究发现，高管纵向兼任能够显著降低会计稳健性，但是，集团形成的内部资本市场也具有一定的缓解成员企业融资约束的作用，因此，本书得到的结果有可能是集团导致的结果，而不是纵向兼任。为排除其是否属于企业集团对公司会计稳健性的影响。在模型（9-1）中控制上市公司是否属于企业集团（Group）这一变量。表9-10第（1）~（2）列的结果显示，企业集团变量（Group）的估计系数不显著，而在控制是否属于企业集团 Group 之后，Vertical 的系数仍显著为负。因此，没有证据发现是否属于企业集团会显著影响会计稳健性，但在控制企业集团变量的情况下，高管纵向兼任仍然能够显著地降低会计稳健性。

其次，为进一步排除集团的影响，本书探究当企业属于非集团公司时高管纵向兼任对会计稳健性的影响。结果如表9-10第（3）~（4）列 Panel B 所示，在非企业集团，Vertical 的系数仍显著为负，这表明会计稳健性降低的效应主要是高管纵向兼任导致的结果，而非企业集团。

最后，增加公司治理控制变量的测试。在模型（9-1）的基础上控制了更多的公司特征变量以减少遗漏变量的影响，包括第一大股东持股比例（Top1）、独立董事持股比例（IB）、董事会规模（Boardsize）、两职合一（Duality）、公司上市年龄（lnLage）。结果如表9-10第（5）~（6）列所示，高管纵向兼任（Vertical）的系数均为负，且至少在10%水平下显著，即结果不变。

表9-10　　　　　　　　额外的控制变量

变量	控制企业集团变量		删除企业集团样本检验		增加公司治理控制变量	
	(1) C_score	(2) GC_score	(3) C_score	(4) GC_score	(5) C_score	(6) GC_score
Vertical	-0.001** (-2.29)	-0.001*** (-2.98)	-0.001* (-1.89)	-0.001*** (-2.64)	-0.001* (-1.82)	-0.001** (-2.58)

续表

变量	控制企业集团变量		删除企业集团样本检验		增加公司治理控制变量	
	(1) C_score	(2) GC_score	(3) C_score	(4) GC_score	(5) C_score	(6) GC_score
Group	− 0. 000 (− 0. 47)	− 0. 000 (− 0. 26)				
Top1					− 0. 003 ** (− 2. 36)	− 0. 002 * (− 1. 90)
Boardsize					− 0. 000 (− 0. 43)	− 0. 000 (− 0. 09)
IB					− 0. 005 (− 1. 18)	− 0. 002 (− 0. 61)
Duality					0. 000 (0. 17)	− 0. 000 (− 0. 67)
lnLage					− 0. 001 *** (− 3. 21)	− 0. 000 (− 0. 82)
Constant	− 0. 266 *** (− 43. 03)	− 0. 303 *** (− 56. 87)	− 0. 288 *** (− 35. 59)	− 0. 312 *** (− 46. 37)	− 0. 265 *** (− 41. 37)	− 0. 303 *** (− 55. 56)
Controls	Yes	Yes	Yes	Yes	Yes	Yes
Year & Ind	Yes	Yes	Yes	Yes	Yes	Yes
N	22 412	22 412	15 548	15 548	22 010	22 010
Adj_R^2	0. 651	0. 730	0. 643	0. 724	0. 651	0. 730

注：* 、 ** 、 *** 分别表示 10% 、 5% 、 1% 水平下显著。

（4）采用双重聚类调整回归方法的测试。考虑到样本数据可能具有的集聚性特征，为了进一步增强本书结论的稳健性，对 t 值进行了公司层面的聚类调整以及同时考虑公司和年度层面的双重聚类调整。表 9 – 11 呈现了回归结果，高管纵向兼任（Vertical）的系数均为负，并且至少在 5% 的显著性水平下得到了验证。本书的结论保持不变。

表 9 – 11　　　　　　　　　采用双重聚类调整回归方法的测试

变量	(1) C_score	(2) GC_score
Vertical	**− 0. 001** ** **(− 2. 08)**	**− 0. 001** *** **(− 2. 68)**
Constant	− 0. 265 *** (− 35. 14)	− 0. 303 *** (− 46. 49)

变量	(1) C_score	(2) GC_score
Controls	Yes	Yes
Year & Ind	Yes	Yes
N	22 412	22 412
Adj_R^2	0.651	0.730

注：**、***分别表示5%、1%水平下显著。

9.6　机制检验

在前面研究发现的基础上，本书对"高管纵向兼任通过缓解融资约束降低会计稳健性"的作用机制展开进一步检验。如果这一机制成立，即缓解融资约束是高管纵向兼任降低会计稳健性的原因。那么，首先，与受融资约束较低企业相比，对受融资约束较高的企业而言，高管纵向兼任降低会计稳健性的作用会更大。其次，如果纵向兼任高管通过降低大股东与上市公司的信息不对称减轻对集团内部融资功能的不利影响，增强内部资本市场的功能，优化资源配置；通过内部资本市场的现金流互补效应以及借款担保，为外部投资者提供更强的隐性和显性担保，进而降低融资约束。那么，存在高管纵向兼任的公司，其内部资本市场活跃程度越高，越有可能获得集团内部关联方借款担保。

9.6.1　基于融资约束指标的分组检验

本书采用学术界广泛运用的 KZ 指数及股利支付率度量融资约束，具体地，关于 KZ 指数，本书借鉴了卡普兰和津加莱斯（Kaplan and Zingale，1997）的研究方法，采用经营现金流量总额、现金持有量、现金股利水平、资产负债率以及托宾 Q 值作为衡量公司融资约束程度的五个指标。具体来说，首先对整个样本按年度进行分组，根据以下指标分类：经营性活动现金流量总额与上一期总资产比值（CF）、现金持有量与上一期总资产比值（Cash）、现金股利与上一期总资产比值（Div）、资产负债率（Lev）以及托宾 Q 值（TobinQ）。如果 CF 小于中位数，则 KZ$_1$ 取值为 1，否则为 0；如果 Cash 小于中位数，则 KZ$_2$ 取值为 1，否则为 0；如果 Div 小于中位数，则 KZ$_3$ 取值为 1，否则为 0；如果 Lev 大于中位数，则 KZ_4 取值为 1，否则为 0；如果 TobinQ 大于中位数，则 KZ_5 取值为 1，否则为 0。然后，计算 $KZ = KZ_1 + KZ_2 + KZ_3 + KZ_4 + KZ_5$。并采用 Ordered Logit 模型对各个指标进行系数估计。最终，根据估计的系数构建了 KZ 指数。KZ 指数的数值越大，表明公司面临的融资约束程度越大。

进一步地，按融资约束程度高低进行分组回归。按照 KZ 指数、股利支付率中位数将样本分为融资约束较强和融资约束较弱两个子样本。表 9 – 12 列示了相应的回归分析结果，第（1）列和第（2）列呈现了使用 KZ 指数来度量融资约束的分组结果，而第（3）列和第（4）列则展示了使用股利支付率来衡量融资约束的分析结果。研究结果表明，在融资约束程度较高的组别中，高管纵向兼任（Vertical）的系数呈显著负值，并且不同组别之间的系数也存在显著差异。这表明，相对于融资约束较弱的企业，高管纵向兼任对于受到较强融资约束的企业会计稳健性的降低作用更加显著，这进一步强化了高管纵向兼任通过缓解融资约束降低会计稳健性的经济逻辑。

表 9 – 12　　　　　　　　　　　**基于融资约束指标的分组检验**

Panel A：KZ 指数度量融资约束

变量	（1）C_score		（2）GC_score	
	融资约束较强	融资约束较弱	融资约束较强	融资约束较弱
Vertical	**– 0.001 ***	**– 0.000**	**– 0.001 *****	**– 0.001**
	（– 1.94）	（– 0.81）	（– 2.09）	（– 1.44）
Constant	– 0.250 ***	– 0.285 ***	– 0.297 ***	– 0.312 ***
	（– 26.34）	（– 32.35）	（– 36.75）	（– 41.54）
Controls	Yes	Yes	Yes	Yes
Year & Ind	Yes	Yes	Yes	Yes
P – value	P = 0.000		P = 0.000	
N	10 619	11 190	10 619	11 190
Adj_R^2	0.708	0.638	0.775	0.733

Panel B：股利支付率度量融资约束

变量	（1）C_score		（2）GC_score	
	融资约束较强	融资约束较弱	融资约束较强	融资约束较弱
Vertical	**– 0.001 ***	**– 0.000**	**– 0.002 *****	**– 0.001**
	（– 1.91）	（– 0.86）	（– 2.39）	（– 1.20）
Constant	– 0.270 ***	– 0.256 ***	– 0.313 ***	– 0.292 ***
	（– 27.30）	（– 31.44）	（– 37.26）	（– 40.48）

续表

变量	(1) C_score		(2) GC_score	
	融资约束较强	融资约束较弱	融资约束较强	融资约束较弱
Controls	Yes	Yes	Yes	Yes
Year & Ind	Yes	Yes	Yes	Yes
P – value	P = 0. 004		P = 0. 000	
N	11 388	11 024	11 388	11 024
Adj_R^2	0. 635	0. 696	0. 716	0. 766

注：经验 P 值用于检验组间 Vertical 系数差异的显著性，通过 Chow test（邹检验）得到；＊、＊＊、＊＊＊分别表示 10%、5%、1% 水平下显著。

9.6.2　资本市场活跃度及借款担保

根据祁怀锦和万滢霖（2018）等的研究，集团内部关联资金往来的程度可以较为客观地反映内部资本市场的活跃程度。因此，本书采用了集团内部关联资金往来的交易金额作为内部资本市场活跃度（Icm）的衡量指标。该指标通过计算当期关联资金往来交易金额/当期资产总额获得，数值越大意味着内部资本市场的活跃程度越高。

同时，使用是否取得集团内部关联方借款担保（Gua），获得借款担保的次数（N_gua），以及获得贷款担保的金额（Sum_gua）度量企业融资约束的难度。

由表 9 – 13 中第（1）~（4）列的结果可知，存在高管纵向兼任的公司往往拥有更为活跃的内部资本市场，并依靠其进行融资和融资配置。同时，存在高管纵向兼任的公司更可能获得集团内部的关联方借款担保，获取担保的次数越多，获得借款担保的金额也越大。

表 9 – 13　　　　纵向兼任与资本市场活跃度、借款担保

变量	(1) Icm	(2) Gua	(3) N_gua	(4) Sum_gua
Vertical	**0. 041 ＊＊＊**	**0. 405 ＊＊＊**	**0. 993 ＊＊＊**	**0. 020 ＊＊＊**
	(3. 61)	**(7. 50)**	**(4. 61)**	**(5. 91)**
Constant	0. 549 ＊＊＊	4. 394 ＊＊＊	5. 298 ＊	0. 532 ＊＊＊
	(3. 66)	(5. 44)	(1. 73)	(12. 72)
Controls	Yes	Yes	Yes	Yes

变量	(1) Icm	(2) Gua	(3) N_gua	(4) Sum_gua
Year & Ind	Yes	Yes	Yes	Yes
N	22 412	22 412	22 412	22 412
Adj_R^2	0.113	0.130	0.159	0.129

注：＊、＊＊＊分别表示 10%、1% 水平下显著。

9.7 进一步分析

9.7.1 纵向兼任高管类型的异质性分析

本书关注的高管纵向兼任存在只有董事长纵向兼任、只有总经理纵向兼任、同时两种兼任以及两种兼任均没有这四种情况。在我国上市公司中，两者的职能与权力存在一定差异：在职能方面，总经理拥有自主管理公司的权限，与董事长之间存在着监督与被监督的关系；而在权力层面，董事长作为公司的法定代表人，具有法律授予的最高权力，负责制订公司的战略方向和运营计划。相比之下，经理人则负责直接管理公司的日常运营，处理具体事务和决策。因此，从权力角度来看，董事长作为公司的法人代表和重要决策者，可能在会计政策的选择上发挥更为关键的作用。鉴于这一点，本书认为当纵向兼任的高管同时担任董事长职务时，其产生的影响更加显著。

为验证上述假设，本书设置如下虚拟变量：Dum_chair，仅董事长纵向兼任时取 1，否则取 0；Dum_CEO，仅总经理纵向兼任时取 1，否则为 0；Dum_both，董事长与总经理同时兼任时取 1，否则为 0；从表 9 – 14 Panel A 和 Panel B 中第（1）~（4）列发现，仅公司董事长纵向兼任对会计稳健性具有显著的抑制作用，而当公司董事长和总经理同时存在纵向兼任（Dum_both = 1）时，却未发现类似效应。可能的解释是，董事长与总经理同时纵向兼任的样本中存在一部分（36.4%）两职合一的情况。此时，决策制定权与控制权的高度集中可能会加剧管理层代理问题，从而减弱纵向兼任通过缓解融资约束降低会计稳健性的效果。第（5）列为将两职合一的样本去除后的结果，其中，Dum_chair 与 Dum_both 的系数均显著为负，这在一定程度上也验证了本书的猜测。

表 9 - 14　　　　　　　　　　　纵向兼任高管类型与会计稳健性

Panel A：因变量为 C_score

变量	(1) C_score	(2) C_score	(3) C_score	(4) C_score	(5) C_score
Dum_chair	-0.001 **			-0.001 **	-0.001 **
	(-2.17)			(-2.40)	(-2.45)
Dum_CEO		0.001		0.000	0.000
		(0.35)		(0.06)	(0.04)
Dum_both			-0.000	-0.001	-0.002 **
			(-0.42)	(-1.25)	(-2.24)
Constant	-0.265 ***	-0.265 ***	-0.265 ***	-0.265 ***	-0.263 ***
	(-43.32)	(-43.23)	(-43.34)	(-43.33)	(-41.15)
Controls	Yes	Yes	Yes	Yes	Yes
Year & Ind	Yes	Yes	Yes	Yes	Yes
N	22 412	22 412	22 412	22 412	20 964
Adj_R^2	0.651	0.651	0.651	0.651	0.652

Panel B：因变量为 GC_score

变量	(1) GC_score	(2) GC_score	(3) GC_score	(4) GC_score	(5) GC_score
Dum_chair	-0.001 **			-0.001 ***	-0.001 ***
	(-2.27)			(-2.78)	(-2.89)
Dum_CEO		0.000		-0.000	-0.000
		(0.17)		(-0.18)	(-0.21)
Dum_both			-0.001	-0.001 **	-0.002 ***
			(-1.14)	(-2.07)	(-2.81)
Constant	-0.303 ***	-0.303 ***	-0.303 ***	-0.303 ***	-0.302 ***
	(-57.40)	(-57.28)	(-57.48)	(-57.51)	(-55.03)
Controls	Yes	Yes	Yes	Yes	Yes
Year & Ind	Yes	Yes	Yes	Yes	Yes
N	22 412	22 412	22 412	22 412	20 964
Adj_R^2	0.730	0.730	0.730	0.730	0.731

注：**、***分别表示5%、1%水平下显著。

9.7.2　基于公司产权性质的异质性分析

两种产权性质下的债务软约束存在诸多差异。中国的金融市场存在严重的"信贷歧视"现象（Firth et al.，2009），这导致非国有企业在融资方面面临更为严重的约束。此外，国有企业也不例外，受到行政干预的限制，银行对国有上市公司的债务监管相当有限，而对于民营上市公司，银行作为债权人会通过限制性条款要求公司提供稳健的会计信息。所以，同国有企业相比，非国有企业会因较强的贷款需求以及严格的贷款条款限制被要求提供更加稳健的会计信息。而高管纵向兼任则缓解了非国有企业的融资约束，大大降低了其提供稳健会计信息的动机。据此，本书推断，如果高管纵向兼任通过缓解公司融资约束降低会计稳健性，那么，在非国有企业中，这种效应会表现得更加明显。具体的回归结果如表9-15所示。在根据公司产权性质进行分组后的分析中可以观察到，在非国有企业中，也就是第（2）列和第（4）列，高管纵向兼任（Vertical）的系数均呈现显著负向，而在国有企业中这一系数却不呈现显著。因此，在非国有企业中高管纵向兼任降低会计稳健性的作用更强，与推论一致。

表9-15　　　　　高管纵向兼任、产权性质与会计稳健性

变量	C_score		GC_score	
	（1）国有企业	（2）非国有企业	（3）国有企业	（4）非国有企业
Vertical	**-0.001**	**-0.001***	**-0.001**	**-0.001****
	（-0.93）	**（-1.69）**	**（-1.17）**	**（-2.27）**
Constant	-0.278***	-0.262***	-0.317***	-0.295***
	（-30.60）	（-29.24）	（-41.00）	（-38.24）
Controls	Yes	Yes	Yes	Yes
Year & Ind	Yes	Yes	Yes	Yes
N	9 898	12 514	9 898	12 514
Adj_R^2	0.695	0.612	0.759	0.700

注：*、**、***分别表示10%、5%、1%水平下显著。

9.7.3　基于公司银行关联网络的异质性分析

财务金融相关文献显示，银行关联是一种重要的关系资本，有助于缓解银行与企业之间的信息不对称，加强双方的信任，因而能够缓解公司的融资约束（Burak et al.，2008；邓建平和曾勇，2011a，2011b）。如果高管纵向兼任缓解企业融资约束、降低会计稳健性的逻辑成立，那么，对于没有银行关联的企业而言，高管纵向兼任降低会计稳健性的作用更加明显。基于此，参考邓建平和曾勇（2011a，2011b）、梁上坤（2018）的观点，以上市公司

管理层是否具有在银行任职的经历作为银行关联的替代衡量。若上市公司管理层曾经或正在银行任职，则认为具备银行关联，否则认为不具备银行关联。依据上述分组进行测试，表9-16报告了检验结果。第（1）列、第（3）列具备银行关联组，高管纵向兼任（Vertical）的系数为负，但不显著；而第（2）列、第（4）列不具备银行关联组，高管纵向兼任（Vertical）的系数为负，且至少在10%水平下显著。这一结果表明，与具备银行关联的企业相比，高管纵向兼任对不具备银行关联（融资约束程度较强）企业会计稳健性的降低作用更大，这进一步强化了高管纵向兼任通过缓解融资约束降低会计稳健性的结论。

表9-16　　　　高管纵向兼任、管理层银行关联与会计稳健性

变量	(1) C_score	(2) C_score	(3) GC_score	(4) GC_score
	具备银行关联	不具备银行关联	具备银行关联	不具备银行关联
Vertical	-0.001	-0.001*	-0.001	-0.001**
	(-1.01)	(-1.82)	(-1.28)	(-2.47)
Constant	-0.273***	-0.257***	-0.312***	-0.296***
	(-26.23)	(-30.43)	(-34.26)	(-40.44)
Controls	Yes	Yes	Yes	Yes
Year & Ind	Yes	Yes	Yes	Yes
N	8 074	14 321	8 074	14 321
Adj_R^2	0.666	0.643	0.745	0.721

注：*、**、***分别表示10%、5%、1%水平下显著。

9.7.4　排除大股东掏空动机解释

前面的回归结果表明，高管纵向兼任降低会计稳健性，并且这种负向效应在非国有企业样本中更为显著。除了纵向兼任由于削弱公司提供较高会计稳健性的动机，最终导致会计稳健性降低以外，大股东掏空动机的存在也可能降低会计稳健性。这是因为，大股东进行纵向兼任也可能是为了更好地实现如侵占、操纵等目的，进而影响稳健性。为了排除大股东掏空动机的影响，本书分别用其他应收款占总资产比例（OREC）（Liu et al.，2015）、关联交易（关联交易额占总资产比例RPT）（Liu et al.，2015）度量大股东掏空行为，并在回归模型中加入反映大股东掏空行为的指标OREC和RPT并重

新回归。为缓解可能存在的互为因果的问题，本书使用未来一期的会计稳健性指标作为被解释变量，结果如表9－17 Panel A所示。全样本在控制了大股东掏空行为后Vertical系数仍然显著为负，这与本书的基准回归结论相一致。

为了进一步排除大股东掏空行为对会计稳健性的影响，本书按大股东掏空程度将样本分为高低两组，具体地，按照OREC和RPT的中位数将样本划分为掏空程度较高组（H_OREC和H_RPT）和掏空程度较低组（L_OREC和L_RPT）两个子样本，并利用模型（9－1）重新进行回归检验。表9－17的Panel B和Panel C报告了检验结果，从中发现，以OREC度量大股东掏空程度，在掏空程度高组与低组Vertical的系数基本都是显著为负的，通过组间系数差异SUEST检验发现系数差异不显著（P值分别为0.7158和0.8375）。当以RPT度量大股东掏空程度时，Vertical在掏空程度高组与低组均显著为负，通过组间系数差异SUEST检验发现系数差异不显著（P值分别为0.9424和0.9109）。以上结果表明大股东掏空行为不是高管纵向兼任降低会计稳健性的作用机制，印证了纵向兼任通过缓解融资约束这一作用机制降低了会计稳健性水平。

表9－17 排除掏空动机分析

Panel A：加入大股东掏空指标

变量	(1) F. C_score	(2) F. GC_score	(3) F. C_score	(4) F. GC_score	(5) F. C_score	(6) F. GC_score
Vertical	−0.001*** (−2.68)	−0.001*** (−2.65)	−0.001*** (−2.83)	−0.001*** (−2.83)	−0.001*** (−2.87)	−0.001*** (−2.86)
OREC	0.040*** (3.18)	0.035*** (3.14)			0.041*** (3.22)	0.036*** (3.19)
RPT			0.002*** (3.79)	0.002*** (4.31)	0.002*** (3.86)	0.003*** (4.36)
Constant	−0.376*** (−56.08)	−0.405*** (−70.05)	−0.375*** (−55.62)	−0.404*** (−69.60)	−0.377*** (−56.56)	−0.406*** (−70.64)
Controls	Yes	Yes	Yes	Yes	Yes	Yes
Year & Ind	Yes	Yes	Yes	Yes	Yes	Yes
N	19 158	19 158	19 158	19 158	19 158	19 158
Adj_R²	0.611	0.677	0.611	0.678	0.612	0.678

Panel B：按 OREC 分组

变量	C_score		GC_score	
	（1） H_OREC	（2） L_OREC	（1） H_OREC	（2） L_OREC
Vertical	- 0.001 * （- 1.82）	- 0.001 ** （- 2.29）	- 0.001 ** （- 2.17）	- 0.001 ** （- 2.00）
Constant	- 0.270 *** （- 30.26）	- 0.261 *** （- 23.75）	- 0.306 *** （- 40.55）	- 0.300 *** （- 37.96）
Controls	Yes	Yes	Yes	Yes
Year & Ind	Yes	Yes	Yes	Yes
N	11 203	11 203	11 203	11 203
Adj_R²	0.666	0.643	0.742	0.723
Vertical 系数差异 SUEST 检验	p - value = 0.7158		p - value = 0.8375	

Panel C：按 RPT 分组

变量	C_score		GC_score	
	（1） H_RPT	（2） L_RPT	（1） H_RPT	（2） L_RPT
Vertical	- 0.001 * （- 1.70）	- 0.001 * （- 1.70）	- 0.001 ** （- 2.15）	- 0.001 * （- 1.92）
Constant	- 0.276 *** （- 25.79）	- 0.281 *** （- 28.93）	- 0.299 *** （- 38.40）	- 0.303 *** （- 39.50）
Controls	Yes	Yes	Yes	Yes
Year & Ind	Yes	Yes	Yes	Yes
N	11 203	11 203	11 203	11 203
Adj_R²	0.655	0.599	0.764	0.718
Vertical 系数差异 SUEST 检验	p - value = 0.9424		p - value = 0.9109	

注：*、**、***分别表示10%、5%、1%水平下显著。

9.7.5 纵向兼任导致会计稳健性降低的经济后果讨论

本书通过研究发现，高管纵向兼任通过缓解融资约束降低会计稳健性，并排除了大股东掏空行为的可能解释。虽然大股东掏空行为不是引发高管纵向兼任的深层次原因，但高管的纵向兼任导致的会计稳健性降低可能会加剧大股东掏空行为，即融资约束的缓解是以大股东掏空行为为代价的。因此，本书从大股东掏空角度进一步讨论高管纵向兼任下会计稳健性变化所带来的经济后果。

本书首先检验了纵向兼任（Vertical）对会计稳健性（C_score 或 GC_score）的影响，其次，参考中介效应模型，在解释变量中将纵向兼任（Vertical）与会计稳健性（C_score 和 GC_score）同时纳入回归方程，检验其对大股东掏空行为的作用。为尽可能缓解互为因果问题的影响，第（3）～（6）列使用未来一期的大股东掏空行为指标（F. OREC 和 F. RPT）作为被解释变量。结果如表 9 - 18 所示，前两列与主回归结果一致，高管纵向兼任与会计稳健性显著负相关，第（3）～（6）列的结果显示，C_score 与 GC_score 的回归系数均不显著。根据中介效应的原理，若是高管纵向兼任通过降低会计稳健性加剧大股东掏空行为，即稳健性部分中介或完全中介了高管纵向兼任对大股东掏空行为的影响效应，则必要条件是 C_score 或 GC_score 显著为负，但表 9 - 18 的结果未显示会计稳健性与大股东掏空行为存在显著的相关关系。因此，本书没有发现高管纵向兼任导致的会计稳健性降低会加剧大股东掏空行为存在，即融资约束的缓解是以大股东掏空行为存在为代价。

表 9 - 18　　　　　　　　　会计稳健性变化的经济后果检验

变量	(1) C_score	(2) GC_score	(3) F. OREC	(4) F. OREC	(5) F. RPT	(6) F. RPT
Vertical	- 0. 001 ** (- 2. 32)	- 0. 001 *** (- 2. 92)	0. 000 (0. 54)	0. 000 (0. 54)	0. 040 *** (3. 57)	0. 040 *** (3. 56)
C_score			**0. 008** (**1. 55**)		**- 0. 118** (**- 1. 16**)	
GC_score				**0. 008** (**1. 44**)		**- 0. 115** (**- 1. 09**)
lnLage			0. 002 *** (3. 39)	0. 002 *** (3. 38)	0. 043 *** (4. 50)	0. 043 *** (4. 51)
Top25			0. 004 (1. 50)	0. 004 (1. 50)	- 0. 010 (- 0. 17)	- 0. 010 (- 0. 17)
PPE			- 0. 027 *** (- 13. 50)	- 0. 027 *** (- 13. 50)	0. 098 ** (2. 32)	0. 098 ** (2. 33)
Boardsize			- 0. 000 (- 0. 52)	- 0. 000 (- 0. 53)	- 0. 001 (- 0. 22)	- 0. 001 (- 0. 21)
IB			0. 005 (0. 83)	0. 005 (0. 82)	- 0. 089 (- 0. 81)	- 0. 089 (- 0. 81)
Institution			- 0. 004 (- 1. 15)	- 0. 004 (- 1. 15)	- 0. 133 * (- 1. 84)	- 0. 133 * (- 1. 84)

变量	(1) C_score	(2) GC_score	(3) F. OREC	(4) F. OREC	(5) F. RPT	(6) F. RPT
Constant	-0.267 *** (-43.29)	-0.305 *** (-57.51)	0.038 *** (4.67)	0.038 *** (4.68)	0.476 *** (2.79)	0.472 *** (2.76)
Controls	Yes	Yes	Yes	Yes	Yes	Yes
Year & Ind	Yes	Yes	Yes	Yes	Yes	Yes
N	22 242	22 242	22 242	22 242	22 242	22 242
Adj_R^2	0.651	0.730	0.130	0.130	0.112	0.112

注：＊、＊＊、＊＊＊分别表示10%、5%、1%水平下显著。

9.8　研究结论

本书从会计政策的角度考察了高管纵向兼任对于公司经济行为后果的影响。研究发现：高管纵向兼任与会计稳健性呈现显著的负相关关系；机制检验的结果表明，高管纵向兼任主要通过缓解企业融资约束降低会计稳健性；区分纵向兼任高管的类型，仅在董事长纵向兼任时，高管纵向兼任对公司的会计稳健性水平才存在显著影响。区分不同的公司类型，与国有企业及具备银行关联的企业相比，在非国有企业以及不具备银行关系的企业，高管纵向兼任通过缓解融资约束降低会计稳健性的作用力度更强。本书的研究拓展了高管纵向兼任经济后果与会计稳健性影响因素的相关研究，并对完善公司治理及加强政策监管具有一定的启示意义。

本书的研究发现具有以下两点启发意义：第一，公司治理机制的设置对于公司会计信息的质量与特征存在重要的影响。本书的研究表明，应该重视高管纵向兼任对公司会计政策行为影响的研究，从而更加全面地审视和评价高管纵向兼任对微观企业经济后果的影响。第二，不同类型的纵向兼任高管在不同产权形式的企业中对会计稳健性的影响不同。这意味着从提高会计信息质量的角度来说，政策制定者、公司监管层以及投资者需要在结合纵向兼任高管的类型及公司的产权形式的同时关注高管纵向兼任对会计稳健性可能产生的经济后果。

第 10 章
高管纵向兼任与企业绩效

10.1 引言

基于纵向兼任高管有助于增强大股东对上市公司控制的逻辑思路，已有文献对纵向兼任高管的经济后果进行拓展后发现，其经济后果因控制主体及控制目标的差异而不同。高管纵向兼任减小了股东与管理层之间的代理问题，具体表现为提高了会计信息质量（潘红波和韩芳芳，2016）、降低了国有企业对上市公司的干预，从而提高了公司业绩（Arnoldi et al.，2019）。同时，在新兴市场中，纵向兼任高管也可能是大股东与中小股东利益冲突加剧的表现，方便大股东侵占中小股东利益，最终损害公司价值（郑杲娉等，2014）。另外，王等（Wang et al.，2022）从母公司角度出发研究了母公司高管（董事长、CEO、CFO）同时被任命为子公司董事或高管对于公司纳税筹划的影响。研究发现，"共同高管"能够获得有关公司日常经营的第一手信息，从而能够更好地识别税收规避的机会并实施纳税筹划策略。

在前面章节中，本书分别讨论了高管纵向兼任对企业投资行为（投资效率和多元化投资）行为的影响，说明了上市公司高管纵向兼任的经济后果要充分考虑我国的产权性质。在国有企业，高管的纵向兼任有助于降低股东与管理层的代理问题，具体表现为减少国有企业的投资支出、提高投资效率，并抑制因管理层自利动机导致的企业多元化行为；而对于非国有企业，高管的纵向兼任加剧了大股东的利益输送，导致企业投资效率下降，多元化成为大股东掏空行为的工具。基于此，高管纵向兼任是否影响企业绩效？在不同的产权形式下，其表现是否相同？本章将进一步讨论高管纵向兼任对企业绩效的影响。

10.2　理论分析与假设发展

大股东在兼任上市公司董事长的情况下可能会对公司绩效产生积极影响。首先，在类似我国这样的转型经济体中，防止管理层侵占股东利益（Jensen and Meckling，1976）的问题更为复杂。管理层容易借用公司资源牟取个人利益，进而损害公司价值。大股东兼任高管有助于减轻上市公司内部代理问题，提升公司价值（Anderson and Reeb，2003）。具体而言，首先，控股股东的利益与其他股东的利益趋于一致，控股股东成为公司治理的有益监督者，能够有效监控管理层，减少资源浪费和低效投资，从而提升公司价值和绩效。其次，上市公司董事长兼任大股东单位的职位通常较高，这种纵向兼任将会对大股东单位的决策产生影响，例如避免掏空行为。兼任董事长有助于说服大股东单位不对上市公司进行掏空，甚至为上市公司提供支持。最后，大股东的纵向兼任还可以在大股东（或集团公司）与上市公司之间建立纵向联结（Arnoldi et al.，2019）。在相同条件下，与其他附属企业相比，这种联结有助于大股东向上市公司注入资源，提升其运营绩效。综上所述，高管的纵向兼任与公司绩效呈正相关。

然而，在新兴市场中，第二类委托代理问题更为普遍，即大股东对中小股东利益的侵害问题。克莱森斯等（2000）首次提出，东亚国家中，大股东主要通过四种途径增强对公司的控制，即金字塔结构、交叉持股、同股不同权和兼任高管。此后，克莱森斯等（2002）通过对前三种大股东控制手段的经济后果进行检验发现，此三种控制模式所导致的投票权和现金流权分离，不论在民营企业还是在国有企业，均增强了大股东侵占其他股东利益的动机，最终与公司价值显著负相关，按照克莱森斯等（2002）的研究思路，兼任高管强化了大股东对上市公司的控制，使得大股东可以通过兼任高管获取控制权私有收益。已有研究也发现，由于制度环境不完善，我国大股东侵占中小股东利益的现象十分普遍。高管纵向兼任有助于大股东直接控制上市公司的"执行层面"，进而增强对上市公司的控制。在转型经济投资者保护较薄弱的背景下，纵向兼任的高管可能更多地以牺牲其他股东利益为代价，为大股东的控制权私有收益服务，从而损害公司绩效。据此提出以下两个竞争性假设：

假设 H10 - 1a：上市公司如果存在兼任高管，则其公司绩效更好。

假设 H10 - 1b：上市公司如果存在兼任高管，则其公司绩效更差。

此外，国有企业和非国有企业在代理问题方面存在显著差异（王甄和胡军，2016）。国有企业主要涉及一类代理问题，即"所有者缺位"（侯青川等，2015），而大股东侵害中小股东利益的第二类代理问题相对较小。而非国有企业中，第一类代理问题相对较轻，主要体现为大股东对中小股东利益侵害的第二类代理问题。因此，相对于国有企业，非国有企业更有动机通过高管纵向兼任来侵占其他股东的利益。同时，国有企业的纵向兼任高管常常受到国有资产管理机构和地方组织人事部门的严格监管，从而降低了协助大股东侵占上市公司利益的可能性。因此，高管的纵向兼任加强了大股东的掏空动机，这种影响在非国有企业中可能表现得更为显著。据此提出以下假设：

假设 H10 - 2：高管纵向兼任对企业绩效的抑制作用在非国有企业表现得更为明显。

10.3　模型构建、变量定义与数据来源

10.3.1　模型构建与变量定义

为检验本书的研究假设，参考杨兴全等（2018）及以往文献构建多元回归模型如下：

$$MV_{i,t} = \alpha_0 + \alpha_1 Vertical_{i,t} + \sum Control + \varepsilon_{i,t} \qquad (10-1)$$

模型（10 - 1）具体包含以下变量。

（1）因变量。MV 表示企业绩效，由于 ROE（净资产净利率）和 ROA（总资产净利率）易受到机会主义操纵，本书用 ROS（净利润/营业收入）度量企业绩效。后面也用 ROE 和 ROA 进行稳健性检验。

（2）自变量。Vertical 表示高管是否纵向兼任。如果上市公司董事长或总经理在大股东单位任职则取值为 1，否则为 0。

（3）控制变量。模型中的控制变量参考权威文献的做法（杨兴全等，2018），具体包含企业规模（Size）、资产负债率（Lev）、成长机会（Growth）、

经营现金流（Cfo）、第一大股东持股（Top1）、独董比例（IB）、管理层薪酬（Lnpay）、两职合一（Duality）。

表 10 – 1 是本书主要变量的定义和说明。为减轻极端值影响，本书对所有连续变量进行了上下 1% 的缩尾（Winsorize）处理。

表 10 – 1 　　　　　　　　　　　主要变量的定义和说明

变量类型	变量名称	变量符号	变量说明
因变量	公司绩效	Ros	账面价值，净利润/营业收入
自变量	纵向兼任职务	Vertical	公司高管在大股东单位担任职位时取 1，否则取 0
		Vertical_chairman	公司董事长在大股东单位担任职位时取 1，否则取 0
		Vertical_CEO	公司总经理在大股东单位担任职位时取 1，否则取 0
控制变量	公司规模	Size	公司年末总资产的自然对数
	财务杠杆	Lev	公司年末负债总额与资产总额的比值
	公司成长性	Growth	主营业务收入增长率
	自由现金流量	Cfo	经营活动产生的现金净流量/年末总资产
	第一大股东持股	Top1	公司年末第一大股东持股数与公司总股数的比值
	独董比例	IB	独立董事人数/董事会总人数
	高管薪酬	Lnpay	董高监前三名薪酬总额自然对数
	两职合一	Duality	董事长与总经理两职合一取 1，否则取 0
	年度虚拟变量	Year	控制年度宏观经济影响
	行业虚拟变量	Ind	控制行业经济影响

10.3.2　数据来源与样本选取

本书选取了 2009～2016 年的 A 股非金融上市公司作为研究对象。本书排除了 ST、PT 以及净资产为负的异常公司观测。为减小极端值对结果的影响，本书对所有连续变量进行了 1% 水平的缩尾处理。同时，排除了变量存在数据缺失的观测。最终得到了 16 750 个公司—年样本用于进行实证分析。本书所使用的其他数据来自 CSMAR 和 WIND 数据库，并使用 STATA 软件进行了数据处理和结果的呈现。

10.4 实证结果分析

10.4.1 描述性统计与相关性分析

表 10 – 2 是本书主要变量的描述性统计情况，可以发现，Ros 的均值为
0.082，最大值为 0.565。由 Vertical 的结果表现可知，样本中约一半（均值为
0.483）的观测值存在高管纵向兼任，为本书拟关注的研究问题提供了验证的
可能。此外，公司盈利能力（Roa）的均值为 3.8%，公司自由现金流（Cfo）
均值为 4.5%，财务杠杆（Lev）的均值为 46.7%，这些变量的统计值均与以
往文献吻合。

表 10 – 2 主要变量的描述性统计

变量	N	mean	sd	min	P25	P50	P75	max
Ros	16 750	0.082	0.136	− 0.528	0.024	0.066	0.135	0.565
Roa	16 750	0.040	0.050	− 0.142	0.014	0.035	0.064	0.194
Roe	16 750	0.066	0.107	− 0.515	0.029	0.068	0.114	0.332
Vertical	16 750	0.483	0.500	0.000	0.000	0.000	1.000	1.000
Size	16 750	12.795	1.276	10.241	11.881	12.626	13.522	16.669
Lev	16 750	0.442	0.214	0.048	0.271	0.440	0.611	0.896
Growth	16 750	0.215	0.597	− 0.567	− 0.030	0.110	0.281	4.453
Cfo	16 750	0.043	0.074	− 0.190	0.003	0.042	0.086	0.249
Top1	16 750	0.357	0.152	0.088	0.235	0.338	0.464	0.751
IB	16 750	0.372	0.053	0.333	0.333	0.333	0.400	0.571
Lnpay	16 750	14.218	0.697	12.461	13.777	14.205	14.644	16.160
Duality	16 750	0.236	0.424	0.000	0.000	0.000	0.000	1.000

表 10 – 3 报告了高管纵向兼任与企业绩效的单变量检验结果。表 10 – 3 的
数据表明，在国有企业，存在高管纵向兼任（Vertical = 1）的 Ros、总资产净
利率（Roa）的均值和中位数都大于不存在高管纵向兼任的公司，且均在 1%
水平下显著，揭示了存在高管纵向兼任的企业同不存在高管纵向兼任的企业相
比，其公司绩效更差。

表 10 – 3 单变量检验

Panel A		Controller = 1	Vertical = 0	Vertical = 1	Diff	Z 值
Ros	均值		0.088	0.076	0.012***	10.683***
	中位数		0.075	0.058		
Roa	均值		0.041	0.038	0.004***	7.130***
	中位数		0.038	0.033		
Roe	均值		0.065	0.066	– 0.001	– 1.485

注：均值为 T 检验，中值是 Wilcoxon 秩和检验；***表示 1% 水平下显著。

表 10 – 4 列示了因变量、自变量和控制变量的 Pearson 相关系数矩阵。可以发现，高管纵向兼任（Vertical）与企业绩效（Ros/Roa）之间存在着较强的负相关关系。三种度量企业绩效指标的相关系数均在 0.6 以上，表明三种衡量方法具有内在一致性。其余变量（包括未报告的其他控制变量）之间相关系数的绝对值均在 0.5 以内，由此可知，多重共线性不会对本书的回归结果产生严重干扰。

表 10 – 4 主要变量的相关系数矩阵

变量	A	B	C	D	E	F	G
（A）Ros	1						
（B）Roa	0.761***	1					
（C）Roe	0.679***	0.863***	1				
（D）Vertical	– 0.044***	– 0.039***	0.006	1			
（E）Vertical_Chairman	– 0.040***	– 0.032***	0.009	0.978***	1		
（F）Vertical_CEO	– 0.016**	– 0.011	0.020**	0.516***	0.472***	1	
（G）Size	0.017**	– 0.015*	0.124***	0.200***	0.194***	0.126***	1
（H）Lev	– 0.335***	– 0.374***	– 0.127***	0.170***	0.162***	0.074***	0.475***

注：*、**、***分别表示 10%、5%、1% 水平下显著。

10.4.2 研究假设检验

（1）研究假设 H10 – 1 检验：高管纵向兼任与企业绩效。

研究假设 H10 – 1 探讨了高管纵向兼任对公司绩效的影响。使用模型

（10－1）进行分组检验。表 10－5 是本书研究假设 H10－1 的回归结果。第（1）列控制了 Size、Lev、Growth 和 Cfo 后，Vertical 变量的系数为－0.007，且在 1% 水平下显著，说明纵向兼任高管所在公司的绩效明显较低。这一结果暗示了大股东通过纵向兼任高管加强了对上市公司的控制后进行了降低公司绩效的活动。表 10－5 的第（2）列与第（3）列分别控制了股权特征、董事会结构特征和管理层激励特征，Vertical 变量的系数依然在 1% 水平下显著为负。整体结果支持了假设 H10－1b。

表 10－5　　　　　　　　　　纵向兼任高管与公司绩效

变量	(1)	(2)	(3)
	Ros	Ros	Ros
Vertical	－0.007 **	－0.008 ***	－0.006 **
	(－2.46)	(－2.94)	(－2.31)
Size	0.022 ***	0.021 ***	0.016 ***
	(12.08)	(11.73)	(8.39)
Lev	－0.293 ***	－0.292 ***	－0.280 ***
	(－26.84)	(－26.73)	(－25.50)
Growth	0.033 ***	0.033 ***	0.033 ***
	(15.53)	(15.49)	(15.57)
Cfo	0.260 ***	0.258 ***	0.239 ***
	(12.21)	(12.11)	(11.04)
Top1		0.023 **	0.030 ***
		(2.09)	(2.69)
IB			－0.038
			(－1.47)
Lnpay			0.018 ***
			(6.90)
Duality			0.011 ***
			(3.57)
Constant	－0.071 ***	－0.071 ***	－0.256 ***
	(－3.65)	(－3.65)	(－7.11)
Ind & Year	Yes	Yes	Yes
N	16 750	16 750	16 750
Adj_R^2	0.2451	0.2457	0.2528

注：括号中为 t 值，**、***分别表示 5%、1% 水平下显著。所有回归结果均在公司层面进行了 Cluster 处理，并用 Robust 控制了异方差问题。

（2）研究假设 H10 - 2 检验：纵向兼任高管、产权性质与公司绩效。

研究假设 H10 - 2 探讨了在不同的产权性质下纵向兼任高管类型对公司绩效的影响。根据上市公司的产权性质，将全样本分为国有公司组和非国有公司组，使用模型（10 - 1）进行分组检验。表 10 - 6 是具体的回归结果。结果显示，只有在非国有企业，高管纵向兼任的系数才显著为负（Vertical 的系数为 - 0.008，在 5% 水平下显著）。这进一步证实了大股东通过纵向兼任的高管实施机会主义行为导致公司绩效下降，并且这一效应在第二类代理问题较为突出的民营企业中表现得更为明显。

表 10 - 6　　　　　　　纵向兼任高管、产权性质与公司多元化

变量	（1）controller = 1	（2）controller = 0
	ROS	ROS
Vertical	0.001	- 0.008 **
	(0.17)	(- 2.27)
Size	0.015 ***	0.024 ***
	(5.81)	(8.24)
Lev	- 0.269 ***	- 0.280 ***
	(- 15.88)	(- 19.80)
Growth	0.027 ***	0.034 ***
	(7.83)	(12.59)
Cfo	0.221 ***	0.266 ***
	(7.17)	(9.10)
Top1	0.021	0.052 ***
	(1.31)	(3.71)
IB	- 0.070 *	- 0.013
	(- 1.82)	(- 0.38)
Lnpay	0.021 ***	0.012 ***
	(5.64)	(3.44)
Duality	0.006	0.008 **
	(1.02)	(2.06)
Constant	- 0.267 ***	- 0.275 ***
	(- 5.33)	(- 5.46)
Ind & Year	Yes	Yes
N	7 264	9 270
Adj_R^2	0.2921	0.2367

注：*、**、***分别表示10%、5%、1%水平下显著。

10.5　稳健性检验

10.5.1　变更公司绩效的度量

本书变更公司绩效的度量方法，利用总资产净利率（Roa）和净资产净利率（Roe）重新进行回归验证假设 H10 - 1 和假设 H10 - 2，结果如表 10 - 7 Panel A 和 Panel B 所示。在表 Panel A 中，全样本高管纵向兼任（Vertical）的系数显著为负，如第（1）列所示，说明存在高管纵向兼任的公司绩效更低。第（2）列和第（3）列根据企业产权性质进行分组后发现，Vertical 与公司绩效（roa）的负相关关系仅存在于非国有企业。Panel B 利用净资产净利率度量公司绩效，依然发现在非国有企业，高管纵向兼任更能降低公司绩效。表 10 - 7 Panel A 和 Panel B 的结果表明，本书对于假设 H10 - 1 和假设 H10 - 2 的检验是稳健的。

表 10 - 7　　　　　　　高管纵向兼任、产权性质与公司绩效

Panel A：被解释变量为 Roa

变量	（1）	（2）controller = 1	（3）controller = 0
	roa	roa	roa
Vertical	- 0.002 *	0.001	- 0.003 **
	（- 1.71）	（0.55）	（- 2.22）
Constant	- 0.190 ***	- 0.218 ***	- 0.175 ***
	（- 16.31）	（- 12.65）	（- 10.86）
Controls	Yes	Yes	yes
Ind & Year	Yes	Yes	yes
N	16 750	7 264	9 270
Adj_R²	0.3627	0.3830	0.3484

Panels B：被解释变量为 Roe

变量	（1）	（2）controller = 1	（3）controller = 0
	roe	roe	roe
Vertical	- 0.002	0.002	- 0.005 *
	（- 1.19）	（0.74）	（- 1.85）
Constant	- 0.497 ***	- 0.644 ***	- 0.407 ***
	（- 19.48）	（- 15.12）	（- 13.01）

变量	（1）	（2） controller = 1	（3） controller = 0
	roe	roe	roe
Controls	Yes	Yes	Yes
Ind & Year	Yes	Yes	Yes
N	16 750	7 264	9 270
Adj_R²	0.2256	0.2557	0.2227

注：*、**、***分别表示 10%、5%、1% 水平下显著。

10.5.2 变更样本区间

股权分置改革及新准则的实施对公司治理具有重大影响。本书以 2007 年，即新准则开始实施年份、股权分置改革完成时为样本研究起始年，2016 年为样本结束年，重新对假设 H10 - 1 和假设 H10 - 2 进行检验。结果如表 10 - 8 所示。第（1）~（3）列的结果显示，在变更样本区间后，高管纵向兼任（Vertical）依然与公司绩效显著负相关。第（4）~（5）列对企业产权性质进行区分后发现，高管纵向兼任与公司绩效的负相关关系仅存在于非国有企业。表 10 - 8 的结果与本书的假设 H10 - 1 和假设 H10 - 2 一致。

表 10 - 8　　高管纵向兼任与公司绩效（样本区间为 2007 ~ 2016 年）

因变量：Ros	（1）	（2）	（3）	（4） controller = 1	（5） controller = 0
Vertical	- 0.007**	- 0.008***	- 0.007**	- 0.000	- 0.009**
	（- 2.55）	（- 3.15）	（- 2.57）	（- 0.00）	（- 2.52）
Constant	- 0.066***	- 0.066***	- 0.259***	- 0.271***	- 0.270***
	（- 3.27）	（- 3.27）	（- 7.27）	（- 5.78）	（- 5.14）
Controls	Yes	Yes	Yes	Yes	Yes
Ind & Year	Yes	Yes	Yes	Yes	Yes
N	19 255	19 255	19 255	8 886	10 151
Adj_R²	0.2379	0.2387	0.2460	0.2900	0.2223

注：*、**、***分别表示 10%、5%、1% 水平下显著。

10.6　进一步分析

10.6.1　纵向兼任高管对企业价值的影响

本书还进一步检验了高管纵向兼任对企业价值的影响。本书建立模

型（10 – 2），被解释变量为未来一期的市场回报（Ret）。参考现有研究
（Gompers et al.，2003；孔东民等，2017；潘怡麟等，2018），除模型（10 – 1）
中已经控制的变量外，还控制了账面市值比（BM）、市值规模（Msize）和市
场价格（Price）等变量。

$$Ret_{i,t+1} = \beta_0 + \beta_1 Vertical_{i,t} + \beta_2 Roa_{i,t} + \beta_3 Lev_{i,t} + \beta_4 Top1_{i,t} + \beta_5 Duality_{i,t}$$

$$+ \beta_6 BM_{i,t} + \beta_7 Msize_{i,t} + \beta_8 Price_{i,t} + \sum Industry + \sum Year + \varepsilon_{i,t}$$

$$(10 – 2)$$

表 10 – 9 报告了模型（10 – 2）的回归结果。其中，高管纵向兼任（Verti-
cal）的回归系数在全样本及国有企业样本中为正，在非国有企业样本为负，
但均不显著，说明高管纵向兼任对企业价值并无显著的影响。控制变量中，
BM 的回归系数显著为负，而 Msize 的回归系数显著为正，盈利能力（Roa）与
财务杠杆（Lev）的回归系数均显著为正，说明盈利能力强且具有较强举债能
力的企业市场价值较高。

表 10 – 9　　　　　　　　纵向兼任高管、产权性质与企业价值

变量	（1）	（2）Controller = 1	（3）Controller = 0
	lret	lret	lret
Vertical	0.004	0.010	– 0.002
	(0.52)	(1.05)	(– 0.15)
Roa	0.562 ***	0.621 ***	0.396 ***
	(6.12)	(4.60)	(3.03)
Constant	– 1.071 ***	– 0.818 ***	– 1.523 ***
	(– 14.91)	(– 9.97)	(– 11.10)
Controls	Yes	Yes	Yes
Ind & Year	Yes	Yes	Yes
N	13 529	6 948	6 426
Adj_R^2	0.6000	0.6487	0.5821

注：*、**、***分别表示 10%、5%、1% 水平下显著。

这可能是因为高管纵向兼任对企业代理问题的影响因企业产权性质不同而
存在差异。从短期来看，特别是非国有企业，高管的纵向兼任加剧了大股东代理
问题，导致公司绩效下降。但从长期来看，纵向兼任高管对管理层代理问题的减
弱与大股东代理问题的增强相互抵销，未在企业价值方面表明出显著的效应。

10.6.2 纵向兼任高管对大股东单位职务层级的影响

由于董事长与总经理在权责大小及激励机制方面存在较大差异，本书进一步检验了纵向兼任高管类型对公司绩效的影响。根据纵向兼任高管的类型，将纵向兼任的高管分为董事长的纵向兼任（Vertical_chairman）和总经理的纵向兼任（Vertical_CEO），使用模型（10－1）进行分组检验。表10－10是具体的回归结果。第（1）列显示，董事长的纵向兼任显著降低公司绩效，而在第（2）列中，总经理纵向兼任的系数为负，但不显著。进一步地，第（3）列将总经理纵向兼任与董事长纵向兼任同时加入模型中发现，只有董事长纵向兼任的系数显著为负。表10－10的结果表明，高管纵向兼任对企业绩效的抑制作用主要通过董事长的纵向兼任发挥作用。

表 10－10　　　　　纵向兼任高管类型与公司绩效

变量	（1）	（2）	（3）
	ROS	ROS	ROS
Vertical_chairman	－0.006 **		－0.005 *
	（－2.06）		（－1.73）
Vertical_CEO		－0.004	－0.001
		（－1.18）	（－0.14）
Constant	－0.256 ***	－0.257 ***	－0.256 ***
	（－7.09）	（－7.13）	（－7.07）
Controls	Yes	Yes	Yes
Ind & Year	Yes	Yes	Yes
N	16 750	16 750	16 750
Adj_R^2	0.2527	0.2524	0.2526

注：*、**、***分别表示10%、5%、1%水平下显著。

10.7　研究结论

前面章节讨论了我国上市公司高管纵向兼任对企业投资及融资行为的影响，本章继续分析了这种制度安排对公司绩效的影响。结果显示，存在高管纵向兼任公司的公司绩效显著更低，并且这一现象主要存在于非国有企业。进一步的分析还显示，董事长的纵向兼任对企业绩效的负向影响更大。但是，本书没有发现高管纵向兼任对企业价值具有显著影响。本章的结果说明，大股东通过纵向兼任高管的形式加强对上市公司的控制后，对企业治理效果的影响需要考虑我国的产权性质。在非国有企业，高管的纵向兼任更可能成为大股东掏空上市公司的工具，表现为降低企业投资效率，促进机会主义多元化程度，从而导致较差的公司业绩；而在国有企业，高管的纵向兼任可以弥补"所有者"缺位的制度漏洞，通过加强对管理层的监督，从而抑制国有企业的过度投资及多元化经营。但由于国有企业的投资行为易受政府干预及宏观经济政策的影响，高管纵向兼任对企业绩效及公司价值的正向效应并未显著表现出来。

第11章
主要结论、研究不足与展望

作为我国市场经济转型及企业改革的特殊产物，高管纵向兼任普遍存在于我国上市公司，这种特殊的公司治理安排势必会对公司治理、企业的投资行为和融资行为产生影响。这种纵向兼任与西方发达资本市场中存在的水平连锁所产生的经济效应是否相同？是否会对我国企业行为产生差异性的影响？另外，大股东通过纵向兼任高管可以实现哪些目的？动机又有何不同？大股东的这种治理安排与西方发达资本市场大股东的治理效应是否相同？对于这些问题的研究有助于为我国特殊情景下存在的高管纵向兼任这一治理机制的经济后果提供实证，也有助于人们更进一步理解在不同的制度环境下，大股东治理手段与机制所产生的经济效应的不同。因此，本书在理论和实际层面上具有显著的意义。本书从高管纵向兼任的角度出发，系统性地探究了其对企业投资、融资和治理的影响。研究涵盖了投资效率、企业创新、多元化投资策略、银行贷款融资、会计稳健性以及企业违规等多个方面。本章对前述研究内容进行了综合总结，梳理了主要研究结论，并提出相关政策建议。此外，本章还对研究内容和方法的局限性进行了评价，并展望了未来该领域的研究方向。

11.1　主要结论与政策启示

11.1.1　主要结论

（1）高管纵向兼任的影响因素。代理问题、融资约束和高管社会资本是影响高管是否纵向兼任的主要因素。企业存在因代理问题纵向兼任的可能；董事长的社会资本，尤其是政治关联及兼任更可能使其纵向兼任；民营企业因代理问题动因、融资约束动因及社会资本动因选择高管纵向兼任的概率更高，因融资约束动因而纵向兼任可能只出现在民营企业中。国有企业薪酬越低、管理层机会主义动机越强时，通过纵向兼任加强对管理层监督的概率越高。大股东更倾向"董事长—董事长"的纵向兼任关系，即派社会资本丰富的董事长去上市公司任职。

（2）关于高管纵向兼任与企业创新。作为企业的一种长期战略投资行为，代理问题对企业创新具有重要影响。第一类代理问题、经理人的私人成本的增加及"职业忧虑"诱发的短视行为均将削弱企业的创新意愿进而抑制创新。第二类代理问题、大股东的掏空行为将直接减少上市公司创新所需的资金来源。那么，在我国制度背景下，高管纵向兼任是大股东发挥积极监督作用的途径还是只是实现私人利益、进行"隧道挖掘"的工具？存在高管纵向兼任的企业，其创新程度较低。仅在制度环境较差的情况下，高管纵向兼任能够显著抑制企业创新，这表明较差的制度环境有利于大股东掏空行为的实施。当董事长纵向兼任，且专利类型为发明专利申请及实用新型专利申请与授权时，纵向兼任更能抑制企业创新。此外，高管纵向兼任与企业创新的关系在不同的产权性质下表现不同，在非国有企业，高管纵向兼任对企业创新的抑制作用更明显。高管纵向兼任主要通过加强大股东的掏空行为，例如增加关联交易和资金占用，限制企业的创新活动。这也说明，在中国的制度环境下，高管纵向兼任很可能成为大股东掏空上市公司的一种策略。

（3）关于高管纵向兼任与企业投资效率。总体来看，我国上市公司中的高管纵向兼任并未呈现出可能的积极影响，例如在减少信息不对称、提升会计信息质量、加强机会主义行为监督、缓解代理问题和企业融资约束等方面取得效果；相反，更多地体现了大股东通过高管纵向兼任来掏空上市公司的动机。这种情况具体体现为：高管的纵向兼任降低了大股东掏空上市公司的难度和成本，减少了掏空行为被发现的风险，进一步激发了大股东的掏空动机，导致企业投资效率下降。此外，相对于国有企业，非国有企业更多地面临大股东侵占中小股东利益的代理问题。同时，非国有企业也更加受到融资约束的影响，更容易成为大股东与外部融资互动的渠道，从而遭受"掏空"。此外，中国企业的董事长通常由实际控制人或大股东委任，董事长作为公司的法人代表拥有法律赋予的最高权力，对企业的投资活动影响更为显著。所以，高管纵向兼任对企业投资效率的抑制作用在董事长纵向兼任及非国有企业更为显著。同样，上述两者的负相关关系在大股东掏空动机较强，即两权分离度较高时更加明显。最后，高管纵向兼任通过加剧大股东占款、增加关联交易次数及金额的方式降低投资效率。

（4）关于高管纵向兼任与企业多元化投资。第一类代理问题和第二类代理问题在不同的产权性质下的主导作用不同。同样，对于不同的企业行为，不同类型的纵向兼任高管所发挥的作用也明显不同。"所有者缺位"导致国有企业对经理人的监督缺乏效率，经理人会通过建造个人帝国、在职消费等牟取个人私利。高管纵向兼任通过加强对管理层的监督减弱其多元化自利动机及抑制企业多元化。而在非国有企业，受信贷歧视、融资约束以及大股东掏空动机等影响，纵向兼任的高管会通过缓解融资约束及提高大股东私利动机促进企业多元化。同时，总经理受薪酬激励与经理人市场声誉的影响，在短期内提升公司业绩的动机更强烈，而多元化经营有助于其实现经营目标。企业进行多元化的发展还会给经理人带来如社会知名度、公众信任度、更广泛的决策权和支配企业财务的权利以及人事任免权等除经济利益以外的利益。经理人直接管理企业的运营，拥有企业运作与财务的第一手资料，在提议和实施多元化行为方面会更加便捷，执行力也更强。因此，同董事长纵向兼任相比，总经理纵向兼任具有更强的动机及执行力影响企业多元化。

（5）关于高管纵向兼任与银行贷款。高管纵向兼任使公司获得银行贷款的概率更低，获得银行贷款的金额也更少，主要原因在于高管纵向兼任加剧了大股东的掏空行为（增加关联交易的次数和金额），从而提高了企业的信贷违约风险，降低了银行进行贷款的意愿。高管纵向兼任对企业信贷资源的这一负向作用还表现为提高银行的借款约束条件，具体地，企业所获得贷款的整体资本成本及贷款利率均更高。另外，同之前研究的发现类似，在高管纵向兼任与银行贷款的关系中，从第三方银行角度来看，董事长对企业行为的影响最大，因此，董事长纵向兼任对企业信贷资源获取的抑制作用更强。

（6）关于高管纵向兼任与财务报告稳健性。第一，高管纵向兼任情况会显著影响公司财务报告的稳健性，相对于不存在高管纵向兼任的企业而言，当企业高管存在纵向兼任时，会计稳健性水平将降低2.38%。并且，利用纵向兼任变化变量（由没有纵向兼任变为纵向兼任，由纵向兼任变为没有纵向兼任）这一类似外生冲击，通过 PSM + DID 的方法重新回归后发现，上市公司从没有高管纵向兼任变为有高管纵向兼任后，会计稳健性显著降低，而上市公司从有高管纵向兼任变为没有高管纵向兼任后，会计稳健性显著提高。第二，高管纵向兼任主要通过缓解企业融资约束降低会计稳健性，具体地，存在高管纵向兼任的公司往往会存在更为活跃的内部资本市场，依靠其进行融资和融资配置。同时，存在高管纵向兼任的公司更可能获得集团内部的关联方借款担保，获取担保的次数越多，获得借款担保的金额也越大。第三，相比总经理纵向兼任，董事长纵向兼任更能缓解企业融资约束，降低稳健性。第四，在不同的公司类型下，高管纵向兼任对会计稳健性的影响不同，仅在非国有企业以及不具备银行关联的情况下，高管纵向兼任对会计稳健性水平存在显著影响，这在一定程度上进一步支持了融资约束的作用机制。第五，就高管纵向兼任与会计稳健性两者关系，大股东掏空行为不是其作用机制，即高管纵向兼任通过缓解融资约束降低会计稳健性不是以加剧大股东掏空行为为代价实现的。

（7）高管纵向兼任与公司绩效。存在高管纵向兼任现象的公司，公司绩效更差。大股东通过纵向兼任高管的形式加强对上市公司的控制后，其对企业治理效果的影响需要考虑我国的产权性质。在非国有企业，高管的纵向兼任更可能成为大股东掏空上市公司的工具，具体表现为降低企业投资效率、加剧机会主义多元化程度，从而导致较差的公司业绩；而在国有企业，高管的纵向兼任可以弥补"所有者缺位"的制度漏洞，加强对管理层的监督，从而抑制国有企业的过度投资及多元化经营，但由于国有企业的投资行为易受政府干预及宏观经济政策的影响，高管纵向兼任对企业绩效及公司价值的正向效应并未显著表现出来。

11.1.2　政策建议

本书得到的政策启示如下：

第一，制定相关制度规范时应考虑纵向兼任高管类型的差异。目前，中国证监会仅要求上市公司管理层应与其业务集团的管理层分离，如 2018 年证监会颁布的《上市公司治理准则》中明确规定，上市公司高管不得在控股股东单位担任除董事、监事以外的行政职务。根据该规定，上市公司董事长或总经理可以在大股东单位担任董事、监事，另外，董事长作为我国上市公司的法定代表人及最高权力掌握者，大股东单位的其他人员均可以在上市公司担任董事长，即上市公司的董事长并未被要求与控股股东单位人员相分开，可以在集团公司任职。从这一规定可以发现，证监会等相关法律法规对上市公司经营管理层纵向兼任的限定是非常严格的，而对董事会成员的要求则相对较为宽松。研究发现，董事长纵向兼任时，通过加剧大股东掏空行为（增加关联交易及资金占用）抑制企业创新；通过降低掏空的实施难度、成本以及被发现的风险，从而加剧企业过度投资并降低投资效率；同时，董事长纵向兼任提高了企业的信贷违约风险，降低了银行进行贷款的意愿，并提高了银行的借款约束条件，具体表现为企业所获得贷款的整体资本成本及贷款利率均更高。而同样的情况在总经理纵向兼任时却未表现出显著影响，这表明之前证监会关于对上市公司经营管理层纵向兼任的严格规定发挥了相应效果，在一定程度上抑制了大股东通过纵向兼任掏空上市公司的动机。然而，董事长的纵向兼任可能对企业的投融资活动产生不利影响。因此，为了应对这种情况，相关监管机构和政策制定部门应该根据不同类型的纵向兼任高管制定相应的任职规定。特别是对于上市公司的董事长纵向兼任，应加强相关的规定和监管措施。

第二，对于国有企业与非国有企业来说，应通过制定针对性的高管纵向兼任法律法规进行规范。针对非国有企业的上市公司，法律规定仅对经营管理层在控股股东单位担任的职务进行了限定，而对于控股股东单位的高管在上市公司兼任职务并没有具体要求。控股股东的董事和监事可以兼任上市公司的任何职务，而控股股东的任何成员也可以在上市公司兼任经营管理层以外的职务。这一法律规定的主要目的是确保上市公司的日常经营管理由公司经营管理层负责。对于国有企业的上市公司来说，法律规定控股股东作为国有企业的决策和经营管理层在未经国资监管机构统一批准的情况下不得兼任上市公司的任何职务。这项规定的主要目的是确保国有企业集团的高管专职于国有集团公司，以保护国有资产免受损失。同时，这项规定还允许特定情况下由国资监督机构批准申请兼任事项。然而，国有企业和非国有企业在代理问题和公司治理特征等方面存在显著差异。研究发现，高管纵向兼任对企业创新和投资效率的抑制作用在非国有企业中更为显著。另外，国有企业和非国有企业在代理问题和融资约束方面存在差异，高管纵向兼任对企业多元化投资战略的影响在不同的产权性质下也呈现显著差异。同时，因融资约束的差异，非国有企业因较强的贷款需求及严格的贷款条件限制，其提供更稳健会计信息的动机更强，高管纵向兼任通过缓解融资约束降低会计稳健性的效应在非国有企业更加明显。由此可见，国有企业纵向兼任因面临更强的限制及监管，大股东通过纵向兼任在一定程度上还能发挥积极效应，如抑制机会主义的多元化投资行为。但非国有企业纵向兼任所产生的经济后果则存在较大的负面性。然而，我国目前的政策法规仅对非国有上市公司的经营管理层在控股股东单位担任的职位进行了限制，例如，不得担任除董事、监事外的其他职务。然而，仍然存在大量上市公司董事长在控股股东单位兼任职务的情况。因此，有必要加强对非国有企业高管纵向兼任情况的监管，特别是对非国有企业董事长在控股股东单位兼任职务的监管。

第三，应考虑大股东委派人员职务类型的异质性。基于高管纵向兼任抑制企业创新、降低企业投资效率以及抑制企业信贷资源获取等的研究发现，集中于上市公司高管或董事长在大股东单位任职这一约束前提，而未考虑上市公司高管或董事长在大股东单位担任的具体职务。通过对高管纵向兼任与企业多元化经营的研究发现，在非国有企业，纵向兼任的高管在大股东单位的职位级别越高，大股东掏空动机越高，企业多元化程度越高。这表明大股东的动机在一定程度上与大股东具体委派何种职务类型的人员进行纵向兼任密切相关。目前，根据我国证监法等相关法律法规的规定，大股东单位董事、监事可兼任上市公司任何职务，大股东单位其他人员可兼任上市公司除经营管理外的职务，如大股东董事、监事兼任上市公司总经理或董事长等职务，或大股东董事会成员或经营管理层兼任上市公司董事会成员等。尤其当大股东委派其经营管理层或国有企业党委委员兼任上市公司董事长时能够发挥积极效应。因此，根据高管纵向兼任可能产生的负面效应，如何通过细化法律条款约定抑制纵向兼任的消极作用，使其成为一种有效的公司治理机制，从而发挥正面效应，是监管部门后续完善规范的落脚点及重点。

第四，应该制定相应的惩戒措施。尽管中国证监会一直没有放宽对高管纵向兼任的要求，然而，由于缺乏明确具体的惩罚措施，政策的实施效果十分有限。这也导致资本市场上众多公司因为高管的纵向兼任产生了严重的公司治理和内控结构漏洞，并对企业决策产生重要影响。高管纵向兼任会影响企业的投融资决策，如抑制企业创新、降低企业投资效率，还会影响企业多元化投资战略及降低企业获取信贷资源，即本书的主要发现表明，大股东具有通过纵向兼任高管满足私利获取的动机。因此，除了有针对性地制定相应的法律法规进行规范预防外，事后的追责惩罚措施将更有助于抑制高管纵向兼任负面效应的发生。因此，一方面，监管机构应基于企业的产权性质、纵向兼任高管在企业内的职务类型以及大股东委派纵向兼任高管的职务类型，对上市公司高管纵向兼任可能导致的"利益输送"和小股东利益侵害问题进行分类监管，同时还要考虑如何规避纵向兼任可能带来的负面效应；另一方面，也应拟定适当的惩戒措施作为辅助性的治理手段。

11.2　研究不足与展望

本书从高管纵向兼任的角度全面考察了其对公司投融资行为和公司治理的影响，为深入理解高管纵向兼任的经济后果提供了微观层面的实证支持。这不仅充实了国内有关高管纵向兼任经济效应的研究，还为相关领域提供了参考。然而，本书的研究还存在一些局限和待完善之处，这些方面正是未来研究在该领域可以进一步探索的方向。

第一，进一步拓展理论分析。在代理理论的模型框架下，本书从大股东通过纵向兼任是实施更强的监督，还是方便掏空角度探讨了高管纵向兼任对企业治理效应的影响，但纵向兼任高管如何通过其他渠道对公司行为造成影响需要更进一步的分析。比如，将兼任高管作为活跃集团内部资本市场的关键要素，如何通过缓解融资约束进而影响企业行为，或者将兼任高管作为集团与上市公司之间进行信息沟通的节点或桥梁，来分析这些联结的存在对公司的影响等。更多现实因素，如兼任高管更注重上市公司经营还是更服从大股东安排，以及其是否在上市公司领薪等来更直观地判断高管纵向兼任的经济后果，这在一定程度上也有助于理解现有关于纵向兼任经济后果不一致性的原因以及更进一步理清纵向兼任的作用渠道。

第二，可进一步对控制上市公司的大股东机制进行深入分析。克莱森斯等（2000）提出了大股东通过金字塔结构、交叉持股、同股不同权和高管纵向兼任四种方式对上市公司进行控制的观点。本书探讨了高管纵向兼任对企业投资行为，包括企业创新、投资效率和多元化战略，企业融资行为，如银行贷款的获得，以及公司治理，包括会计稳健性及企业违规的影响及其作用路径。虽然本书在一定程度上弥补了克莱森斯等（2000）研究的不足，但并未深入讨论四种控制方式之间的相关关系，未来的研究可进一步分析大股东控制机制之间的相互关系以深化理解大股东的控制行为。

第三，限于篇幅和时间，本书在高管纵向兼任与企业融资行为的现有文献基础上主要选择了银行贷款获取来考察高管纵向兼任对我国企业融资行为的影响。其中，银行贷款包括贷款可能性、贷款金额大小、贷款成本及贷款定价。然而，仍存在众多重要问题值得深入探讨。从公司治理的角度看，高管纵向兼任会影响会计信息质量和高管的风险承担能力。那么，其是否会进一步影响上市公司的并购决策和并购绩效？纵向兼任的高管是否能够更好地识别管理层业绩并进行激励，是否能够通过提高薪酬业绩敏感性抑制高管通过机会主义操纵获得超额薪酬的行为？另外，当前已有许多研究聚焦于从上市公司的角度探讨高管纵向兼任，然而，从委派高管的大股东单位的视角来看，这种独特的控制权结构是否以及如何影响控制股东的资源配置决策？从集团整体角度而言，纵向兼任高管的存在是否有助于集团整体的治理效果？比如是否影响集团的税收筹划？

第四，本书主要考察高管纵向兼任对公司治理效应的影响。在混合所有制改革背景下，非控股大股东，如第二大至第十大控股股东，尤其是第二大控股股东所形成的对第一大股东的股权及治理结构的制衡如何影响企业行为也是一个热点话题。由于该方向与本书的研究主题不符，本书并未将第二大股东的治理效应考虑进来。第二大股东由于其产权性质及持股比例有较强的动机监督大股东行为，当然，也有可能与大股东合谋，从而影响公司治理及投融资行为。非控股大股东还可以进一步按投资者性质、股权性质、持股比例等进一步细分以明确其动机及可能产生的经济后果。该方面也有着丰富的内容值得探究。

第五，本书主要结果支持了高管纵向兼任的负面效应，但是纵向兼任也可能促进控股股东与上市公司之间的信息交流，提高信息透明度。阿诺尔迪等（2013）发现，纵向兼任与国有上市公司业绩正相关。未来，本书可以进一步探讨高管纵向兼任的正面效应，比如高管纵向兼任与企业成本黏性，即存在高管纵向兼任的企业能否通过降低代理成本和调整成本，提高信息的沟通协调效率降低成本黏性。

参考文献

[1] 蔡地，罗进辉，唐贵瑶．家族成员参与管理、制度环境与技术创新 [J]．科研管理，2016，37（4）：85－93．

[2] 蔡卫星，倪骁然，赵盼，等．企业集团对创新产出的影响：来自制造业上市公司的经验证据 [J]．中国工业经济，2019（1）：137－155．

[3] 陈运森，谢德仁．网络位置、独立董事治理与投资效率 [J]．管理世界，2011（7）：113－127．

[4] 陈运森，谢德仁．董事网络、独立董事治理与高管激励 [J]．金融研究，2012（2）：168－182．

[5] 陈运森．社会网络与企业效率：基于结构洞位置的证据 [J]．会计研究，2015（1）：48－55．

[6] 陈信元，黄俊．政府干预、多元化经营与公司业绩 [J]．管理世界，2007（1）：92－97．

[7] 陈小林，张雪华，闫焕民．事务所转制、审计师个人特征与会计稳健性 [J]．会计研究，2016（6）：77－85．

[8] 陈艳艳，谭燕，谭劲松．政治联系与会计稳健性 [J]．南开管理评论，2013（1）：33－40．

[9] 陈仕华，姜广省，卢昌崇．董事联结、目标公司选择与并购绩效——基于并购双方之间信息不对称的研究视角 [J]．管理世界，2013（12）：117－132，187－188．

[10] 陈冬华，李真，新夫．产业政策与公司融资——来自中国的经验证据 [C]．中国会计与财务研究国际研讨会论文集，2010．

［11］陈宋生，赖娇.ERP系统、股权结构与盈余质量关系［J］.会计研究，2013（5）：59－66，96.

［12］董晓洁，陈欣，纳超洪.企业集团、纵向关联与社会责任披露的关系研究［J］.管理学报，2017，14（10）：1492－1498.

［13］杜兴强，郭剑花，雷宇.政治联系方式与民营上市公司业绩："政府干预"抑或"关系"？［J］.金融研究，2009（11）：158－173.

［14］邓建平，曾勇.金融关联能否缓解民营企业的融资约束［J］.金融研究，2011（8）：78－92.

［15］邓建平，曾勇.金融生态环境、银行关联与债务融资——基于我国民营企业的实证研究［J］.会计研究，2011（12）：33－40，96－97.

［16］邓建平，曾勇.上市公司家族控制与股利决策研究［J］.管理世界，2005（7）：139－147.

［17］戴亦一，张鹏东，潘越.老赖越多，贷款越难？——来自地区诚信水平与上市公司银行借款的证据［J］.金融研究，2019（8）：77－95.

［18］窦欢，陆正飞.大股东代理问题与上市公司的盈余持续性［J］.会计研究，2017（5）：32－39，96.

［19］傅代国，夏常源.网络位置、公司控制权与管理层薪酬激励［J］.财经论丛，2014（3）：85－91.

［20］方红星，林婷.机构投资者实地调研如何影响公司非效率投资——基于代理冲突和信息不对称的机制检验［J］.经济管理，2023，45（2）：117－134.

［21］冯旭南.债务融资和掠夺——来自中国家族上市公司的证据［J］.经济学（季刊），2012，11（3）：943－968.

［22］樊纲，王小鲁，马光荣.中国市场化进程对经济增长的贡献［J］.经济研究，2011，46（9）：4－16.

［23］韩金红，支皓.监督抑或掏空：纵向兼任高管与企业债务融资［J］.经济经纬，2021，38（1）：114－123.

［24］韩忠雪，崔建伟.金字塔结构、利益攫取与现金持有——基于中国民营上市公司的实证分析［J］.管理评论，2014，26（11）：190－200.

［25］江轩宇.政府放权与国有企业创新——基于地方国企金字塔结构视角的研究［J］.管理世界，2016（9）：120－135.

［26］姜付秀，郑晓佳，蔡文婧．控股家族的"垂帘听政"与公司财务决策［J］．管理世界，2017（3）：125-145.

［27］贾良定，张君君，钱海燕，等．企业多元化的动机、时机和产业选择——西方理论和中国企业认识的异同研究．管理世界，2005（8）：94-104.

［28］鞠晓生，卢荻，虞义华．融资约束、营运资本管理与企业创新可持续性［J］．经济研究，2013，48（1）：4-16.

［29］孔东民，项君怡，代昀昊．劳动投资效率、企业性质与资产收益率［J］．金融研究，2017（3）：145-158.

［30］黎文靖，郑曼妮．实质性创新还是策略性创新？——宏观产业政策对微观企业创新的影响［J］．经济研究，2016（4）：60-73.

［31］李彬．母子公司距离、内部控制质量与公司价值［J］．经济管理，2015（4）：95-105.

［32］李婧，贺小刚，茆键．亲缘关系、创新能力与企业绩效［J］．南开管理评论，2010，13（3）：117-124.

［33］李青原，张肖星，王红建．独立董事连锁与公司盈余质量的传染效应［J］．财务研究，2015（4）：24-36.

［34］李姝，翟士运，古朴．非控股股东参与决策的积极性与企业技术创新［J］．中国工业经济，2018，364（7）：157-175.

［35］李延喜，杜瑞，高锐，等．上市公司投资支出与融资约束敏感性研究［J］．管理科学，2007，20（1）：82-88.

［36］李云鹤．公司过度投资源于管理者代理还是过度自信［J］．世界经济，2014（12）：95-117.

［37］李增泉，孙铮，王志伟．"掏空"与所有权安排——来自我国上市公司大股东资金占用的经验证据［J］．会计研究，2004（12）：3-13.

［38］李广子，刘力．债务融资成本与民营信贷歧视［J］．金融研究，2009（12）：137-150.

［39］李宾，杨济华．上市公司的盈余管理必然导致会计稳健性下降吗？［J］．会计研究，2017（11）：45-51，96.

［40］刘林平，万向东，张永宏．制度短缺与劳工短缺——"民工荒"问题研究［J］．中国工业经济，2006（8）：45-53.

［41］柳建华，卢锐，孙亮．公司章程中董事会对外投资权限的设置与企业投资效率——基于公司章程自治的视角［J］．管理世界，2015（7）：130 – 142.

［42］卢馨，郑阳飞，李建明．融资约束对企业 R&D 投资的影响研究——来自中国高新技术上市公司的经验证据［J］．会计研究，2013（5）：51 – 58.

［43］鲁桐，党印．投资者保护、行政环境与技术创新：跨国经验证据［J］．世界经济，2015，38（10）：99 – 124.

［44］吕长江，张海平．股权激励计划对公司投资行为的影响［J］．管理世界，2011（11）：118 – 126.

［45］刘运国，吴小蒙，蒋涛．产权性质，债务融资与会计稳健性——来自中国上市公司的经验证据［J］．会计研究，2010（1）：43 – 50.

［46］刘永丽．财务总监权力对会计稳健性影响的实证研究［J］．中国软科学，2015（4）：121 – 130.

［47］刘慧，綦建红．"竞争友好型"产业政策更有利于企业投资效率提升吗——基于公平竞争审查制度的准自然实验［J］．财贸经济，2022，43（9）：101 – 116.

［48］刘星，蒋水全．银行股权关联、银行业竞争与民营企业融资约束［J］．中国管理科学，2015，23（12）：1 – 10.

［49］梁上坤，陈冬，付彬，等．独立董事网络中心度与会计稳健性［J］．会计研究，2018（9）：39 – 46.

［50］刘行．企业的战略类型会影响盈余特征吗——会计稳健性视角的考察［J］．南开管理评论，2016，19（4）：111 – 121.

［51］黎文飞，巫岑．产业政策与会计稳健性［J］．会计研究，2019（1）：65 – 71.

［52］陆正飞，祝继高，孙便霞．盈余管理、会计信息与银行债务契约［J］．管理世界，2008（3）：152 – 158.

［53］李争光，赵西卜，曹丰，等．机构投资者异质性与会计稳健性——来自中国上市公司的经验证据［J］．南开管理评论，2015，18（3）：111 – 121.

［54］李留闯，田高良．公司关系网络和高管薪酬：理论模型和实证［J］．系统工程理论与实践，2014，34（1）：54 – 63.

［55］罗党论，唐清泉．政治关系、社会资本与政策资源获取：来自中国

民营上市公司的经验证据 [J]. 世界经济, 2009 (7): 84-96.

[56] 罗党论. 民营控制、政治关系与企业融资约束——基于中国民营上市公司的经验证据 [J]. 金融研究, 2008 (12): 164-178.

[57] 罗宏, 黄敏, 周大伟, 等. 政府补助、超额薪酬与薪酬辩护 [J]. 会计研究, 2014 (1): 42-48, 95.

[58] 林毅夫, 李永军. 中小金融机构发展与中小企业融资 [J]. 经济研究, 2001 (1): 10-18, 53-93.

[59] 孟庆斌, 李昕宇, 蔡欣园. 公司战略影响公司违规行为吗 [J]. 南开管理评论, 2018, 21 (3): 116-129, 151.

[60] 纳鹏杰, 雨田木子, 纳超洪. 企业集团风险传染效应研究——来自集团控股上市公司的经验证据 [J]. 会计研究, 2017 (3): 53-60.

[61] 潘红波, 韩芳芳. 纵向兼任高管、产权性质与会计信息质量 [J]. 会计研究, 2016 (7): 19-26.

[62] 潘红波, 张哲. 控股股东干预与国有上市公司薪酬契约有效性: 来自董事长/CEO纵向兼任的经验证据 [J]. 会计研究, 2019 (5): 59-66.

[63] 潘玉香, 孟晓咪, 赵梦琳. 文化创意企业融资约束对投资效率影响的研究 [J]. 中国软科学, 2016 (8): 127-136.

[64] 潘越, 戴亦一, 李财喜. 政治关联与财务困境公司的政府补助——来自中国ST公司的经验证据 [J]. 南开管理评论, 2009, 12 (5): 6-17.

[65] 潘怡麟, 朱凯, 陈信元. 决策权配置与公司价值——基于企业集团的经验证据 [J]. 管理世界, 2018, 34 (12): 111-119.

[66] 乔菲, 文雯, 徐经长. 纵向兼任高管能抑制公司违规吗? [J]. 经济管理, 2021, 43 (5): 176-191.

[67] 祁怀锦, 万滢霖. 《物权法》、内部资本市场与企业融资约束 [J]. 经济学动态, 2018 (11): 88-102.

[68] 饶品贵, 姜国华. 货币政策波动, 银行信贷与会计稳健性 [J]. 金融研究, 2011 (3): 51-71.

[69] 申宇, 赵玲, 吴风云. 创新的母校印记: 基于校友圈与专利申请的证据 [J]. 中国工业经济, 2017 (8): 156-173.

[70] 苏忠秦, 黄登仕. 家族控制、两权分离与债务期限结构选择——来

自中国上市公司的经验证据［J］．管理评论，2012，24（7）：132－142．

［71］孙光国，赵健宇．产权性质差异，管理层过度自信与会计稳健性［J］．会计研究，2014（5）：52－58．

［72］孙铮，李增泉，王景斌．所有权性质、会计信息与债务契约——来自我国上市公司的经验证据［J］．管理世界，2006（10）：100－107，149．

［73］孙铮，刘凤委，李增泉．市场化程度、政府干预与企业债务期限结构——来自我国上市公司的经验证据［J］．经济研究，2005（5）：52－63．

［74］沈艺峰，刘微芳，游家兴．嵌入性：企业社会资本和企业融资结构——来自我国房地产上市公司的经验证据［J］．经济管理，2009，31（5）：109－116．

［75］宋衍蘅，毕煜晗，宋云玲．纵向高管兼任与审计师选择：信号传递VS寻租［J］．审计与经济研究，2020，35（4）：47－57．

［76］佟爱琴，李孟洁．产权性质、纵向兼任高管与企业风险承担［J］．科学学与科学技术管理，2018（1）：118－126．

［77］万良勇，胡璟．网络位置、独立董事治理与公司并购——来自中国上市公司的经验证据［J］．南开管理评论，2014，17（2）：64－73．

［78］万良勇，郑小玲．董事网络的结构洞特征与公司并购［J］．会计研究，2014（5）：67－72，95．

［79］万良勇，邓路，郑小玲．网络位置、独立董事治理与公司违规——基于部分可观测 Bivariate Probit 模型［J］．系统工程理论与实践，2014，34（12）：3091－3102．

［80］王兰芳，胡悦．创业投资促进了创新绩效吗？——基于中国企业面板数据的实证检验［J］．金融研究，2017（1）：177－190．

［81］王甄，胡军．控制权转让、产权性质与公司绩效［J］．经济研究，2016（4）：146－160．

［82］王雄元，徐晶．放松市场准入管制提高了企业投资效率吗？——基于"市场准入负面清单"试点的准自然实验［J］．金融研究，2022（9）：169－187．

［83］王彦超，陈思琪．关联担保的债务风险转移［J］．中国工业经济，2017（8）：120－137．

［84］王玉涛，董天一，鲁重峦．中小股东"用嘴投票"的治理效应与企

业投资效率 [J]. 经济管理, 2022, 44 (6): 115-132.

[85] 王化成, 李春玲, 卢闯. 控股股东对上市公司现金股利政策影响的实证研究 [J]. 管理世界, 2007 (1): 122-127, 136, 172.

[86] 王爱国, 宋理升. 民营上市公司实际控制人与现金股利研究 [J]. 管理评论, 2012, 24 (2): 97-107.

[87] 魏志华, 吴育辉, 李常青. 机构投资者持股与中国上市公司现金股利政策 [J]. 证券市场导报, 2012 (10): 40-47, 60.

[88] 温忠麟, 叶宝娟. 中介效应分析: 方法和模型发展 [J]. 心理科学进展, 2014, 22 (5): 731-745.

[89] 吴超鹏, 唐菂. 知识产权保护执法力度、技术创新与企业绩效——来自中国上市公司的证据 [J]. 经济研究, 2016 (11): 125-139.

[90] 薛有志, 张荣荣, 张钰婧. 高管纵向兼任与资产剥离战略 [J]. 外国经济与管理, 2022, 44 (5): 3-18.

[91] 辛清泉, 谭伟强. 市场化改革、企业业绩与国有企业经理薪酬 [J]. 经济研究, 2009, 44 (11): 68-81.

[92] 徐悦, 刘运国, 蔡贵龙. 高管薪酬粘性与企业创新 [J]. 会计研究, 2018 (5): 160-175.

[93] 许婷, 杨建君, 孙庆刚, 等. 信任程度、大股东参与度与自主创新关系研究 [J]. 科研管理, 2017, 38 (9): 77-85.

[94] 严若森, 叶云龙. 家族所有权、家族管理涉入与企业 R&D 投入水平——基于社会情感财富的分析视角 [J]. 经济管理, 2014 (12): 51-61.

[95] 杨兴全, 尹兴强, 孟庆玺. 谁更趋多元化经营: 产业政策扶持企业抑或非扶持企业 [J]. 经济研究, 2018 (9): 133-150.

[96] 余明桂, 潘红波. 政治关系、制度环境与民营企业银行贷款 [J]. 管理世界, 2008 (8): 9-21, 39, 187.

[97] 闫珍丽, 梁上坤, 袁淳. 高管纵向兼任, 制度环境与企业创新 [J]. 经济管理, 2019 (10): 90-107.

[98] 叶康涛, 祝继高. 银根紧缩与信贷资源配置 [J]. 管理世界, 2009 (1): 22-28, 188.

[99] 张杰, 芦哲, 郑文平, 等. 融资约束、融资渠道与企业 R&D 投入

[J]. 世界经济，2012（10）：66 - 90.

[100] 张劲帆，李汉涯，何晖. 企业上市与企业创新——基于中国企业专利申请的研究［J］. 金融研究，2017（5）：164 - 179.

[101] 张敏，张胜，王成方，等. 政治关联与信贷资源配置效率——来自我国民营上市公司的经验证据［J］. 管理世界，2010，22（11）：143 - 153.

[102] 张敏，黄继承. 政治关联、多元化与企业风险——来自我国证券市场的经验证据［J］. 管理世界，2009（7）：156 - 164.

[103] 张晓宇，徐龙炳. 限售股解禁、资本运作与股价崩盘风险［J］. 金融研究，2017（11）：158 - 174.

[104] 张璇，刘贝贝，汪婷，等. 信贷寻租、融资约束与企业创新［J］. 经济研究，2017（5）：163 - 176.

[105] 张宗益，郑志丹. 融资约束与代理成本对上市公司非效率投资的影响——基于双边随机边界模型的实证度量［J］. 管理工程学报，2012，26（2）：119 - 126.

[106] 张敦力，李四海. 社会信任、政治关系与民营企业银行贷款［J］. 会计研究，2012（8）：17 - 24，96.

[107] 张峰，杨建君. 股东积极主义视角下大股东参与行为对企业创新绩效的影响——风险承担的中介作用［J］. 南开管理评论，2016，19（4）：4 - 12.

[108] 张子健. 应计操纵、真实交易管理与会计稳健性——来自中国上市公司的经验证据［J］. 证券市场导报，2014（4）：29 - 35.

[109] 赵文红，李垣. 中国国企经营者"在职消费"行为探讨［J］. 西安交通大学学报（社会科学版），1997（2）：51 - 53，40.

[110] 郑杲娉，薛健，陈晓. 兼任高管与公司价值：来自中国的经验证据［J］. 会计研究，2014（11）：24 - 29.

[111] 钟宇翔，吕怀立，李婉丽. 管理层短视、会计稳健性与企业创新抑制［J］. 南开管理评论，2017（6）：163 - 177.

[112] 周建，罗肖依，张双鹏. 公司内部治理能阻止财务多元化战略吗［J］. 南开管理评论，2017，20（1）：4 - 15.

[113] 郑建明，刘琳，刘一凡. 政治关联的结构特征、多元化驱动与公司价值［J］. 金融研究，2014（2）：167 - 179.

［114］周玮，吴联生．管理层判断对会计稳健性的替代效应［J］．会计研究，2015（5）：3 - 12．

［115］祝继高，苏治．融资约束、不确定性与上市公司投资效率［J］．管理评论，2009，21（1）：19 - 26．

［116］赵刚，梁上坤，王玉涛．会计稳健性与银行借款契约——来自中国上市公司的经验证据［J］．会计研究，2014（12）：18 - 24，95．

［117］AHAMED N. Multiple directorship & interlock：An empirical study of its impact on firms' financial performance［J］．Indian journal of finance，2014，8（10）：48 - 61．

［118］ANG J S，WU C，CHENG Y. Does enforcement of intellectual property rights matter in China? Evidence from financing and investment choices in the high tech industry［J］．Review of economics & statistics，2010，96（2）：332 - 348．

［119］ADLER S P，KWON S W. Social Capital：Prospects for a new concept［J］．The academy of management review，2002，27（1）：17 - 40．

［120］AGHION P，REENEN J V，ZINGALES L. Innovation and institutional ownership［J］．American economic review，2013，103（1）：277 - 304．

［121］AHMED A S，BILLINGS B K，MORTON R M，et al. The role of accounting conservatism in mitigating bondholder-shareholder conflicts over dividend policy and in reducing debt costs［J］．The accounting review，2002，77（4）：867 - 890．

［122］ALLEN F，Qian J，QIAN M J. Law，finance，and economic growth in China［J］．Journal of financial economics，2005，77（1）：57 - 116．

［123］ANDERSON R C，REEB D M. Founding-family ownership and firm performance：Evidence from the S&P 500［J］．Journal of finance，2003，58（3）：1301 - 1327．

［124］ANDRES C，VAN DEN BONGARD I，LEHMANN M. Is busy really busy? Board governance revisited［J］．Journal of business finance & accounting，2013，40（9 - 10）：1221 - 1246．

［125］ARNOLDI J，VILLADSEN A，Chen X，et al. Multi-level state capitalism：Chinese state-owned business groups［J］．Management and organization review, 2019, 15 (1): 55 – 79.

[126] BAE K H, OZOGUZ A, TAN H, et al. Do foreigners facilitate infor-
mation transmission in emerging markets? [J]. Journal of financial economics,
2012, 105 (1): 209 – 227.

[127] BALL R, SHIVAKUMAR L. Earnings quality in UK private firms:
Comparative loss recognition timeliness [J]. Journal of accounting and economics,
2005, 39 (1): 83 – 128.

[128] BEBCHUK L A, FRIED J M, WALKER D I. Managerial power and
rent extraction in the design of executive compensation [J]. University of Chicago
law review, 2002, 69 (3): 751 – 846.

[129] BECK T, DEMIRGUC-KUNT A, MAKSIMOVIC V. Financial and legal
constraints to growth: Does firm size matter? [J]. The journal of finance, 2005,
60 (1): 137 – 177.

[130] BERLE A A, MEANS G C. The modern corporate and private property
[J]. Mc millian, New York, NY, 1932.

[131] BHARATH T S, HERTZEL M. External governance and debt structure
[J]. The review of financial studies, 2019, 32 (9): 3335 – 3365.

[132] BHARATH T S, SUNDER J, SUNDER V S. Accounting quality and
debt contracting [J]. The accounting review, 2008, 83 (1): 1 – 28.

[133] BHAUMIK S K, GREGORIOU A. "Family" ownership, tunnelling
and earnings management: A review of the literature [J]. Journal of economic sur-
veys, 2011, 24 (4): 705 – 730.

[134] BIZJAK J, LEMMON M, WHITBY R. Option backdating and board in-
terlocks [J]. Review of financial studies, 2009, 22 (11): 4821 – 4847.

[135] BOUBAKER S, ROUATBI W, SAFFAR W. The role of multiple large
shareholders in the choice of debt source [J]. Financial management, 2017, 46
(1): 241 – 274.

[136] BOUBAKRI N, SAFFAR W. State ownership and debt choice: Evi-
dence from privatization [J]. Journal of financial and quantitative analysis, 2019,
54 (3): 1313 – 1346.

［137］ BOYD J H, PRESCOTT E C. Financial intermediary-coalitions ［J］. Journal of economic theory, 1986, 38 (2): 211 – 232.

［138］ BROWN J R, MARTINSSON G, PETERSEN B C. Law, stock markets, and innovation ［J］. Journal of finance, 2013, 68 (4): 1517 – 1549.

［139］ BURAK A G, MALMENDIER U, TATE G. Financial expertise of directors ［J］. Journal of financial economics, 2008, 88 (2): 323 – 354.

［140］ BURT R S. Cooptive corporate actor networks: A reconsideration of interlocking directorates involving American manufacturing ［J］. Administrative science quarterly, 1980, 25 (4): 557 – 582.

［141］ BUSHMAN R M, PIOTROSKI J D. Financial reporting incentives for conservative accounting: The influence of legal and political institutions ［J］. Journal of accounting and economics, 2006, 42 (1 – 2): 107 – 148.

［142］ CAI Y, SEVILIR M. Board connections and M&A transactions ［J］. Journal of financial economics, 2012, 103 (2): 327 – 349.

［143］ CHEN S, CHEN X, CHENG Q, et al. Are family firms more tax aggressive than non-family firms? ［J］. Journal of financial economics, 2010, 95 (1): 41 – 61.

［144］ CHEN X, ARNOLDI J, NA C. Governance structure and related party loan guarantees: The case of Chinese family business groups ［J］. Management and organization review, 2015, 11 (4): 599 – 619.

［145］ CHEN X, YANG C. Vertical interlock and the value of cash holdings ［J］. Accounting & finance, 2019, 61 (1): 561 – 593.

［146］ CHEN Y Y, HASAN I, SAFFAR W, et al. Executive equity risk-taking incentives and firms' choice of debt structure ［J］. Journal of banking and finance, 2021, 106274.

［147］ CHEUNG Y, CHUNG C, TAN W, et al. Connected board of directors: A blessing or a curse ［J］. Joural of banking and finance, 2013 (37): 3227 – 3242.

［148］ CHIU P C, TEOH S H, TIAN F. Board interlocks and earnings management contagion ［J］. Accounting review, 2013, 88 (3): 915 – 944.

［149］ CIAMARRA E S. Monitoring by affiliated bankers on board of directors:

Evidence from corporate financing outcomes [J]. Financial management, 2012, 41 (3): 665 – 702.

[150] CLAESSENSl S, DJANKOV S, LANG L. The separation of ownership and control in east Asian corporations [J]. Journal of financial economics, 2000, 58 (1 – 2): 81 – 112.

[151] CLAESSENS S, DJANKOV S. Disentangling the incentive and entrenchment effects of large shareholdings [J]. Journal of finance, 2002, 57 (6): 2741 – 2771.

[152] CLEARY S. The relationship between firm investment and financial status [J]. Journal of finance, 1999, 54 (2): 673 – 692.

[153] COLEMAN J S. Social capital in the creation of human capital [J]. American journal of sociology, 1988, 94: 95 – 120.

[154] COLLA P, IPPOLITO F, LI K. Debt specialization [J]. The journal of finance, 2013, 68 (5): 2117 – 2141.

[155] CORNAGGIA J, MAO Y, TIAN X, et al. Does banking competition affect innovation? [J]. Journal of financial economics, 2015, 115 (1): 189 – 209.

[156] COTTER J F, SHIVDASANI A, ZENNER M. Do independent directors enhance target shareholder wealth during tender offers? [J]. Journal of financial economics, 1997, 43 (2): 195 – 218.

[157] CUSTODIO C, METZGER D. Financial expert CEOs: CEO's work experience and firm's financial policies [J]. Journal of financial economics, 2014, 114 (1): 125 – 154.

[158] DESAI A M, DHARMAPALA D. Corporate tax avoidance and high-powered incentives [J]. Journal of financial economics, 2006, 79 (1): 145 – 179.

[159] DHARWADKAR R, HARRIS D G, SHI L, et al. Audit committee interlocks and the contagion of accrual-based and real earnings management [J]. SSRN electronic journal, 2016.

[160] DUAN H Y, ZHONG W Z. An analysis of the causes of China's enterprise chain directors from the network perspective: Based on the empirical study of 314 listed companies in shanghai and Guangdong [J]. Accounting research, 2008

(11): 69 - 75.

[161] FACCIO M, MASULIS W R, CONNELL J J. Political connections and corporate Bailouts [J]. The journal of finance, 2006, 61 (6): 2597 - 2635.

[162] FAMA E F. What's different about banks? [J]. Journal of monetary economics, 1985, 15 (1): 29 - 39.

[163] FANG V W, TIAN X, TICE S. Does stock liquidity enhance or impede firm innovation? [J]. Journal of finance, 2014, 69 (5): 2085 - 2125.

[164] FAZZARI S M, HUBBARD R G, PETERSEN B C, et al. Financing constraints and corporate investment [J]. Brookings papers on economic activity, 1988 (1): 141 - 206.

[165] FICH E M, SHIVDASANI A. Are busy boards effective monitors? [J]. Journal of finance, 2006, 61: 689 - 724.

[166] FICH M E, WHITE J L. Why do CEOs reciprocally sit on each other's boards? [J]. Journal of corporate finance, 2005, 11 (1): 175 - 195.

[167] FIRTH M A, CHEN L, LIU P, et al. Inside the black box: Bank credit allocation in China's private sector [J]. Journal of banking and finance, 2009, 33 (6): 1144 - 1155.

[168] FLIGSTEIN N, BRANTLEY P. Bank control, owner control, or organizational dynamics: Who controls the large modern corporation [J]. American journal of sociology, 1992, 98 (2): 280 - 307.

[169] GE R, SEYBERT N, ZHANG F. Investor sentiment and accounting conservatism [J]. Accounting horizons, 2019, 33 (1): 83 - 102.

[170] GERLACH M L. Alliance Capitalism: The Japanese corporate network: A blockmodel analysis [J]. Administrative science quarterly, 1992, 37 (1): 105 - 139.

[171] GOMPERS P, ISHII J, METRICK A. Corporate governance and equity prices [J]. The quarterly journal of economics, 2003, 118 (1): 107 - 156.

[172] GRAHAM R J, LI S, QIU J. Corporate misreporting and bank loan contracting [J]. Journal of financial economics, 2007, 89 (1): 44 - 61.

[173] GROSSMAN S J, HART O D. Takeover bids, the free-rider problem,

and the theory of the corporation [J]. The bell journal of economics, 1980, 11 (1): 42 - 46.

[174] GUISO L, SAPIENZA P, ZINGALES L. The role of social capital in financial development [J]. American economic review, 2004, 94 (3): 526 - 556.

[175] HAUNSCHILD P R. Interorganizational imitation: The impact of interlocks on corporate acquisition activity [J]. Administrative science quarterly, 1993, 38 (4): 564 - 592.

[176] HAUNSCHILD P R, BECKMAN C M. When do interlocks matter?: Alternate sources of information and interlock influence [J]. Administrative science quarterly, 1998: 815 - 844.

[177] HE J, TIAN X. The dark side of analyst coverage: The case of innovation [J]. Journal of financial economics, 2013, 109 (3): 856 - 878.

[178] HELMERS C, PATNAM M, RAU P R. Do board interlocks increase innovation? Evidence from a corporate governance reform in India [J]. Journal of banking & finance, 2017, 80: 51 - 70.

[179] HOPE O, THOMAS B W. Managerial empire building and firm disclosure [J]. Journal of accounting research, 2008, 46 (3): 591 - 626.

[180] HONG H A, KIM J B, WELKER M. Divergence of cash flow and voting rights, opacity, and stock price crash risk: International evidence [J]. Journal of accounting research, 2017, 55 (5): 1167 - 1212.

[181] HSU W H, LIU H T. Organizational structure, agency costs, and accrual quality [J]. Journal of contemporary accounting & economics, 2016, 12 (1): 35 - 60.

[182] HUTTN P A, MARCUS J A, TEHRANIAN H. Opaque financial reports, R^2, and crash risk [J]. Journal of financial economics, 2009, 94 (1): 67 - 86.

[183] HWANG B H, KIM S. It pays to have friends [J]. Journal of financial economics, 2009, 93 (1): 138 - 158.

[184] INKPEN C A, TSANG K W E. Social capital, networks, and knowledge transfer [J]. The academy of management review, 2005, 30 (1): 146 - 165.

［185］ JAFFEE D M, RUSSELL T. Imperfect information, uncertainty, and credit rationing ［J］. Quarterly journal of economics, 1976, 90 (4): 651 – 666.

［186］ JENSEN M C, MECKLING W H. Theory of the firm: Managerial behavior, agency costs and ownership structure ［J］. Journal of financial economics, 1976, 3 (4): 305 – 360.

［187］ JIA N, SHI J, Wang Y. Coinsurance within business groups: Evidence from related party transactions in an emerging market ［J］. Management science, 2013, 59 (10): 2295 – 2313.

［188］ KACZMAREK S, KIMINO S, PYE A. Interlocking directorships and firm performance in highly regulated sectors: The moderating impact of board diversity ［J］. Journal of management & governance, 2014, 18 (2): 347 – 372.

［189］ KAPLAN S N, ZINGALES L. Do investment-cash flow sensitivities provide useful measures of financing constraints? ［J］. Quarterly journal of economics, 1997, 112 (1): 169 – 215.

［190］ KATO T, LOMG C. CEO turnover, firm performance, and enterprise reform in China: Evidence from micro data ［J］. Journal of comparative economics 2006, 34 (4): 796 – 817.

［191］ KHAN M, WATTS R L. Estimation and empirical properties of a firm-year measure of accounting conservatism ［J］. Journal of accounting and economics, 2009, 48 (2 – 3): 132 – 150.

［192］ KHANNA T, THOMAS C. Synchronicity and firm interlocks in an emerging market ［J］. Journal of financial economics, 2009, 92 (2): 182 – 204.

［193］ KIEL G C, NICHOLSON G J. Board composition and corporate performance: How the Australian experience informs contrasting theories of corporate governance ［J］. Corporate governance an international review, 2003, 11 (3): 189 – 205.

［194］ KOTHARI S P, LAGUERRE T E, LEONE A J. Capitalization versus expensing: Evidence on the uncertainty of future earnings from capital expenditures versus R&D outlays ［J］. Review of accounting studies, 2002, 7 (4): 355 – 382.

［195］ KIM J B, WANG Z, ZHANG L. CEO overconfidence and stock price crash risk ［J］. Contemporary accounting research, 2016, 33 (4): 1720 – 1749.

［196］LA PORTA R, LOPEZ-DE-SILANES F, SHLEIFER A. Corporate ownership around the world ［J］. Journal of finance, 1999, 65: 471 – 517.

［197］LAFOND R, ROYCHOWDHURY S. Managerial ownership and accounting conservatism ［J］. Journal of accounting research, 2008, 46 (1): 101 – 135.

［198］LARCKER D F, SO E C, WANG C C Y. Boardroom centrality and firm performance ［J］. Journal of accounting and economics, 2013, 55 (2): 225 – 250.

［199］LIAO G, CHEN X, JING X, et al. Policy burdens, firm performance, and management turnover ［J］. China economic review, 2009, 20 (1): 15 – 28.

［200］LIN C, MA Y, MALATESTA P, et al. Corporate ownership structure and bank loan syndicate structure ［J］. Journal of financial economics, 2012, 104 (1): 1 – 22.

［201］LIN X, ZHANG Y, ZHU N. Does bank ownership increase firm value? Evidence from China ［J］. Journal of international money and finance, 2009, 28 (4): 720 – 737.

［202］LIU Q, LUO T, TIAN G. Family control and corporate cash holdings: Evidence from China ［J］. Journal of corporate finance, 2015, 31 (4): 220 – 245.

［203］LO W A, WONG M R, FIRTH M. Can corporate governance deter management from manipulating earnings? Evidence from related-party sales transactions in China ［J］. Journal of corporate finance, 2009, 16 (2): 225 – 235.

［204］LOBO G J, ROBIN A, WU K. Share repurchases and accounting conservatism ［J］. Review of quantitative finance and accounting, 2020, 54: 699 – 733.

［205］LU X, WANG J, DONG D. Busy boards and corporate performance ［J］. China finance review international, 2013, 3 (2): 203 – 219.

［206］LU Z, ZHU J, ZHANG W. Bank discrimination, holding bank ownership, and economic consequences: Evidence from China ［J］. Journal of banking & finance, 2012, 36 (2): 341 – 354.

［207］MAMAN D. Research note: Interlocking ties within business groups in Israel-a longitudinal analysis, 1974 – 1987 ［J］. Organization studies, 1999, 20 (2): 323 – 339.

［208］MANSO G. Motivating innovation ［J］. Journal of finance, 2011, 66

（5）：1823 – 1860.

［209］MARTIN G, GOZUBUYUK R, BECERRA M. Interlocks and firm performance: The role of uncertainty in the directorate interlock-performance relationship ［J］. Strategic management journal, 2015, 36 （2）: 235 – 253.

［210］MATSUSAKA G J. Corporate diversification, value maximization, and organizational capabilities ［J］. The journal of business, 2001, 74 （3）: 409 – 431.

［211］MAZZOLA E, PERRONE G, KAMURIWO S D. The interaction between inter-firm and interlocking directorate networks on firm's new product development outcomes ［J］. Journal of business research, 2016, 69 （2）: 672 – 682.

［212］MIZRUCHI M S. What do interlocks do? An analysis, critique, and assessment of research on interlocking directorates ［J］. Annual review of sociology, 1996, 22 （1）: 271 – 298.

［213］MYERS S C. Determination of corporate borrowing ［J］. Journal of finance economics, 1977, 5 （2）: 147 – 175.

［214］NON M C, FRANSES P H. Interlocking boards and firm performance: Evidence from a new panel database ［J］. SSRN Electronic journal, 2007.

［215］OPIE W, TIAN G G, ZHANG F H. Corporate pyramids, geographical distance, and investment efficiency of Chinese state-owned enterprises ［J］. Journal of banking and finance, 2019, 99 （2）: 95 – 120.

［216］PALMER D, FRIEDLAND R, SINGH J V. The ties that bind: Organizational and class bases of stability in a corporate interlock network ［J］. American sociological review, 1986, 51 （6）: 781 – 796.

［217］PARRINO R, WEISBACH M S. Measuring investment distortions arising from stockholder-bondholder conflicts ［J］. Journal of financial economics, 1999, 53 （1）: 3 – 42.

［218］PENG W Q, WEI K C J, YANG Z. Tunneling or propping: Evidence from connected transactions in China ［J］. Journal of corporate finance, 2011, 17 （2）: 306 – 325.

［219］PENG M W, AU K Y, WANG D Y. Interlocking directorates as corporate governance in third world multinationals: Theory and evidence from Thailand

[J]. Asia Pacific journal of management, 2001, 18 (2): 161-181.

[220] PHAN P H, LEE S H, LAU S C. The performance impact of interlocking directorates: The case of Singapore [J]. Journal of managerial issues, 2003: 338-352.

[221] POMBO C, GUTIERREZ H L. Outside directors, board interlocks and firm performance: Empirical evidence from Colombian business groups [J]. Journal of economics and business, 2011, 63 (4): 251-277.

[222] PORTES A. Social Capital: Its origins and applications in modern sociology [J]. Annual review of sociology, 1998 (24): 1-24.

[223] RAJAN R, SERVAES H, ZINGALES L. The cost of diversity: The diversification discount and inefficient investment [J]. The journal of finance, 2000, 55 (1): 35-80.

[224] RAMALINGEGOWDA S, YU Y. Institutional ownership and conservatism [J]. Journal of accounting and economics, 2012, 53 (1-2): 98-114.

[225] RICE T, STRAHAN P E. Does credit competition affect small-firm finance? [J]. Journal of finance, 2010, 65 (3): 861-889.

[226] RICHARDSON S. Over-investment of free cash flow [J]. Review of accounting studies, 2006, 11 (2-3): 159-189.

[227] SCHARFSTEIN D S, STEIN J C. The dark side of internal capital markets: Divisional rent-seeking and inefficient investment [J]. The journal of finance, 2000, 55 (6): 2537-2564.

[228] SHEN Y, LIANG S, CHEN D. Wage and accounting conservatism: Evidence from China [J]. China journal of accounting studies, 2013, 1 (1): 32-46.

[229] SHIN H H, PARK Y S. Financing constraints and internal capital markets: Evidence from Korean "chaebols" [J]. Journal of corporate finance, 1999, 5 (2): 169-191.

[230] SHIN H H, STULZ R M. Are internal capital markets efficient? [J]. Quarterly journal of economics, 1998, 2 (2): 531-531.

[231] SHLEIFER A, VISHNY R W. Large shareholders and corporate control [J]. The journal of political economy, 1986, 94 (3): 461-488.

［232］STIGLITZ J E，WEISS A. Credit rationing in markets with imperfect information［J］. The American economic review，1981，71（3）：393 – 410.

［233］STUART T E，YIM S. Board interlocks and the propensity to be targeted in private equity transactions［J］. Journal of financial economics，2010，97（1）：174 – 189.

［234］SHI W，AGUILERA R，WANG K. State ownership and securities fraud：A political governance perspective［J］. Corporate governance：An international review，2020，28（2）：157 – 176.

［235］TIAN X，WANG T Y. Tolerance for failure and corporate innovation［J］. Review of financial studies，2014，27（1）：211 – 255.

［236］VILLALONGA B，AMIT R H. How do family ownership，control，and management affect firm value?［J］. Journal of financial economics，2006，80（2）：385 – 417.

［237］VILLALONGA B，AMIT R H. How are US. Family firms controlled?［J］. Review of financial studies，2009，22（8）：3047 – 3091.

［238］WANG C，XIE F，XIN X. CEO inside debt and accounting conservatism［J］. Contemporary accounting research，2018，35（4）：2131 – 2159.

［239］WANG X. Subsidiary governance and corporate tax planning：The effect of parent-subsidiary common directors and officers［J］. Journal of management accounting research，2022（3）：179 – 197.

［240］WATTS R L. Conservatism in accounting Part Ⅰ：Explanations and implications［J］. Accounting horizons，2003，17（3）：207 – 221.

［241］WATTS R L. Conservatism in accounting Part Ⅱ：Evidence and research opportunities［J］. Accounting horizons，2003，17（4）：287 – 301.

［242］WRIGHT P，FERRIS S P，SARIN A，et al. Impact of corporate insider，blockholder and institutional equity ownership on firm risk taking［J］. Academy of management journal，1996，39（2）：441 – 458.

［243］XIN K K，PEARCE J L. Guanxi：Connections as substitutes for formal institutional support［J］. The academy of management journal，1996，39（6）：1641 – 1658.

［244］ XU N, YUAN Q, JIANG X, et al. Founder's political connections, second generation involvement, and family firm performance： Evidence from China ［J］. Journal of corporate finance, 2015, 33 （3）： 243 – 259.

［245］ YANG C, CHEN X, CHEN X. Vertical interlock and stock price crash risk ［J］. Pacific-Basin finance journal, 2021, 68： 101387.

［246］ YANG D, JIAO H, BUCKLAND R. The determinants of financial fraud in Chinese firms： Does corporate governance as an institutional innovation matter? ［J］. Technological forecasting and social change, 2017, 125： 309 – 320.

［247］ YEH Y H, WOIDTKE T. Commitment or entrenchment?： Controlling shareholders and board composition ［J］. Journal of banking & finance, 2005, 29 （7）： 1857 – 1885.